U0504814

本书系河北省社会科学基金项目（200608005）

ZHILI SHANGHUI
YU XIANGCUN SHEHUI JINGJI

直隶商会
与乡村社会经济
（1903—1937）

◆ 张学军 孙炳芳 著

人民出版社

目　录

序

苑 书 义

  作为一个专门领域,中国近代商会史的研究真正起步于20世纪80年代。在此之前,除海外学者有所关注和研究外,内地学者在讨论资产阶级的政治倾向时偶尔提及商会对革命的消极态度,内地研究基本上是一个空白。

  商会史研究直接得益于商会档案的发掘与整理,因为商会档案资料的发掘整理本身就是一种艰苦的研究。苏州商会档案、天津商会档案、上海总商会史料、中华全国商会联合会史料选编等大型专题档案资料的整理刊发,为商会史研究的蓬勃发展打下了坚实的基础。在20世纪的最后20年中,中国商会史研究越来越为中外学者所瞩目,商会史研究以其勃勃生机成为中国近代史研究的热点之一,数以百计的专题论文和一批颇有分量的专题著作相继问世,增加了我们对近代商人阶层许多感性的认识,而且对中国近代经济史、社会史等领域的研究产生了重要的影响,为一些相关理论探讨提供了有力的实证基础。

  但是,由于资料限制,已有的研究主要集中于上海、天津、苏州等大城市商会,对内地商会,尤其是对县以下小城镇商会的研究有待深入,商会与乡村社会一直是商会研究的薄弱环节。作者不避艰难,毅然选取直隶商会与乡村社会经济作为研究对象,表现了极大的学术勇气。研究中,作者把直隶商会作为一个整体,加强对直隶区域商会网络内在关系的探讨,突破了以往商会研究中或者集中于点(大城市商会)、或者流于面(主要以大城市商会为例证来研究全国商会状况)的研究取向,在一省区域内将点和面结合起来,实现了商会研究的重心下移,在关注大城市商会的同时,加强对基层商会的研究,拓宽了商会研究的领域。

作者对 1903—1937 年间直隶商会与乡村社会经济进行考察,详细介绍了商会在直隶市镇的发展及其特点,并在此基础上论证了商会与乡村商业的近代演进、商会与乡村工业的新陈代谢、商会与农业趋新、商会与乡村公益事业等问题,阐明了商会在乡村社会经济发展进程中的作用与影响,提出直隶商会在促进乡村资本主义因素的滋生、推动乡村市镇的勃兴、催生乡村新型精英阶层、进一步密切以口岸—腹地为特征的城乡联系等方面发挥了独特作用,成为 20 世纪前半叶直隶乡村社会经济变迁的又一助推器。

作者对直隶商会与乡村社会经济的深入剖析,从一个侧面透视了这一时期直隶乃至华北地区,乡村社会由传统向近代演变的大致轨迹,揭示了商会在乡村社会经济变迁中的角色和作用,为我们认识乡村社会提供新的视角,不乏新意,体现出作者独到的学术见解,弥补了以往研究的不足,具有较高的学术价值,同时对于在社会主义市场经济条件下如何发挥商会等组织的作用,推进新农村建设具有一定的现实借鉴意义。

2008 年 11 月 18 日
于石门明月斋

第一章　绪　论

一、基本概念的界定

(一)研究区域

本课题主要以直隶省区为研究范围。明清以来,直隶省地方行政建置变化频繁。明时,今河北省主要属于北直隶范围。清顺治初仍袭明制,称今河北省所属区域为北直隶,顺治二年(1645)始改称直隶。其行政建置,依如明朝,领顺天、永平、保定、河间、真定、顺德、广平、大名8府,延庆、保安2直隶州及宣府镇。后行政建置变动频繁。1669年直隶巡抚由真定徙至保定,始定保定为直隶省省会。雍正二年(1724)直隶巡抚为直隶总督。延至同治九年(1870)直隶总督兼为北洋通商大臣,驻天津,冬令封河,还驻保定,光绪二十八年(1902)后直隶总督常驻天津。至清末直隶省共领12府、7直隶州、3直隶厅。其中,朝阳府领县分别属今辽宁省及内蒙古自治区,赤峰直隶州、多伦诺尔直隶厅今属内蒙古自治区,基本不在研究范围之列。余11府、6直隶州、2直隶厅所领州县或部分州县,在今河北省,是本文研究重点。1913年2月,天津被正式确定为直隶省的省会。1928年6月,直隶省改为河北省,天津成为直属南京国民政府的特别市。1930年,天津改为河北省辖市,省会再次设在天津。1935年,河北省会迁往保定,天津再次改为特别市。

在我们所研究的时段内，除个别年份外，天津始终隶属于直隶（河北），行政建置虽屡经变动，但天津与直隶（河北）之间历史形成的密切关系却日渐巩固与强化。在界定研究区域时，我们把尊重历史与重视现实相结合，依据今天河北省的行政建置对直隶省区作了技术性修正。本书中直隶省与河北省是对同一区域不同时期的不同称谓。因为在我们研究的大部分时段称直隶，为简便起见，本项研究以直隶来指称这一区域。

（二）直隶商会

直隶商会在概念上不是特指，而是泛称。它是对直隶省域内各市县、集镇商会的统称，包括天津商会在内。在我们研究的大部分时段内，天津商会实际上发挥着龙头作用，是全省各地商会归附的中心。

（三）时间断限

本研究在时间断限上，侧重于20世纪初到抗日战争前夕（1903—1937）这一时段。主要原因如下：

其一，1903年5月成立的天津商务公所起到了"创商会之先声，促商务之进步"的历史作用①，天津商务总会是在此基础上组建的，从而揭开了直隶创办商会的序幕。

其二，这一时段跨越了直隶商会常态发展的三个重要阶段：清末"新政"时期、北洋政府时期、南京国民政府时期，并最终完成了商会网络体系的建构。

---

① 《上海总商会议案录》，《第二次常会议案》。

其三,这一时段对于中国社会而言是巨变和多事之秋,也是直隶商会最为活跃的时期,商会作用发挥最为明显,在研究方面具有典型意义。

其四,1937 年日本发动全面侵华战争,这一区域首当其冲,各地商会脱离了常态发展的轨道,进入了"受制于外人"的畸形发展阶段。

二、学术史的回顾

(一)商会研究的主要成果

近 20 年来,中国商会史研究越来越为中外学者所瞩目,成为中国近代史研究的新兴领域。通过学者的努力耕耘,商会史研究成果迭出,解释范式几多转换,增加了我们对近代商人阶层许多感性的认识,而且对中国近代经济史、社会史等领域的研究产生了重要的影响,为一些相关理论探讨提供了有力的实证基础。

国外对中国近代商会的研究早于国内。早在 20 世纪二三十年代,一些在华日本人就曾以田野调查的方式对商会的活动进行过考察。随后,根岸佶和小岛淑男研究辛亥革命和商人的论文已涉及商会,而曾田三郎和仓桥正直则直接以商会为题展开研究①。法国学

① 根岸佶:《支那キルドの研究》,东京斯文书院,1932 年;《上海のダキルド》,东京日本评论社,1951 年;《中国のキルド》,1953 年;《支那商人团体制度》,《支那》11 卷 1 号;小岛淑男:《辛亥革命时期的士绅:商人阶级い上海独立运动》,《东洋史汇编》6 期,1960 年 8 月;《辛亥革命における上海独立い商绅层》,东京教育大学东洋史研究会编:《中国近代化の社会构造:辛亥革命史の位置》,东京汲古书院,1973 年;曾田三郎:《商会の设立》,《历史学研究》422 号,1975 年;仓桥正直:《清末の商会い中国のブルッヨフツ》,《历史学研究》别册号,1976 年。

者白吉尔（Marie-Claire Bergère）在对中国资产阶级的研究中也以上海商会为例①。美国的 John S. Burgess、利维（Marion J. Levy, Jr.）、张鹏、桑福德、柯布尔（Coble Parks）的论文，或与区域经济和商帮有关，或与商会有关②。陈锦江（Wellington K. K. Chan）在其博士论文《清末现代企业与官商关系》中，用了一章的篇幅专门讨论了商会在清末现代企业与官商关系中所扮演的角色，并以上海商会和广州商会为举证对象③。总的来说，在半个多世纪里，国外对中国商会的研究只是零星的，未能形成潮流，也未引起学者的充分注意。这些学者的主要关注点是中国早期商会设立缘起、性质、社会职能、历史地位与作用等。

20 世纪 80 年代以来，天津商会和苏州商会大量档案史料的开发和利用，引起海外学者的极大兴趣，研究中国近代商会的海外学者才逐渐增多，遍及日本、美国、新加坡、香港、台

---

① ［法］白吉尔著，张富强、许世芬译：《中国资产阶级的黄金时代（1911—1937）》，上海人民出版社 1994 年版。

② 转引自冯筱才：《中国商会史研究之回顾与展望》《历史研究》2001 年第 5 期；Burgess John S., The Guilds of Peking, New York: Columbia University Press, 1928; Marion J. Levy, Jr. and Shih Kuo-heng, The Rise of the Modern Business Class, New York: Institute of Pacific Relations, 1949; Edward J. M. Rhoads, Merchant Associations in Canton, 1885—1911, in Mark Elvin & G. William Skinner ed., The Chinese City Between Two Worlds; Shirley S. Garrett, The Chamber of Commerce and the YMCA, Ibid; Chang peng, The Distribution and Relative Strength of the Provincial Merchants Groups in China, 1842—1911, Ph. D. dissertation, University of Washington, 1958; Sanford, James C., Chinese Commercial Organization and Behavior in Shanghai of the late Nineteenth and Early Twentieth Century, Ph. D. dissertation, Havard University, 1976; Coble Parks M., Jr., The Shanghai Capitalists and Nationalist Government, 1927—1937, Cambridge Mass.: Havard University Press, 1986。

③ ［美］陈锦江著，王笛、张箭译：《清末现代企业与官商关系》，中国社会科学出版社 1997 年版。

湾等地①。海外学者对中国近代商会的关注,在 1998 年于天津召开的首届"商会与近代中国"国际学术讨论会上也得到了充分体现,来自日、美、德、法、韩、新加坡、香港等国家和地区的学者,提交论文 10 余篇,其中以日美学者居多。

作为一个专门领域,中国近代商会史的研究真正起步于 20 世纪 80 年代。在此之前,除海外学者有所关注和研究外,内地学者至多在讨论资产阶级的政治倾向时偶尔提及商会对革命的消极态度。1964 年虽曾有包括商会研究在内的资产阶级调查计划,终未成事实,内地研究基本上是一个空白②。

商会史的具体研究正式起步于商会档案的发掘与整理。20世纪 80 年代初,苏州商会档案、天津商会档案、上海总商会史料、中华全国商会联合会史料选编等大型档案整理工程几乎同时启动。一些零散的商会档案史料也不时被整理刊发。

由天津社会科学院与天津市档案馆合作整理编纂的大型资料丛书《天津商会档案汇编》(1903—1950)堪称典范。"天津商会档案全宗"翔实记录了天津商会与其相邻的京师商会、与其商务往来最密切的上海商会和津京周围的直隶各州县商会在半个世纪中

---

① [美]约瑟夫·弗史官斯著,朱华译:《商民协会的瓦解与党治的失败》,《国外中国近代史研究》第 20 辑,中国社会科学出版社 1992 年版;小滨正子:《近代上海的公共性と国家》,东京,研文社,2002 年(中译本由葛涛译,上海古籍出版社 2003 年版);金子肇:《商民协会と中国国民党(1927—1930)—上海商民协会を中心に》,《历史学研究》第 598 期,1989 年 10 月;李达嘉:《商人与政治:以上海为中心的探讨,1895—1914》,台湾大学历史学研究所博士论文,1995 年版;张桓忠:《上海总商会研究:1902—1929》,知书房(台北)1996 年版;周佳豪:《天津商会研究(1903—1916)》,台湾师范大学历史系硕士论文,1997 年;刘怡青:《商人与军阀政治(1916—1928),以天津为例》,台北政治大学历史研究所硕士论文,1999 年。
② 冯筱才:《中国商会史研究之回顾与反思》,《历史研究》2001 年第 5 期。

的纷繁复杂的活动情况,其数量之多、系统之完整实居全国同类档案之冠。历经16个寒暑的辛勤耕耘,该《汇编》自1989年至1998年,由天津人民出版社陆续出版。丛书共分5辑10卷14140余页,共计1000余万字,"为中国近代商会史研究作出一大贡献"①。华中师范大学历史研究所与苏州档案馆共同整理编纂的《苏州商会档案丛编》(1905—1911)于1991年公开出版,该丛编第2辑(1912—1919)时隔13年后终"磨成好事",出版发行。这些专题史料的整理,为商会史研究的蓬勃发展打下了坚实的基础,预示着国内史学界中国商会史研究高潮的到来。在20世纪的最后20年中,商会史研究以其勃勃生机成为中国近代史研究的热点之一。

　　1981年冯崇德与曾凡桂合撰的《辛亥革命时期的汉口商会》(收入《纪念辛亥革命70周年学术讨论会论文集》),1982年皮明庥在《历史研究》发表《武昌首义中的武汉商会和商团》,1983年徐鼎新先生在《中国社会经济史研究》发表的《旧中国商会溯源》是大陆学者较早的商会专题论文。其中,徐文是第一篇较详细地集中论述近代商会性质、特点及作用的论文。随后,学术杂志发表的有关商会的论文日渐增多。进入90年代,商会及相关研究逐渐进入高潮,学术界发表了数以百计的专题论文,使中国商会史研究成了一门不大不小的"显学"。

　　随着研究的深入,一些颇有分量的专题著作相继问世。1991年,上海人民出版社出版了徐鼎新、钱小明著的《上海总商会史》(1902—1929),此书是大陆第一部商会史专著。同年,朱英撰写的《辛亥革命时期新式商人社团研究》由中国人民大学出版社出版。1993年,上海人民出版社出版了虞和平撰写的《商会与早期

---

　　① 冯筱才:《中国商会史研究之回顾与反思》,《历史研究》2001年第5期。

中国现代化》。马敏、朱英合著的《传统与近代的二重变奏——晚清苏州商会个案研究》一书,同年由巴蜀书社出版。1995 年,天津人民出版社出版了马敏撰写的《官商之间——社会剧变中的近代绅商》。朱英著的《转型时期的社会与国家——以近代商会为主体的历史透视》于 1997 年由华中师范大学出版社出版。时隔 5年,关于北方商会研究的专著宋美云的《近代天津商会》,2002 年8 月天津社会科学院出版社出版。

学术会议的召开对商会史的研究起了重要的推动作用。1986年在苏州召开的以近代中国商会与资产阶级为主题的学术讨论会开商会专题研讨之先河,此后,以商会为主或与商会研究密切相关的学术讨论会相继召开,极大的推动了商会史研究的深入。1987年 5 月武汉对外经济关系与中国经济近代化国际学术讨论会,1988 年 11 月南昌第二次中国资产阶级学术讨论会,1994 年 8 月香港科技大学人文学部举办的商人与地方文化学术讨论会,1996、1998、2000 年香港第一、二、三届中国商业史会议,2004 年厦门大学承办的武夷山中国商业史研讨会,2000 年 8 月华中师范大学历史研究所主办,在湖北十堰召开的经济组织与市场发展国际学术讨论会等等,会议发表论文或直接以商会为主题或与商会研究关系密切。

1998 年 7 月,天津社会科学院与该市多家单位在天津联合举办的首届"商会与近代中国"国际学术讨论会,有 60 余篇论文发表,商会史研究被推至一个高潮。2001 年 5 月在无锡召开的"市场经济与商会"国际研讨会,提交论文、研究报告 26 篇,以对策性应用研究为主,对于近代商会的研究主要分析它的借鉴价值。2004 年 9 月华中师范大学中国近代史研究所、中国商会博物馆、山西大学中国社会史研究中心、天津社会科学院历史研究所联合主办的,在山西平遥召开的"商会与近现代中国"国际学术研讨会发表论文33篇。2005年10月华中师范大学、苏州市档案局等主办的以商会为主题的国际学术研讨会在苏州召开。

(二)研究范式的转换

中国商会史研究之所以在短时期内能够异军突起,取得较好的学术成果,除了大量的商会史料的发掘整理这一基本前提外,更在于研究者敢于解放思想,更新观念,自觉地将社会学、法学、政治学、经济学等学科的理论与方法引入史学研究,通过研究范式的创新转换,不断推动研究视野的开拓与研究层次的提升。

大陆学者对商会史的研究最早是作为辛亥革命史的一个领域来加以拓展的,初期的研究基本上是被置于政治史范式框架之下,成为对资产阶级进行集团分析的一个样本。在深化了对辛亥革命史和资产阶级研究的同时,作为一个新兴领域的商会史研究,由于政治史范式的制约,很难有实质意义的突破。

20世纪80年代开始在中国兴起的现代化理论有力地推动了商会史的研究。虞和平的《商会与中国早期现代化》堪称运用现代化理论进行商会研究的典范。现代化范式尤其是传统—现代二元分析框架给商会研究带来新的话语、新的视野和新的思路,启发人们以系统、整体、发展的观点去看待商会组织,从商会的组织系统、商会与社会的关系中去把握商会的性质与功能,更多地关注商会的社会属性、角色定位、组织结构、功能作用和现代性等问题,给人以柳暗花明之感。但同时又相对忽略了商会组织本身的复杂性、区域性,忽略其与传统相联系的一面,造成研究的理想化、简约化或结论先行的缺憾。

20世纪90年代以来,国内学者开始将"市民社会"理论引入商会史研究,并逐渐形成一种从现代化范式衍化出来的新范式,受到众多商会研究者的青睐。虽然颇具争议,但十余年来一直是商会史研究的主流范式,形成了一批颇有分量的研究成果,把商会史研究推进到一个新的高度。"市民社会"理论采用一整套新的范畴拓宽了商会研究的视野,它从政治—社会变迁的角度来观察和分析近现代社会转型,使我们更加明确商会与政府的关系。晚清公共领域的扩展与市民社会的出现,在很大程度上得利于清政府推行"新政"所产生的客观影响,其初衷是为协调官民关系,以民治辅助官治,而非与国家权力相对抗。作为一种研究范式,"市民社会"理论不仅拓宽了国家与社会两极研究的深化,而且更着眼于国家与社会的互动关系。

(三) 研究趋向与不足

　　纵观中国近代史研究,在很短的时间内取得如此丰硕的研究成果,研究范式"一波未平,一波又起",在交融中转换,商会史研究是不多见的特例。在最近的商会研究中,新的趋向是在选择和借鉴新理论的同时,更加注重采用多学科的研究方法。如宋美云的《近代天津商会》就综合运用了历史学、经济学的"交易成本"理论、社会学、社会心理学、政治学、法学等研究方法,以"寻求一种立体的多层次的视野,辨别历史现象中所包含的各种各样的脉络,从而在此基础上完成历史面貌的再构成任务。"[1]这种研究的结果,是在一种新的视角和眼光之下,使某种具体的研究更趋精细化和精致化,展现历史的多面相,多维度,更接近于历史的客观真实。商会史研究范式的转换已悄然开始,它不是对以往范式的推翻,而

---

[1]　宋美云:《近代天津商会》,绪论,天津社会科学出版社2002年版,第6页。

是对以往范式的修正和综合运用,"其基本方向则是指向以新社会史为标志的'总体史'。"①

除了政治史(革命史)范式以外,现代化范式、公共领域和"市民社会"范式以至制度经济学的"交易成本"理论等都是对西方理论的移植、借鉴,成为商会研究者的一柄利刃。但在商会研究中,人们有意无意和不同程度地存在着"挖空心思地寻找中国的史实去印证这样一个纯西方的理论"的倾向,因此,"那种以西方经验和西方诠释为唯一标准的研究态度,实不可取。即使是引进西方的理论解释模式,也必须建立起中国自己的话语系统并使之适应中国的特殊语境,简言之,存在一个'本土化'问题。"②

在研究时段上,不少学者有意识的加强了长时段的研究,如宋美云的《近代天津商会》和现实应用研究,如宋美云的《中国商会研究报告2005年》、朱英、马敏等的《中国近代同业公会与当代行业协会》等。

在研究区域上,各地商会虽已引起更多学者的关注,如厦门商会、山西商会、无锡商会、广东商会、成都商会、奉天总商会、香港华商总会等,但研究成果仍集中在苏州、上海、天津等大城市的传统格局未有大的变化③。可以说,商会史研究已进入一个相对平静期,在反思中寻求新的突破。

---

① 马敏:《商会史研究与新史学的范式转换》,《华中师范大学学报》2003年第9期。

② 马敏:《商会史研究与新史学的范式转换》,《华中师范大学学报》2003年第9期。

③ 详见"商会与近现代中国"国际学术研讨会论文集(未刊稿),2004年9月中国平遥。

三、本课题的意义与主要学术价值

20 多年来,商会研究如火如荼,但是商会与乡村社会一直是商会研究的薄弱环节。实际上,对于商会与乡村社会的研究可以追溯到 20 世纪 30 年代,吴知的《乡村织布工业的一个研究》①和《从一般工业制度观察高阳的织布工业》②开其滥觞,因其观察问题的角度不同,学术界更多地是把上述研究成果作为直接引证的史料。从现有研究成果来看,有些学者在自己的研究中对此有所涉及,但未展开讨论。如马敏、朱英所著的《传统与近代的二重变奏》论述商会与农会的关系时,略有提及。彭南生在《中国早期工业化进程中的二元模式》一文中也提到了高阳商会与高阳土布业有关情况。在《近代天津商会》一书中对商会与乡村的关系给予了较多的关注。河北大学地方史研究室与高阳县政协合作完成的《高阳织布业简史》③、陈美健的《直隶工艺总局与高阳织布业》④一文中也有涉及。

在 1998 年 7 月在天津召开的首届"商会与近代中国"国际学术讨论会上, 史建云的《商会与近代农村经济》和日本学者顾琳《作为行业联合会的小城镇商会: 高阳商会与农村纺织业》,是目前笔者所见最早对商会与乡村社会的关系进行专题研究的两篇文章, 开始把商会研究的关注点从大城市转向小城镇,

---

① 吴知:《乡村织布工业的一个研究》,商务印书馆 1936 年版。

② 《从一般工业制度观察高阳的织布工业》,《政治经济学报》第 3 卷第 1 期,1935 年。

③ 《河北文史资料》第 19 辑,1987 年版。

④ 见《河北大学学报》1992 年第 2 期。

开阔了人们研究商会史的视野,更加确认了商会在近代中国社会转型中的地位。

但是该领域并没有引起更多商会研究者的关注。2000 年 8 月,在湖北十堰召开的"经济组织与市场发展"国际学术研讨会上,史建云依然把关注点放在商会与农村经济制度的联系上,认为商会与经济的联系可分为:一是在发展市场经济的职能时对农村社会经济生活产生了一定的影响;二是商会对农村经济活动的直接参与①。史建云的研究成果终以专题论文《简述商会与农村经济之关系—读〈天津商会档案汇编〉札记》发表在《中国经济史研究》2001 年第 4 期。作者"主要利用《天津商会档案汇编》中保存的大量史料,通过分析商会与农村商业、农村工农业生产、农村赋税和交通运输之间的关系,阐述了商会对农村经济起的积极作用。"②该文对笔者富有启迪和借鉴意义。但是,正如作者自谦,"本文在很大程度上只是史料的罗列,分类也相当粗糙"③,表明在商会与农村关系问题的确还有广阔的研究空间。随后有冯小红的《试论高阳商会与高阳织布业》④、《高阳模式:中国近代乡村工业化的模式之一》⑤等论文的发表。

其实,早在 1998 年日本学者顾琳就指出,"一方面是上海、天津、苏州等大城市商会引起了学术界的极大关注;另一方面,对产

① 朱英:《经济组织与市场发展国际学术研讨会综述》,《历史研究》2000 年第 6 期。

② 史建云:《简述商会与农村经济之关系—读〈天津商会档案汇编〉札记》,《中国经济史研究》2001 年第 4 期。

③ 《简述商会与农村经济之关系—读〈天津商会档案汇编〉札记》。

④ 见《社会科学论坛》(石家庄)2001 年第 6 期。

⑤ 见《中国经济史研究》2005 年第 4 期。

生于 20 世纪前十年的数百个小城镇商会却少有研究。"①时隔 6 年之后,"由于资料限制,已有研究主要集中于上海、天津、苏州等地的商会,对内地商会,尤其是对县以下小城镇商会的研究相对薄弱"的现状并无大的改观②。

直隶位于华北、西北、东北交会处,拥有重要的海上口岸天津、秦皇岛和陆路口岸张家口,具有重要的区位优势;作为畿辅重地,直隶是晚清和北洋政府政治权力的"春江水暖"之地,具有重要地缘政治优势。"直隶商会与乡村社会经济"这一选题,把直隶商会作为一个整体,加强对直隶区域商会网络内在关系的探讨,突破了以往商会研究中要么集中于点(大城市商会)、要么流于面(主要以大城市商会为例证来研究全国商会状况)的研究取向,在一省区域内将点和面结合起来,实现了商会研究的重心下移。在关注大城市商会的同时,加强对基层商会的研究,拓宽了商会研究的领域。

本项研究探讨的主要学术问题是:1. 商会组织不仅遍布大中城市,而且在乡村市镇广泛扩展渗透,乡村市镇商会网络建构的地域性和时段性差异如何;2. 在区域社会经济网络中,乡村市镇商会扮演的角色以及作用发挥的不平衡性和复杂性;3. 乡村市镇商会与地方实业的提倡与发展关系如何;4. 商会作为一种制度安排,与政府的主导趋向密不可分,直隶商会与政府的关系如何。

对直隶商会与乡村社会经济的深入剖析,可以从一个侧面透

---

① Linda Grove. Small Town Chambers of Commerce as Trade Associations: The Gaoyang Chamber of Commerce and the Rural Textile Industry. 1998 年天津"商会与近代中国"国际学术讨论会。

② 郑成林:《商会与近现代中国国际学术研讨会述评》,《历史研究》2004 年第 6 期。此次会议 2004 年 9 月在山西平遥召开。

视这一时期直隶乃至华北地区,乡村社会由传统向近代演变的大致轨迹,揭示商会在乡村社会经济变迁中的角色和作用,为我们认识乡村社会提供新的视角,具有较高的学术价值。

商会史的研究对当前我国在社会主义市场经济条件下,建立商会等社会中介组织,推动市场经济体系的进一步完善,具有重要的启迪作用。从历史经验看,在市场经济条件下,理顺商会与政府之间的关系,切实发挥商会的中介、桥梁功能,帮助政府实现职能的转变,以理性的"合作主义"为基础,实现政府与民间组织间的双赢,将有助于市场经济社会保障体系的建立,为社会主义和谐社会建设提供结构性支撑。同时,通过分析近代基层商会在乡村社会变革中的作用,为社会主义市场经济条件下的新农村建设提供一定的借鉴。

本课题属于区域社会经济史研究范畴,从根本上讲是一种实证性研究,必须以坚实的历史资料为依据,在尽可能多地占有资料、广泛吸收国内外研究成果的基础上,以实证研究为基础,对占有的资料运用历史学与社会学、经济学、政治学相结合的研究方法,进行多层次、多角度的综合研究。

直接用于本研究的文献资料主要包括以下几类:一是清代民国时期形成有关的商会档案和地方志资料,二是清代民国时期的专著、调查、杂志、报刊及政府统计资料等,三是建国以来产生的大量的统计资料、文献专题汇编、文史资料,四是1980年代以来相关的专著、论文等。其中,最有价值的资料是天津人民出版社出版的10卷本《天津商会档案汇编》(1903—1950)、天津档案馆藏商会档案、河北省档案馆藏《获鹿县民国档案汇集》及相关资料、河北省各市县档案馆藏商会及相关资料、民国时期修的河北县志。如

《东方杂志》、天津《益世报》、《大公报》,中国近代史研究资料丛刊、天津文史资料、河北文史资料、1920—30 年代的田野调查资料和专著等,也是本论文研究所采信的基本资料。1980 年代以来与商会研究有关的专著、论文,对于本项研究,有着直接的学术启迪和借鉴意义。

　　需要特别说明的是,由于水平所限,要完全达到预期的研究目标,确实存在着相当大的困难。因此,在本项研究中,肯定会出现许多偏颇和不当之处,敬请方家不吝赐正。

第二章　乡村市镇商会网络的建构

　　直隶乡村市镇商会网络的建构整合经历了较长的历史阶段，在发展中呈现出地域性和时段性特征。直隶乡村市镇商会网络由本体—中枢系统、派生—辅助系统、共生—协作系统三部分构成，直隶商会的网络化运作，在一定程度上密切了城乡之间的联系。

一、商会在乡村市镇的稀疏出现

（一）开埠通商与传统商人组织的困境

　　明清以来，随着直隶商品经济的发展，长距离贸易的频繁，一些传统的商人组织在城乡依稀出现。天津开埠，直隶实现了与世界市场的对接，南北各地交流更加频繁，埠际贸易、城乡贸易迅速发展，商人在直隶社会中异常活跃，商人组织不断涌现。

　　在直隶乡村集镇，传统的商人组织多称堂、会、（行）帮。如祁州（安国）经过宋、明发展，到清雍正年间已成为长江以北最大的药材集散地。道光年间，祁州本地药商成立了作为招待远道客商和排解买卖纠纷的机构"安客堂"，各地客商因地缘关系大致区分为"十三帮"（药商团），各帮并无固定的办事地点，只推定会首，负责调解本帮内部纠纷和其他对外事宜。十三帮为京通卫帮（北京、通州、天津一带的药商）、山东帮、山西帮、陕西帮、古北口帮、西北口帮、关东帮、宁波帮、彰武帮(河南彰德、武安)、怀庆帮、川帮、江西帮(江西、云南、贵州等地)、亳州帮,后来又增加了广帮(广东、广西、南洋)、禹州帮、黄芪帮(专做黄芪加工,货源来自关外、山西等地,经营者均为祁州本地人),并根据不同行业自然形成了"五大会"即:

南大会:即南药市,又称小药市;

北大会:即北药市,又称大药市;

皮货估衣会:包括大西北和内地各省的皮货商以及京、津、保的估衣行;

银钱号会:包括大小银钱业 100 余家;

杂货会:包括出售各项山、干、海、杂货的商号和摊贩。

"无论任何帮会,均有其传统的朴实作风,最讲信义,各有各的独特产品和销售范围,不稍混乱。"①

在广大集镇,随着集镇贸易的繁荣,区域性的商业组织大量出现,仅邢台类似的组织就有 9 个,详见邢台集会结社表。

表1　邢台集会结社表

集会结社名称	宗旨	会社长	会社员数	结社年月	开会次数
郡城隍会	以便利商民为宗旨	按年轮推	二十余员	远不可稽	每年五月十五日起开会八日
县城隍会	以便利商民为宗旨	按年轮推	二十余员	远不可稽	每年九月初一日起开会七日
黄寺会	以便利商民为宗旨	按年轮推	十余员	远不可稽	每年二月十九日起开会三日

---

①　刘华圃、许子素:《祁州药材市场》,《河北文史集粹·经济卷》,河北人民出版社 1991 年版,第 287 页。

集会结社名称	宗旨	会社长	会社员数	结社年月	开会次数
营头会	以便利商民为宗旨	按年轮推	十余员	远不可稽	每年二月十五日起开会三日
杂货行河神社	以河水浅深酌议车船运货为宗旨	按年轮推	十余家	起于光绪初年	每年五月底六月初集会一次
药行药王社	以本产药草设市销售为宗旨	按年轮推	十余家	起于咸丰初年	每年四月底开会一次
麻行财神社	以招商采买为宗旨	按年轮推	十余家	起于光绪初年	每年六、七月间开会一次
烟行财神社	以酌定买卖价目为宗旨	按年轮推	十余家	起于光绪初年	每年九月十五日开会一日
皮作财神社	以推广销路为宗旨	按年轮推	城乡向分两社共三百五十余家	起于咸丰初年	每年三、八月各开会一次

资料来源:天津市档案馆等编:《天津商会档案汇编》(1903—1911)上册,天津人民出版社 1987 年版,第 325 页。

　　会馆、公所、各种会、社,作为传统的商人组织在联络同乡、统一价格、避免竞争、调解商事纠纷、提供慈善救济等方面曾发挥了一定的积极作用,但其前提是商业贸易主要局限于国内贸易且大多为近距离的区域性贸易。中国虽被强行拉入世界贸易体系,但所陷未深。到 19 世纪末,随着中国对外贸易环境的日益恶化,在惨烈的"商战"中,这些封闭、半封闭的传统商人组织难以克服自身的分散性、保守性,越发显得力不从心,应战无力。因此时人在呼吁"商战"的同时,极力要求摆脱组织涣散、各自为战的状态,成立商会,"合群"合力投身到世界范围的市场竞争之中,以适应由有限规模的、内向自足性的经济向以市场为资源配置中心的、开放外向的经济形态转变的需要。

19世纪末20世纪初,围绕商会的创设来自民间的呼吁和官方的劝谕交相辉映。作为近代商人社团的商会,首先在各大城市次第诞生,随后在各县、市镇稀疏出现。在直隶地区,以天津商会为肇始,揭开了直隶商会创建的序幕。

(二) 天津商会的诞生

1903年,清政府设立商部,作为督促和领导振兴工商实业的中央机构,任命载振为商部尚书。商部在中央各部中仅次于外务部而居于其他各部之前,可见清政府对发展工商实业确实十分重视。商部成立后很快制定了一系列有关振兴商务、奖励实业的改革措施, 采取前所未有的办法, 制订颁行若干奖商章程,以爵赏奖励商人投资兴办近代企业。这对于改变传统的贱商陋习,提高工商业者的社会地位, 影响甚为显著。时人评论道:"今以子男等爵, 奖创办实业之商, 一扫数千年贱商陋习, 斯诚稀世之创举。"[1]

为了更有效地推动民族工商业的发展,商部积极倡导和鼓励工商业者成立具有近代性质的新式社团——商会。1904年1月11日,商部在奏折中指出:"纵览东西诸国,交通互市,殆莫不以商战角胜驯至富强。而揆厥由来,实皆得力于商会。商会者,所以通商情保商利,有联络而无倾轧,有信义而无诈虞,各国之能孜孜讲求者,其商务之兴如操左券。"而中国工商不振的一个重要原因就是受传统行会的束缚限制,各行业之间相互壁垒森严,互分畛域,"不特官与商隔阂,即商与商亦不相闻问。不特彼业与此业隔阂,

---

[1]　杨铨:《五十年来中国之工业》,《东方杂志》第8年第7期。

即同业之商亦不相闻问。"以至于开埠通商数十年,"各国群趋争利,而华商势涣力微,相形见绌,坐使利权旁落,浸成绝大漏卮。"因此,"今日当务之急,非设立商会不为功。"①商部认为:"商会一设,不特可以去商与商隔膜之弊,抑且可以去官与商隔膜之弊,为益商务良非浅鲜,泰西商务之盛大率由此。"商部呼吁各业众商"共体此意","幸勿视为具文,迟延自误,有负本爵部堂殷殷劝谕之苦心,是为至要。"②1904 年初,商部在奏准颁行的《商会简明章程》中规定:"凡属商务繁富之区,不论系会垣,系城埠,宜设立商务总会,稍次之地设立分会。"③上海率先在商业会议公所基础上改设商务总会,并制订《上海商务总会暂行试办详细章程》,举严信厚为总理,徐润为协理,周金箴为坐办,此后,全国各通商大埠和重要城镇亦相继创办商会。

1903 年年底,商部左参议王清穆特致函宁世福、王竹林,请速联合绅商举办商会,"沪埠商会业已开办,谨上章程二册,务祈台端迅速联合绅商,斟酌时宜,参照沪会章程,克日举办报部,由部颁给关防。凡有陈请,即可迳行达部核办,而一切应行应革之举,随时具报,实于商务大有裨益。"④

1904 年 3 月 17 日,商部尚书载振等致函直督袁世凯,敦促速办天津商会,"贵省津沽等处商务较盛,切急饬传声望素孚之商董,迅即照章举办。……函到后务祈迅速一律筹办,至开办后如何

---

① 天津市档案馆等编:《天津商会档案汇编》(1903—1911)上册,天津人民出版社 1987 年版,第 20 页。(以下简称《津档》(1903—1911)上)。

② 《津档》(1903—1911)上,第 29 页。

③ 《津档》(1903—1911)上,第 22 页。

④ 《津档》(1903—1911)上,第 4 页。

情形,并乞随时示悉,俾商政得以实行,是所至祷。"①殷殷之情,溢于言表。

商部的"千呼万唤"以及沿海各商埠已立商会的示范作用,终于激发了津埠众商创设商会的热情。六十一家商号联名禀请速立商会,以振兴商务,"商会者,众商之会也。天津商埠为总会之区,彼沿海各商埠总会现皆举办,天津独瞠乎其后,无惑乎商务之收效迟也。"②几经筹商,公举王贤宾为总理、宁世福为协理,么联元为坐办。后来商部正式予以委任。1904 年 11 月 16 日,商部批准天津商务公所改为商务总会,正式启用关防。天津商会得以正式诞生,揭开直隶创建商会的序幕。

天津商会一经创设,在保商振商、联络商情诸方面发挥了重要作用,使广大商民耳目一新,申请加入商会的商家接踵而至。1907 年 2 月 22 日,天津窑业四十家公举商董请入商会,"以资保护";1908 年 5 月 19 日,羊马商十二家为遇事保护并调解纠纷请加入商会文更富代表性:"窃维东西各国之富皆赖兴商,而兴商之要尤重保持,是以各国皆立有商会,每遇商务辏辐,不分巨细,无不反复详推,秉公判断。故各国商业得以保安,日增月盛。今我国各埠商业在会者固不乏人,而未入会者亦属不少,倘一遇亏损等事每致无所申诉。商等有鉴于此,是以恳请入会赐发会照,则一朝有事自不难水落石出。"③天津商会不仅在本埠具有很强的吸引力和凝聚力,而且在开通风气、促进直隶各地商会的渐次创设等方面也起到了示范作用。

---

① 《津档》(1903—1911)上,第 33 页。
② 《津档》(1903—1911)上,第 30 页。
③ 《津档》(1903—1911)上,第 83 页。

(三)商会在乡村市镇的出现

关于清末直隶各地商会的创建情况,胡光明曾作过细致的研究整理,指出从 1902 年到 1911 年间,在直隶全境中有 50 个州县、乡镇建立了商务分会或商务分所①。这一统计还存在不少遗漏,笔者在此基础上,根据县志等资料,对商会在各州县、乡镇的发展作了如下修正和补充。

表2　直隶省商务总分各会立会情况一览表(1904—1911)

商会名称	立会日期	发起人	总协理衔名	会董数	行董数	入会行号	
						行业数	商号数
天津商务总会	1904.12	炉房公裕厚及绸缎洋布商敦庆隆等 61 家	总理花翎二品衔河南补用道王贤宾 协理花翎三品衔候选知府宁世福	12	78	32	581
秦皇岛商务分会	1905.9.21		总理县丞衔　孙　璋	4	5	19	58
宁河芦台镇商务分会	1906.3		总理候选县丞　董雨甫				
顺德府商务分会	1906.9.18	知府李映庚	总理候补县丞　翟钊		20	22	180
彭城镇商务分会	1906.11.25	试监生李麟阁等	总理府经历衔　王鸿宾	12	15	18	164
顺德府平乡商务分会	1907.2.1						
广平府磁州商务分会	1907.5	马头镇商号和泰成等	总理　肖利仁				
保定商务总会	1907.5		总理　董应书 协理　樊榕				

————————

① 胡光明:《论早期天津商会的性质与作用》,《近代史研究》1986 年第 4 期,第 189—193 页。

商会名称	立会日期	发起人	总协理衔名	会董数	行董数	入会行号	
						行业数	商号数
高阳县商务分会	1907.11		总理　韩伟卿	2			
定兴县商务分会	1907	五品衔胡文成等九人	总理巨绅　鹿浔理				
易州商务分会	1907	蓝翎五品顶戴武生丁锡纯等	会长　陈云官 副会长　崔灏				
唐山镇商务分会	1908.1.6		总理翰林院待诏衔刘俊升 协理花翎同知衔史会元	3	16		
张家口商务总会	1908.2.14		总理江苏补用道庆锡庚 会办江苏试用道姚荣春	4	31	19	
广平府曲周商务分会	1908.3		总理候选县丞　王松龄	16		24	572
正定府商务分会	1908.5.17	正定府正堂李映庚	总理廪善生　马崇本	14		21	136
山海关商务总会	1908.5.27		总理　谷芝瑞				
丰润县商务分会	1908.9		总理蓝翎五品军功张雨亭				
赤峰州乌丹城六合商务分局	1908.10						
滦州商务分会	1908.12.9	德顺当等号	总理光禄寺署正衔吴会隆	10	8		
胜芳商务分会	1909.1	李步瀛	总理九品衔　刘仲蓉	6	7	33	167
香河商务分会	1909.1						
饶阳商务分会	1909.3.4	福承盐店等	总理　韩树昀	1	16		
吴桥商务分会	1909.3	五品衔张永庆	总理四品衔河南试用知府经历张崇岳	16		13	81
永平府商务分会	1909.5.22	永盛德等十二家	总理候选县谕傅圻 协理府经历附生李儒林				

商会名称	立会日期	发起人	总协理衔名	会董数	行董数	入会行号	
						行业数	商号数
滦州稻地镇商务分所	1909.8	玉盛德等					
衡水商务分会	1909.8		总理五品蓝翎马景麟 协理五品衔杜之绂	11			154
抚宁县商务分会	1909.9.26		总理五品顶戴候选府经历单鹏	12	26	9	122
蠡县莘桥商务分会	1909.10		总理　何风鸣				
束鹿县商务分会	1909.12.11	孟和卿等	总理蓝翎都司　贺璿	12			
束鹿辛集镇商务分会	1909.12.29		总理　李汝会				
大城王口镇商务分会	1910.1.25	知县沈裕昆	总理五品顶戴附生王淑湘	16		13	22
广平府威县商务分会	1910.3.11	举人沙兆墉	总理前河南兰封知县进士杨锦江				
泊镇商务分会	1910.4		总理拣选知县举人苏守慰	15	15	10	100
静海独流镇商务分会	1910.4.29	王桂荣等	总理候选通判朱尔濂	4	25	21	99
河间县商务分会	1910.7		总理蓝翎二品封典冉汉文	21		23	120
遵化州商务分会	1910.9.25	城镇商董赵恒等	总理附生　刘毓庚		21		92
安平县商务分会	1910.9		总理六品职员刘灏沅 协理监生廉健清	11	10		
丰润河头镇商务分会	1910.10						
南宫县商务分会	1910.11		总理蓝翎都司衔张潭 协理五品衔李亨震	10	14		
大名府商务分会	1910.11.14	知府李映庚	总理试用典史吴承泰				
肃宁县商务分会	1910	六品衔于镇东等	总理孔昭镕	14	15		

商会名称	立会日期	发起人	总协理衔名	会董数	行董数	入会行号 行业数	商号数
武强县商务分会	1910		总理候选巡检附生马凤章	9	28		
平谷商务分会	1910.2		总理刘庆元				
迁安商务分会	1910.8						
冀县商务分会	1910.10						
永年商务分会	1910						
平山商务分会	1910						
昌黎商务分会	1910						
龙关商务分会	1910						
乐亭县商务分会	1911.1.6		总理曹崞	12			150
任邱县商务分会	1911.6.14		总理禀生　李泽厚	20	11	21	94
大名府清丰商务分会	1911.7		总理武生保用外委杜安清	11		16	67
石家庄商务分会	1911.9.6						
南乐县商务分会	1910.3						
赵县商务分会	1910.2						
密云县商务分会	1910.6						
深泽县商务分会	1910						
宝坻县商务分会	1910						

商会名称	立会日期	发起人	总协理衔名	会董数	行董数	入会行号	
						行业数	商号数
宁晋县商务分会	1910.6		总理邢鸣珂				
涿县商务分会	1910.6		总理万琪				
广平府商务分会	1911.10.31		总理武敬绪				
宣化商务分会	1911.5		总理蓝翎五品顶戴府经历县丞用廪生郝汝霖	36	9		
祁州商务分会	1911.12.12		总理崔焕彩	17	15	5	100
开州商务分会	1911		总理河南候补典史王佑人　协理贡生　孙世清	30		14	216

资料来源:胡光明:《论早期天津商会的性质与作用》,《近代史研究》1986 年 4 月;县志;北宁铁路局编:《北宁铁路沿线经济调查报告》。

从上表得知,1904—1911 年间,直隶共建立商会 64 个,其中在天津、保定、张家口、山海关建立了 4 个商务总会,顺德府、正定府、永平府、广平府、大名府 5 个府治,平乡、磁州、高阳、定兴、易州、曲周、滦州、饶阳、吴桥、衡水、抚宁、香河、丰润、束鹿县、威县、河间、遵化州、安平、南宫、肃宁、武强、平谷、迁安、冀县、永年、平山、昌黎、龙关、乐亭、清丰、南乐、赵县、密云、深泽、宝坻、宁津、涿县、宣化、祁州、开州等 40 个州县城建立了商务分会,另外 5 个县份的商务分会不在县治,如文安县商务分会设在胜芳镇、大城县商务分会设在王口镇、蠡县商务分会设在莘桥镇、静海商务分会在独流镇、丰润商务分会设在河头镇、任邱县商务分会设在莫镇;此外,设有商会的市镇还有 9 个,秦皇岛、芦台镇、彭城镇、唐山镇、辛集镇、泊镇、石家庄、滦州稻地镇商务分所、赤峰州乌丹城六合商务分局。

根据上表统计和商会地域分布分析,清末直隶商会发展有如下特点:

首先,地域分布不均衡。在 64 个商务总会、分会当中,在长城以北的承德府、口北三厅,如此广袤的区域只有 1 个商会即赤峰州乌丹城六合商务分局,可见,长城内外商会分布严重不平衡。长城以南,京汉铁路北延至长城为界以西,共建立了 6 个商会,在绵延的太行山区只有平山、易州两个商务分会点缀其中,另外 4 个即张家口商务总会、宣化、赤城、龙关(龙门)商务分会又相对集中。以东则分布了 64 个商会中的 57 个,冀中和冀东尤为密集。如冀东永平府所领州县已遍设商会,而且在稻地镇还设立商务分所,成为这一时期唯一一个商务分所。在临榆县,先后建立秦皇岛商务分会和山海关商务总会。同处冀东的遵化州也建立了遵化州、丰润县以及唐山镇、河头镇 4 个商务分会。因此,在商会创建初期,冀东成为商会发展最快、分布最集中的地区之一。京汉铁路以东、运河以西、大清河以南、南宫以北的冀中地区是直隶省商会分布最密集的又一区域。这里建有商务总、分各会约计有 28 个,占已立商会总数的 43.8%。值得注意的是冀南地区,虽地处偏远,但顺德府、广平、大名三府建立的商务分会也很可观,共计有 11 个,沿滏阳河和卫河自然分布。可见,在直隶全省商会初建时期,空间分布的不平衡是明显的,而且呈多层次展开。

其次,时段发展不平衡。统计中的 64 个商会,1904 年创立的是天津商务总会,1905 年建立的商会只有秦皇岛商务分会 1 个,随后逐年增加,1906 年为 3 个,1907 年为 6 个,1908 年为 8 个,1909 年为 11 个,1910 年高达 19 个,1911 年为 15 个,尤其是1909—1911 年三年间共设立 45 个商务分会,占据全省商会总数的 70% 稍强。

与同期江苏商会成立情况相比,总数同为 64 个,但时间发展并不同步,江苏商会始建于 1902 年,比直隶早了 2 年,商会量的激增集中在 1905—1908 年的四年间,1905 年 12 个,1906 年 17 个,1908 年 8 个,1909 年 12 个,占 64 个商会中的 49 席,比例高达 77%,而 1909—1911 年的三年间只新立 11 个。在商会设立的时间区间分布上,山东、河南、山西、四川与直隶省基本一致,1909—1911 年的三年间是商会迅速扩充期,山东总数 33 个,此间 18 个;河南总数 52 个,此间 30 个;山西总数 41 个,此间 27 个,四川总数 66 个,此间达 61 个。① 这与上述各省的经济发展水平大致一致。

第三,空间拓展的跳跃性。天津商务总会创立后,作为天津辅助码头的秦皇岛商务分会和紧邻天津的芦台镇商务分会相继成立。此后商会的空间布局并没有按照以天津为中心由近及远规律拓展,而是呈现出极大的跳跃性,地处偏远、经济发展水平并不很高的冀南地区在创立商会方面不甘人后,在大半年时间里,先后创立顺德府、彭城镇、平乡县、磁州 4 个商务分会,与北方先期成立的商会遥相呼应。随后,商会创立的重心回到以保定为中心的冀中地区。正是在这种不规则的跳跃中,点燃了直省创建商会的星星之火。

第四,立会缘起的针对性。各地商会的创建体现了很强的针对性,目的是为了解决与地方利益相关的重大问题。如磁州彭城镇设立商务分会为改良瓷器,力求精造,以广销畅,使利权不致旁落;高阳商务分会是为重振土布业,扩充中货,富国利民;静海县独流镇系三河码头,素称繁富,"因咸丰三年、同治七年迭遭兵燹,元

---

① 洪振强:《清末民初(1902—1927)商会网络结构探析》,《华中师范大学学报》(社科版)2002 年 7 月,第 81 页。

气至今未复,商务日形凋敝",众商拟立商务分会,"以期联络而资振兴"①;顺德是为解决当地皮毛之销场;大名府商务分会为振兴草帽辫出口市场等。

秦皇岛立会以"商务协和,商业进步"相号召,因秦皇岛为白河流域,凝冬不封,交通便利,轮舶麇聚,火车通畅,地据形胜,四通八达,"论商场之优胜,有非他口所能及者,非商会无以维系商业,保护商情矣。"尤其是"将来商业繁臻,华洋互市,非商会无以独操利柄,握揽商权矣。"②

张家口商会是"因张家口商务渐兴,外界侵迫,商情涣散,坐失利源"而创立的,"以冀内合京津,外通库恰,为开埠设关张本。"当然,之所以要设立商会,更深层次的原因是为"保蒙旗","查口内商务之盛,全赖蒙旗之互市。而蒙旗之交易,全恃土货为资生。远而乌、科、库、恰,近自内屋游牧,糜不仰给于斯,情势相连,休戚相依。比年外货灌输,土货困滞,而边隅开化较晚。虽不乏殷商大贾,率皆坐护厚赀,狃于闭关积习,不明团体,不知商战。一旦京张路竣,主客相衡,必归淘汰,商业一失,而蒙旗之困即随之,关系诚非浅鲜。是故欲保蒙旗,当先从保商之手。"张家口商会"关于将来对外问题至为重要"。可见,张家口商会之设,更多的是从政治角度考虑的。③

形成上述特点的原因主要有:

首先,各地经济发展的不平衡是造成商会地域分布不平衡的根本原因。

---

① 《津档》(1903—1911)上,第 259—260 页。
② 《津档》(1903—1911)上,第 205—206 页。
③ 《津档》(1903—1911)上,第 207—208 页。

　　长城以北虽然地域辽阔,长期以来是游牧民族的生活区域,生产力相对落后,商业贸易尤其不发达,直到20世纪初年,基本上依然处于封闭、半封闭状态,而长城以南则是历史上开发较早的地区,这在长城内外商会布局上得到充分体现。

　　清末商会创建初期,冀中和冀东是全省商会最密集的两个区域,共建立商会41个,占总数的64%。冀中地区,京汉铁路纵贯南北,大清河、子牙河河网密布,交通便利,冀东地区有滦河天然水系和自开商埠秦皇岛所依傍,与华北商业贸易中心指臂相连,历来是直隶经济开发较早的繁盛之区,而且冀东还有经商的传统。就具体商会而言,立会地点均为本县商务最繁盛之区,而不一定是县治所在地,如磁州的彭城镇、大城县的王口镇、静海县的独流镇、文安县的胜芳镇、蠡县的莘桥镇等。也有一县境内相继设立二三处分会的情况,如滦县境内即有滦州商务分会、唐山镇商务分会、稻地镇商务分所;束鹿县有束鹿县商务分会和辛集镇商务分会。对于一些经济欠繁盛的区域,则试图数县合立一分会。如正定府李映庚在开办正定商务分会的陈述函中写道:"郡城商业涣而不萃","非合获鹿、行唐、平山、栾城等处联为一会,断不成分会资格"①。正定商务分会成立后,属县商人闻风附入。再如大名府商务分会在试办章程中提出:"商会系阖郡之商会,凡府境所辖,无论何州县,何镇市,皆可入会。"特别鼓励南乐、清丰商人来郡入会,以期"联为一体"②。

　　其次,地方政府的劝导在直隶省商会创建初期起到了直接的"催生"作用。

---

① 《津档》(1903—1911)上,第210页。

② 《津档》(1903—1911)上,第268页。

有些商会甚至是由地方政府一手创办的,成为清末直隶商会布局形成的重要因素。乐亭商会"创办伊始,商等不免畏难,前蒙本县郑天体查商情,循循面谕,商等只得不惮隈越,遵章试办,不敢苟安。"经"再再详说,诸同人始肯从办",而有商会之设。①

张家口商务总会是由察哈尔都统发起奏办,大城县王口镇商务分会是由知县沈裕昆发起创办的。特别需要指出的是李映庚,他在1906—1911年的六年间,先后任顺德、正定、大名三府的知府,每到一地,就深入调查当地商务状况,召集当地绅商组织商会。顺德、正定、大名三府并非商务繁盛之区,甚至地处偏远,但三地商会很有生气,"病商之事渐除,保商之法渐密。属县闻风附入郡会者亦渐多。"②这与李映庚的首倡是分不开的,以至于在地处太行山、经济并不发达的平山也较早地创立了商务分会。

李映庚任大名府正堂后,便积极筹办郡城商会,特意函调顺德分会总理翟钊来郡组织此事,经过三次会议以及李映庚的亲自演说劝导,"幸皆乐从,投票公举试用典吏吴承泰为总理",大名府商务分会宣告成立。同时,李映庚为壮大商会,更好地发挥商会的作用,还不遗余力、奔走相告,甚至"于勘灾之便,亲谕南乐专业草辫商人带同来郡入会"③。李映庚对于创办商会、振兴实业的热情可见一斑。

第三,已立商会产生的涟漪效应。

文安县胜芳镇众商正是目睹了天津、高阳商会开办以来,在振兴商务、补救市面、开通风气方面成效显著,才聚集同镇各商筹议

① 《津档》(1903—1911)上,第266页。
② 《津档》(1903—1911)上,第211页。
③ 《津档》(1903—1911)上,第267页。

速立商会。滦州稻地镇各行铺商"以该镇商户荟萃,而商情涣散,向无团体,以致不能振兴商业。近见设立商会之处,彼此保护联络,有公益而无流弊,向慕既久,仿设情殷。"①而有滦州稻地镇商务分所之创设。

因此,已立商会的示范作用产生的涟漪效应,在一定程度上带动了邻近县镇商会的创设,对全省商会空间分布不平衡而又相对集中的局面的形成产生了一定的影响。

二、商会在乡村市镇的广泛扩展

清王朝的覆亡,并没有打断兴办商会的进程,相反,同全国各地商会一样,迎着共和的初曙,商会组织在直隶蓬勃发展起来。

(一)发展速度明显加快

关于民国初年直隶商会建立的状况,有两组数据可资参照,通过对洪振强编制的《清末民初(1902—1927)历年商会设立概况表》加以分析可知:1. 1912 年直隶省新设商会 22 个,1913 年 23 个,是直隶省自创建商会以来设立商会最多的两个年份,足见民国开国新气象。2. 1912—1928 年的 16 年间,直隶全省增设商会 65 个,是商会发展最快的省份之一,数量上仅次于山东(75 个),与山西持平,但是这两个省份"新政"期间商会发展的速度却逊于直隶;就比例而言,占这一时期全国新增商会(710 个)的 9% 强。②

---

① 《津档》(1903—1911)上,第 245—246 页。
② 洪振强:《清末民初商会网络结构探析》,《华中师范大学学报》(人文社会科学版)2002 年第 7 期。

3. 据洪振强统计,清末民初直隶共立商会116个,其中1911年前51个,1912年后65个。根据天津商会档案及县志对1911年前成立商会修正为64个。需要说明的是,由于统计口径和资料来源差异,加之民初直隶行政区划调整(注:民国初元,地方行政区划仍沿袭清制,直隶省仍领12府、7直隶州、3直隶厅,共辖158州县。1912年4月,北洋军阀统治和混战时期,政局多变,行政建制也累有变迁。1913年2月,直隶省根据新颁行的行政组织命令,正式裁撤府一级建制,府、直隶州、直隶厅及散州、散厅均划一名称为县。1914年6月,北洋政府成立察哈尔特别区域及热河特别区域,10月,改顺天府为京兆特别区域。至是,直隶省所领4道即津海、保定、大名、口北道共119县),目前很难对直隶商会做出精确统计,因此,上述统计只能反映概貌,到1928年,直隶共建立商会129个,位居全国各省(市)之首,约占全国商会总数的8%。

根据1916年4月,中华全国商会联合会直隶事务所发布的各县商会应缴会费登记清单①,此时直隶全省有117个商务分会,其中一县境内设立两处商会的计8县,这就是说到1916年,直隶全省119个县中已有109个县建立了商会,高达91.6%,尤其是边远县份发展迅速,直隶最南端的长垣、东明、濮阳,西部山区的井陉、赞皇、高邑、完县、行唐、元氏、栾城,直隶西北部地区的蔚县、阳原、怀安、涿鹿,东南地区的庆云、盐山、宁津、故城、清河等县份都建立了商会。可以说,经过清末民初创建,商会几乎遍及全省各县。

---

① 天津市档案馆等编:《天津商会档案汇编》(1912—1928)第1辑,天津人民出版社1992年版,第390—392页。(以下简称《津档》(1912--1928)1)

(二)商会组织在乡村市镇广泛渗透

史建云在《简述商会与农村经济之关系》一文中指出:"在清末,或者说在近代中国,不仅县城并非城市,即绝大部分州治也都只是市镇,有些县城的规模或繁盛程度还不如一些较大的集镇。即便是府城,也有相当一部分不是真正的城市,只是较大的市镇。所以,商会在州县城的建立,都可视为在农村市镇上的发展。"①这一论断当然符合近代中国发展的实际。并不仅仅是"可视为",实际上,商会组织在县以下市镇的广泛扩展本身更是民国初年商会发展最显著的特点,其数量远在县级商会之上。

民国成立以后,根据1915年颁布的《商会法》,商会进行了整顿改组,县一级商会称为商会。"同一行政区域有必须设置两商会者,或跨连两区域又必须特别设置商会者,经农商部认可后,亦得设立商会。"②该规定比清末商会设立的条件更加严格。《商会法》规定:"总商会、商会于其区域内因由特别情形认为必要时,得设分事务所。""凡设有商会分事务所者,该商会分事务所董事执行之";"分事务所之董事有二人以上时,由该商会会董就中公推一人为该分事务所董事长。"③因此,虽然一县之内增设商会受到严格控制,但是县以下乡村市镇商会分事务所如雨后春笋般纷纷设立(见表3)。

---

① 史建云:《简述商会与农村经济之关系》,《中国经济史研究》2001年第4期,第24页。

② 《津档》(1912—1928)1,第701页。

③ 《津档》(1912—1928)1,第702—703页。

表3　直隶各地商会分事务所设立一览表（1919年）

商会名称	成立年月	分事务所		
		地址	董事长姓名	成立年月
永年县商会	宣统二年	临洺关	赵殿楹	民国六年七月
滦县商会	光绪卅四年四月	倴城镇	阚　有	民国六年五月
通县商会	民国元年一月	马驹桥	马慎修	民国四年三月
		西集镇	王子峰	民国三年十月
		牛堡屯	王金兰	民国五年三月
		永乐店	王九龄	民国三年九月
		燕郊镇	陈　斌	民国二年二月
固安县商会	民国元年八月	牛坨镇	韩运昌	民国六年
		马庄镇	王玉淇	民国六年
		宫村镇	徐俊声	民国六年
磁县彭城镇商会	光绪卅四年	磁县城内	赵儒鸿	民国五年
蔚县商会	民国二年三月	大王城镇	康基裕	民国二年五月
宣化县商会	宣统二年十月	深井堡	耿炳曦	民国二年三月
房山县商会	民国元年三月	周口店	张　肃	民国二年七月
		坨里	李连生	民国二年二月
		灰厂镇	苏永谦	民国二年三月
		南窑村	杨维清	民国三年十二月
玉田县商会	民国二年九月	南仓镇	刘遇沛	民国八年四月
良乡县琉璃河镇商会	民国二年一月	良乡城	宋文荣	民国四年
		窦店镇	李光遇	民国二年一月
赤城县商会	民国元年七月	独石口	张廷桂	民国元年七月
		龙门所	侯万选	民国元年七月
宁河县芦台镇商会	光绪卅二年三月	北塘	翟桂元	民国四年四月
		塘沽	田式序	民国四年四月

商会名称	成立年月	分事务所		
		地址	董事长姓名	成立年月
平泉县商会	光绪卅四年八月	宽城	王松龄	民国五年
		公爷府	王锡恩	民国五年
		安登沟	刘殿臣	民国五年
		八里罕	崔振生	民国五年
		小城子	王子明	民国五年
新城县商会	民国三年七月	高碑店	罗照怀	民国七年三月
		方官	宋菖	民国七年三月
		辛立庄	王承谊	民国七年三月
		白沟河	孔祥栋	民国七年三月
		平景	孙树勋	民国七年三月
		辛桥	马世勤	民国七年三月
文安县胜芳镇商会	宣统二年二月	苏桥镇	陈邦干	民国七年十二月

资料来源:根据直隶省各地商会一览表民国八年(1919)整理而成,《天津商会档案汇编》(1912—1928)第1辑,第473—482页。

关于商会组织在乡村市镇的发展情况同样散见于县志中,如密云商会设于南大街三圣神祠,"商务分会设于石匣城内、古北口城内。"①涿县"商会始于清室宣统三年(1911),经商人王惠、杨成章、万炘、李卿臣、柳桂林等联合各商百余家公同组织,是年六月成立,公举万琪为总理,并于马头镇、长沟镇各设涿县商会事务所。"②昌黎商会于县境商务繁盛之镇设分事务所数处。会中经费由各会员按年交纳,数月则准资本之多寡有纳十二元十元八元六

---

① 民国《密云县志》卷5之3,第35页。
② 民国《涿县志》,第212页。

元不等。各分事务所会员纳费于分事务所,由分事务所截留半数
为分事务所经费,以半数交昌黎商会,如不足支出时,再由本城公
议会担任。①

《北宁铁路沿线经济调查报告》关于各县的商业组织有如下
记载,香河"外镇设有商会者,有渠口及刘宋两镇,不隶属于县商
会内。"②武清"河西务、杨村、黄花店等镇,亦均有商会之组织,与
县商会不相隶属。"③宝坻新集镇商铺大小共六十七家,并设有商
分会;林亭口镇大小商铺计二十五家,并设有商分会;新安镇大小
商铺共二十四家,并设有商分会;大口屯镇大小商铺共三十九家,
并设有商分会。④ 天津"本县小站、杨柳青及东西大沽均设有商
会。"⑤宁河"县城、塘沽、芦台各处均设有商会,各自独立,不相隶
属……余如寨上镇、汉沽、潘庄、新河、北塘等处之商会,均属于芦
台商会者也。"⑥通县"六大镇中各设分会一处,并各举主席一人,
分管各镇商务事宜。六分会另在城内奎兴楼,组织商分会事务所,
办理与城内商业联络事务。"⑦大兴"各村镇中有商会者,仅采育镇
及青云店二处。"⑧宛平县城无商会,其各镇有此种商会组织者,一
为长辛店商会,一为丰台商会,一为清河商会。⑨ 遵化总商会在县

---

① 民国《昌黎县志》,第295—296页。
② 北宁铁路局编:《北宁铁路沿线经济调查报告》,台北文海出版社1989年
版,《近代中国史料丛刊》三编第51辑,第1052页。
③ 《北宁铁路沿线经济调查报告》,第1023页。
④ 《北宁铁路沿线经济调查报告》,第1083—1086页。
⑤ 《北宁铁路沿线经济调查报告》,第1106页。
⑥ 《北宁铁路沿线经济调查报告》,第1131页。
⑦ 《北宁铁路沿线经济调查报告》,第559页。
⑧ 《北宁铁路沿线经济调查报告》,第587页。
⑨ 《北宁铁路沿线经济调查报告》,第630—631页。

城内,各大村镇,设有分商会。① 丰润外镇商会有十五处,分设于丰台、新军屯、韩城、胥各庄、河头、老庄子、宜庄等镇。② 抚宁外镇设有商会者,有留守营、抬头营、牛头崖等。③

虽然名称各异,组织形式也有所不同,但是商会势力在县城以下广大乡村市镇的广泛渗透确是不争的事实。如通县、平泉、新城等有分事务所五六个,丰润县甚至设有十五处。因资料原因,很难对民国以来乡村市镇商会及分事务所的数量做出较精确统计。经过民国十几年的发展,商会分事务所的数量应该高于民国初元,设在乡村市镇的商会及分事务所大约两倍于县城商会,据此估计,全省设立的商会及分事务所数量当在300—400之间,使商会势力的触角更有效地延伸到了广大乡村,极大地密切了城乡之间的各种联系。

三、商会存废风波与整顿改组

(一)商会存废风波

1927年国民党南京国民政府的建立,带给商会的,首先是一场前所未有的被解散取消的生存危机。直隶各地商会同全国商会一起,投入了争取自身合法生存的斗争。

关于商会存废风波以及戏剧性结果的出现,朱英利用大量的台北中国国民党中央委员会党史会藏档一手资料,进行了深入的专题研究,对国民党整顿改组商会给予了重新审视和评价,认为:

---

① 《北宁铁路沿线经济调查报告》,第1302页。
② 《北宁铁路沿线经济调查报告》,第1390—1400页。
③ 《北宁铁路沿线经济调查报告》,第1643页。

"国民党在推行商民运动之初,即已确立以商民协会取代商会的策略,因而南京国民政府建立后对商会进行整顿改组,并非完全是国民党为实现一党专政而制定的新策略,而是国民党成为执政党之后不断调整商民运动方略,实施由'破坏'转为'建设'这一新政策的结果。国民党从最初确立取消商会的方略,转而承认商会与商民协会并存,允许商会经过整顿改组得以继续保存,使商会免除了被解散取消的厄运,这对自商民运动开展后即一直争取合法生存权的商会而言,在某种程度上可以说基本上达到了预期的斗争目的。"[1]这一评价新颖中肯,令人信服。

1924年11月,国民党执行委员会设立商民部,并于当年底在广州成立了第一个商民协会,揭开了国民党推行商民运动的序幕。但当时在中国共产党的影响下,国民党把主要精力投入到农工运动,各地农民运动、工人运动开展得如火如荼,而商民运动则悄无成效。直到1926年1月,《商民运动议决案》在国民党第二次全国代表大会上通过以后,国民党才开始真正意识到动员广大商民尤其是中小商人参加革命的重要性,大力推进商民运动的发展,其中在各地组织成立商民协会,以商民协会抗衡以至最后取代旧有商会成为国民党推行商民运动最重要的举措,从而引爆了商民协会与商会的存废之争,并在南京国民政府成立后的两年中愈演愈烈,特别是在最大的工商业都市上海,这一冲突已达到白热化的程度,几乎使整个工商界都陷于混乱之中[2]。

由于直隶地区一直是北洋军阀经营的重镇,配合国民党的商

---

[1]　朱英:《再论国民党对商会的整顿改组》,《华中师范大学学报》(人文社会科学版)2003年第9期,"摘要"。

[2]　参阅朱英:《再论国民党对商会的整顿改组》,《华中师范大学学报》(人文社会科学版)2003年第9期。

民运动也呈由南而北推进之势,正如1928年7月天津市部分行业要求迅速组织商民协会分会函中称:"以现在军政时期将终、训政开始之际,诸凡事业亟待维新,关于商民组织商民协会章程已经公布,南中各省得风气之先,业已次第创设,惟吾河北久处积威,今幸北伐告成,正我商民奋斗努力之时,虽不能为之先导,总可步起后尘,为商业之兴发作将来之进取。"①可见,商民运动在直隶的影响远比南方各省要弱。

直隶商会并没有认识到日益迫近的生存危机。因此,1928年7月27日,天津总商会还致函中国国民党河北省天津市党务指导委员会,"准予指导组织天津特别是商民协会,以慰众意而维商权。"②河间县商会也致函天津商会询问商民协会组织情形。但是到1929年3月前后,各省市商民协会及党部要求取消商会及统一商民组织的呼声越来越高,态度日益强硬,在国民党三全大会开幕之时,各省市商协代表发表联合请愿宣言,称"各级商会从前已有反动事实,早无存在之可能,现今已成骈枝机关,尤无存在之必要也。"应该撤销③。更严重的是,上海市三全代表陈德徵、潘公展等在大会上提交了请解散各地、各级商会以统一商民组织的议案④。这对商会来说,无异晴天霹雳。

为维护商会生存权,各省商会函电交驰,奋力抗争。直隶各地商会也纷纷致电国民党三全大会抗议取消商会。青县商会电称:"倾闻大会代表提议解散全国商会,以商民协会代替等因,遽听之下,不胜骇异。查万国皆有商会,我国岂能独无? 若以商民协会为

---

① 《津档》(1928—1937上),第456页。
② 《津档》(1928—1937)上,第460页。
③ 《津档》(1928—1937)上,第466页。
④ 《津档》(1928—1937)上,第667页。

辅助则可,若以替代实不宜。……倘若撤销,不特拂全国商情,并背我总理遗愿。"①交河县商会电云:"查全国商会为国家商务命脉,抗争外交,提倡国货,排解商务之纷争,发展经济之场所。解散虽易,建设尤难。商民协会固为建设时期新政,全国商会实属商业中流砥柱,维持调护,例应并重。"②玉田县商会在发给天津总商会的电文中也表达了同样的意思,商会一旦解散,商界将立成散沙,市面将大失保障,"商界前途,难抱乐观矣。"③

商会在力陈不能撤销商会的诸多理由的同时,力促全国商会代表大会赶速修订商会法议案,因为"商会概系依照旧商会法,组织改革以来,旧法已不适应,新法迄未颁布,以致遇事彷徨,无所依据。"④尤其是面对各地商民协会和地方党部咄咄逼人解散商会的气焰,商会迫切需要政府修订出台新的商会法,为自身存在提供合法依据,并且敏锐地提出"商会现在工作须适应时势",通过"自动改善",改变自身形象,消除误会,以"顺时势而适生存",并明确指出四条对策:"一、商会宜参加爱国运动也。""二、商会宜务使会员入党也。……由商会领导商人一致加入党籍,使党的精神弥纶于全体商人之中。""三、商会宜谋本身之建设也。"对于各项建设事业,"商会皆宜量力举行,以增进商业之幸福。""四、商会宜谋组织之完善也。"尤其应注意下层组织,尽量容纳中小商人。这些建议由全国商联会通告全国各商会积极进行,以奠鸿基而归久远⑤。毋庸置疑,上述建议不无献媚之嫌,但是,在强大的生存危机压

①　《津档》(1928—1937)上,第481页。
②　《津档》(1928—1937)上,第482页。
③　《津档》(1928—1937)上,第483页。
④　《津档》(1928—1937)上,第477页。
⑤　《津档》(1928—1937)上,第478—479页。

力下，能够进行自身调整，顺时达变，这正是中国商会历经近30年风雨已走向成熟的重要标志之一，而这一点恰恰是诞生于"非常"时期的商民协会所不具备的。"由于商民协会没有顺应商民运动的轨迹进程，并且采取与商民运动轨迹背道而驰的行动，最终迫使国民党中央不得不将其撤销。"①1930年2月，国民党中央执行委员会发布通令，将商会整顿改组之后予以保留，取消商民协会：

> 查商民协会原为军政时期应时势之需要而设，现在训政开始，旧有人民团体组织多不适用，曾经本会先后决议交由立法院从事修订。现查立法院制定之新商会法及工商同业工会法，业经政府命令公布；此后商人团体之组织，自应遵照新颁法令办理。所有十七年颁布之商民协会组织条例着即撤销，各地商民协会应即限期结束。至于原有商民协会分子，除摊贩系属流动性质无组织团体之必要外，在中小商人当然包含于商会及同业工会之内，至店员分子亦经本会决定于工商同业工会法施行细则中增加规定，使其有充任会员代表之机会，是商人团体之组织与名称虽变更，而实际上凡属商人具有同等之机会。且组织既经统一，则过去大小商人之隔阂，與夫店东、店员之纠纷，均可根本免除，而共同致力于工商之发展，以增进其相互之利益。昔日以少数垄断把持之旧商会，既经商会法施行后为彻底之改革，则商民协会自无分峙存

---

① 朱英：《再论国民党对商会的整顿改组》，《华中师范大学学报》(人文社会科学版)2003年第9期。

在之必要。①

（二）商会基层组织的健全与规范

南京国民政府建立后,在国民党地方党部的监督指导下,河北各地商会进行了整顿改组。这一活动在民国十七年已零星开始,但全面展开是民国十八、十九年,尤其是 1929 年《中华民国商会法》颁行之后。《东明县志》对此有如下记载,"至民国二十年三月,河北省党务整理委员会委派赵善卿到东明指导改组人民团体,委派范绍灵等四人为商务会改组员,首将全县商店组织同业公会七,旋由各该同业公会会员及商店会员选举执行委员十五人,监察委员五人,执行委员十五人中互选常务委员五人,五人中再互推一人为主席,乃于二月二十日在财神庙宣告成立。"②再如阳原,"至十七年后,本县各界均受县党部之指导,成立各种法团,应有尽有。"商会也不例外,"十八年,由会长制改为委员制,并举师有光为主席。二十年,遵照中央颁发之商会法,并受省特派指导员康世英之指导,改举马联璧为主席。"③通过对商会改组的监督指导,强化了对各地商会的控制。

南京国民政府在加强对商会进行整顿改组的同时,对商会的基层组织即工商业同业公会也加强了规范和整理。工商部法规讨论委员会在 1929 年将原来《工商同业公会规则》修改为《工商同业公会法》及实施细则,作为组织标准,力图以"吾国固有之公所、

---

① 《撤销十七年颁布之商民协会组织条例并限期结束各地商民协会》〔J〕中央会党务月刊,第 19 期,转引自朱英:《再论国民党对商会的整顿改组》,《华中师范大学学报》(人文社会科学版)2003 年第 9 期。

② 民国《东明县志》卷 8,商会。

③ 民国《阳原县志》卷 5,法团。

会馆制度精神,由同业公司、行号成立公会,复由同业公会合组各地商会,如治宫室然。公司行号由群材也,公会为栋宇之任,而商会则构成大厦焉,用能身之使臂,臂之使指,互相维系,蔚然成健全工商之组织"。[1]　显示出政府对于商人团体进行组织制度性建构的信心与意旨。《工商同业公会法》相应规定:"各业之公司行号,均得为同业公会之会员,摊派代表出席于公会。"[2]1938 年政府颁布了新的《商会法》及《同业公会法》,明令未加入同业公会的商店限期若干日内正式加入,逾期仍不遵办者,即予以警告。[3]

　　1929 年到 1938 年,是同业公会的繁荣发展时期,不仅商贸业发达的大中都市各行业组织了同业公会,就是一般的县镇也组织了大大小小的同业公会。《北宁铁路沿线经济调查报告》中对于各县同业公会的建立情况作了比较详细的记载,香河"商会有主席 1 人,常委 4 人,执委 10 人,监委 7 人,同业公会有五,为布业、粮业、药业、杂货、棉纱等,皆隶属于商会内,不专立会所。"[4]武清"有商会之组织,内设主席一人,常务委员二人,监察委员三人,执行委员九人。粮业、米面业、杂货业、布业、药业、煤业等同业公会,均附属于商会内。"[5]宝坻"总商会在县城,内设会长一人,常委四人,执委十人,监委七人,附设布业、线纱业、杂货业、酒业及粮业等同业公会。"[6]天津杨柳青商会有榨油、杂货、饭馆、肉行、点心、医药、米面等同业公会,内设主席一人,常委二人,监委四人,执委五

①　工商部工商访问局编:《商会法、工商同业工会法诠释·序》。
②　《工商同业公会法》,载《国民政府公报》,1929 年 8 月 17 日。
③　法令见《经济部公报》第 1 卷第 1 期,1938 年 1 月。
④　《北宁铁路沿线经济调查报告》,第 1052 页。
⑤　《北宁铁路沿线经济调查报告》,第 1023 页。
⑥　《北宁铁路沿线经济调查报告》,第 1081 页。

人,综理全会一切事务。① 宁河县芦台镇商会内附设粮业、杂货
业、洋广货业、渔业、茶食业等公会。② 丰台商会内设有粮业同业
公会、杂货业同业公会、布业同业公会、饭布业同业公会、成衣业同
业公会及牛羊业(即清真饭业)同业公会,均附属商会。③ 固安
"商会之外,并有烟业、酒业、柳器业、杂货业、布业、药业、皮业、鞋
业、肉业、首饰业、席麻业、粮业等同业公会。"④遵化县商会在县城
内,内设主席一人,常委四人,执委十人,监委七人。设有同业公会
十处,即药业同业公会、内布业、绸布业、席麻业、染业、值衣业、杂
货业、皮毛业、油业、首饰业。⑤ 昌黎县商会有钱业、酒业、杂货业、
糕点业、医业、成衣业、煤炭业、旅店业、首饰业、粮业、染业、织布业
等同业公会,隶属其下。⑥ 抚宁县商会下设三个同业公会,粮业、
医业、杂货业。⑦

商会通过同业公会进一步密切了广大工商业者的联系,使商
会在乡村市镇的影响得到进一步强化。

四、商会的网络化运作

经过清末民初的发展与演化,到 20 世纪二三十年代,直隶商
会组织在数量和区域上都得到了极大的扩张和拓展,商会网点星
罗棋布,从通商大埠深入到县(市)镇广大区域,甚至偏远乡镇。

---

① 《北宁铁路沿线经济调查报告》,第 1107 页。
② 《北宁铁路沿线经济调查报告》,第 1131 页。
③ 《北宁铁路沿线经济调查报告》,第 630—631 页。
④ 《北宁铁路沿线经济调查报告》,第 664 页。
⑤ 《北宁铁路沿线经济调查报告》,第 1298 页。
⑥ 《北宁铁路沿线经济调查报告》,第 1620 页。
⑦ 《北宁铁路沿线经济调查报告》,第 1643 页。

为了更有效地实现和扩大自身功能,商会在逐步完成自身组织系统建构的同时,与同期创立的许多新式社团建立起或多或少、或亲或疏的联系,形成了以商会为核心的网络系统。

马敏曾以苏州商会为个案,对商会组织系统进行了深入剖析,认为商会组织系统由本体系统、从属系统、协作系统三部分组成,并通过分析三部分之间的关系及其功能操作,进而提出了"在野市政权力网络"的概念。[①] 宋美云在研究近代天津商会时,从广阔对应的地域关系角度,揭示了近代世界市场经济中天津商会发挥作用的契机和空间,以开阔的视野对天津商会与国内外商会网络体系建构的基础、形式、特点以及它们之间的关系进行了典型分析。[②] 洪振强在分析清末民初商会网络结构时,把以商会为核心的层级结构分成四大结构层次即核心层次、亚核心层次、协作型层次与边缘性层次,并认为这四大层次在商会网络结构中是逐层递减的。[③]

在借鉴前人研究成果的基础上,笔者把直隶商会网络结构分为三个部分:本体—中枢系统,派生—辅助系统,共生—协作系统。本体、派生、共生体现的是三部分的内在关系,中枢、辅助、协作突出的是三者在网络系统中的地位与功能。这一划分,使商会网络各个组成部分之间的关系与功能定位更加明确。

(一)本体—中枢系统

直隶商会网络的本体—中枢系统是整个网络的核心和中枢,

---

① 马敏、朱英:《传统与近代的二重变奏》,巴蜀书社1993年版,第57—141页。

② 宋美云:《近代天津商会》,天津社会科学出版社2002年版,第152—200页。

③ 《华中师大学报》2002年第7期,第80页。

由全省商联会、总商会、县镇商会及分事务所构成,该组织系统的一个突出特征,就是处于一种动态的从点到面、由疏到密、从简单到复杂、从低级到高级的连续建构的过程之中。

清末直隶各地商务总会、分会的次第设立,突破了传统行帮的屏障和狭隘主义,成为各行各业归属的中心,"商会者,众商之会也。"[1]"商会者,会群力群策提倡公共利益之地也。"[2]商会的成立,使各行各业的商人、手工作坊主、新式企业家和金融家甚至小商贩,处于同一共同体中,从组织上促进了同一地区各工商业者的联系,得以联众商为一体,首先实现同一地区的整合。

在直隶商会本体—中枢系统的初建时期,形成了四个总会:天津、保定、张家口、山海关,59个县镇商务分会,1个商务分所(稻地镇)的组织网络。按商部规定,总会、分会、分所三者之间,并不存在严格的上下级行政关系和母—子系统从属关系,"总会、分会以地方商务繁简为衡,不以体制论也。""总分会之实质,在联络,不在统辖,非地方隶属政体可比。"[3]这种规定,使商务分会具有组织上的相对独立性。然而在实际运作中,总会与分会的关系又常常逾越官方圈定的界限,变成事实上的统辖和上下级关系。

在组织关系上,一般来说,分所往往依附于分会,分会往往主动依附于总会,把自己所属地区的总会当作上级机关。以江苏地区为例,各分会所应隶属之总会,便是"姑就行政区域参合形势利便之处,略为分配:其苏、松、常、太、镇四府,太仓直隶州等处分会,酌隶苏州或上海商务总会;江、淮、扬、徐四府,海州直隶州等处分

---

①　《津档》(1903—1911)上,第30页。

②　《津档》(1903—1911)上,第54页。

③　马敏、朱英:《传统与近代的二重变奏》,第80页。

会,权隶江宁商务总会;通州、崇明、海门等处花布分会,仍隶通崇海花业商务总会。"①在直隶地区,虽然设立了天津、保定、张家口、山海关四个商务总会,但并没有形成以各个总会为盟主的如江苏地区那样的划区商会联盟,而基本上是以天津商会为盟主的一元化商会联盟。如高阳、任丘、正定,就地理位置而言,保定比天津更具优势,但各地设立的商务分会却主动依附于天津商务总会。任丘县商务分会简明章程明确规定:"商务分会应就省分隶于各总会,本会禀请设立之后,凡商务一切应办之事宜,均牒呈天津总会转详核办。"②正定商务分会在致天津总商会函中一再申明,正定商务分会"对于津会为分会","属隶于贵总会"③。甚至地处偏远的顺德、大名商务分会也"舍近求远",顺德府试办商会章程折称:"东西各国皆阖国一会,我国既无团体,亦当一省联为一会。应禀明督宪将此埠作为天津支会。"④大名商务分会试办章程第一条就明确规定,"本郡商务属隶天津总会"⑤。

　　天津商务总会之所以能执直隶商务总、分各会之牛耳,是因为到20世纪初,天津已发展成华北的商业贸易中心和对外贸易的枢纽,具备比较强大的经济实力,同时作为北洋重镇和北洋"新政"的中心,使它在直隶的政治地位不断提高,是华北近代化程度最高的城市,而且以天津为中心的水陆交通便捷,天津对直隶乃至华北有着强大的吸附和辐射功能。天津商务总会实际上成为直隶地区互不统属的商务分会甚至总会组织的核心和依托。分会、分所立

---

①　马敏、朱英:《传统与近代的二重变奏》,第81页。

②　《津档》(1903—1911)上,第271页。

③　《津档》(1903—1911)上,第210—211页。

④　《津档》(1903—1911)上,第193页。

⑤　《津档》(1903—1911)上,第268页。

会呈文的呈转、批复,均由天津商务总会审核或呈转,总会认为不适宜的条款,还提出修正意见,个别的则直接驳回;各地商会的历届组织构成、入会商号清册、历年集议理结事由表、收支四柱清册等均需呈报天津商务总会备案。

在联络关系上,天津商务总会处于直隶商会联盟的领袖地位,全省性商会活动往往由它组织和领导,如推行新政、进行商情调查、征集货品参加国内外各类赛会,或遇重大政治经济事件时,总是通告各地商会,共谋行止;政府有关商界的政策法令往往由它转达,起到了"通官商之邮"的作用;天津商务总会有时也派出会董考察各地商情,调查、评议一些重大案件,如 1910 年 11 月天津商会奉饬调查胜芳商警矛盾,澄清了对商会总理刘仲荣的不实指控,保护了在会诸商的利益。

马敏、朱英在描述苏州商会本体系统的运行机制时指出,总会—分会—分所在内在联系方面虽不存在严格意义上的上下级统辖关系,但实际上还是形成了一种"非刚性的控制与被控制的组织关系,可以归属为联盟意义的双向信息流柔性控制。所谓双向信息流,一是沿总会—分会—分所方向自上而下的信息收集和指令下达;一是沿分所—分会—总会方向自下而上的信息输送和反馈。正是借助于这种柔性控制机制,商会组织达到了双重目的:一方面敷衍官方,维持了形式上总会、分会、分所自成系统的格局,另一方面则使商会各子系统实际建立起层层统属、共谋行止的密切的内在联系,融汇成一个链式结构的有机整体。"①这虽是对苏州商会的个案分析,但对于考察直隶商会系统运行机制仍有极大的借鉴作用。直隶商会本体—中枢系统在初构时期建立了 4 个总

---

① 马敏、朱英:《传统与近代的二重变奏》,第85—86 页。

会、59个分会、1个分所,但是并没有形成如江苏地区的以各个总会为盟主的划区联盟,而是形成了以天津总会为盟主的松散的省区联盟。保定、张家口、山海关商会名为总会,但并无下隶分会,在直隶商会系统中基本上处于"游离"状态。这种松散的联盟随着直隶商会联合会的成立而得到加强。

全国商会联合会直隶事务所正式成立于1913年4月,是随着中华商会联合会的诞生而诞生的。其实,早在1906年,商会组织的建立在全国还刚刚起步,有人就敏感地意识到要加强商会之间联系的重要性。顺德府正堂李映庚为振兴商务实业请立商务分会文中指出:"查欧洲各国商会,自组织托斯辣(即托拉斯,笔者注)以来,无不通国联为一会。我国商情之窳,首败于无团体。纵不能通国一会,亦当通省一会。"①顺德府试办商会章程也列有专条:"东西各国皆阖国一会,我国既无团体,亦当一省联为一会。"②随后,李映庚在倡设正定、大名商务分会时也再三提出加强"联合"的愿望。李映庚在劝办正定府商务分会时再次申明联合思想:"郡城商业涣而不萃,获鹿、行唐为天然商县,有司不知振兴。现石家庄商埠已开,诚恐奸商暗结洋股,占我商业,势不得不集一郡之商力,徐申涨于石家庄一埠,为思患预防之计。而郡城商力,非但不如获行二县,并不如平栾二县。"因此,李映庚提出要"合获鹿、行唐、平山、栾城等处联为一会","对于津会为分会,对于各属又成一小部分之总会。"③

在大名府商务分会试办章程中规定:"商会系阖郡之商会,凡

---

① 《津档》(1903—1911)上,第192页。
② 《津档》(1903—1911)上,第193页。
③ 《津档》(1903—1911)上,第210页。

府境所辖,无论何州县,何市镇,皆可入会。""对于南乐附会之行商,尤须联为一体。至清丰相距较远,异日入会,亦与南乐一体。"①可以说,这一思想是成立直隶商会联合会的先声。

　　1907 年冬,上海商务总会、商学公会和预备立宪公会召集全国商会和华侨商会的代表在上海举行了商法讨论会,全国有 14 省的 80 余个商会派代表参加了会议。直隶地区的天津商务总会和张家口商务总会也派代表出席,与其他代表一起"极言华商无商法之害"②。与会代表除了讨论商法草案之外,还提出了组织华商联合会的倡议,并初步拟定了华商联合会简章,其宗旨如下:"甲、为各埠商会交通总机关;乙、谋各埠商会办法之统一;丙、谋华商公共利益并去其阻碍。"③同时积极创办《华商联合会报》,"以为各商会交通之邮"④。经过几多波折,1912 年 11 月,北京民国政府工商部召开全国临时工商会议,全国各主要商会均派代表与会。会议期间,上海总商会代表王震和汉口总商会代表宋炜臣、盛竹书三人,乘机联络与会的 45 个商会的代表开会商讨组织全国联合会事宜,结果一致赞成,当场议决:成立"中华全国商会联合会",设本部于北京,以上海总商会为总事务所,各省各侨埠设立分事务所。12 月 20 日,工商部发文批准设立全国商会联合会。直到 1915 年 12 月 14 日,修改后的《商会法》第 41 条最终明确规定,"总商会、商会得联合组织全国商会联合会,全国商会联合会得设立总事务所。"⑤

---

① 《津档》(1903—1911)上,第 268 页。
② 《津档》(1903—1911)上,第 283 页。
③ 《津档》(1903—1911)上,第 292—293 页。
④ 《津档》(1903—1911)上,第 286 页。
⑤ 《中华全国商会联合会会报》第 3 年第 2 期,"法令",第 1—4 页。

全国商联会直隶事务所于 1913 年 4 月 15 日照章成立。它的成立,使直隶商会有了一个明确的归附中心,标志着直隶商会发展到了一个新阶段,促进了商界的省区整合。直隶事务所以"联络全省各商会、协谋商界之幸福、赞助全国商会联合会之进行为宗旨"①。为了达到这一宗旨和目标,直隶事务所的主要任务依照全国商会联合会章程第一章第四条所列各项而展开,具体来说有九大任务,现照录如下②:

一、关于编查商务事项

(甲)本会于各地产物商情有特需考察者,遴派专员前往调查,或委托各该地总分会所代行调查,约期报告。

(乙)本会于各国商务应资考证事项,遴派专员前往调查。

(丙)本会编辑中国商务会报,将国内外商务事件按月刊行。

(丁)各省事务所应将各该地各商会按月所报告各处商务情形,并就各该地所产土货及他处输入之大宗物产,调查其现在市价情形,按月填表报告事务所。至各侨埠事务所亦应将各该地物价情形按月报告各该地总事务所,以便登刊月报,分送各地事务所。

二、关于发展商业事项

(甲)凡开矿、筑路、林、渔、航业等项重要公司应行组织而官商尚未规及者,本会设法劝集之。

(乙)本会对于国外贸易随时设法扩张。

三、关于振兴商学事项

(甲)资送游学外国商科。

①　《津档》(1912—1928)1,第 377 页。
②　《津档》(1912—1928)1,第 521—523 页。

（乙）筹设高等专科商业学校。

（丙）推广中等、初等商业学校。

（丁）推广商业补习学校。

四、关于维持商务事项

（甲）各埠金融恐慌致商务陷于危险时，本会设法维持之。

（乙）各地大宗产物因不能改良或艰于转运，致有滞销失败之虞者，本会设法使其改良，筹其销路。

五、关于补助商政事项

（甲）政府对于商务之行政，本会协力赞助，利其维持。

（乙）政府关于商务之行政，如于商业上实有未宜者，本会详具理由条陈政府。

（丙）政府关于商政之咨询事件，本会详悉具复。

六、关于议定商律、商税及议结商约事项

（甲）本会于国家议定商律、商税及议结商约时，编查商事习惯及商业状况等项，得依据各地事务所之多数同意，报告政府，以资参考。

（乙）本会对于所议商律、商税、商约之意见，得依据各地事务所之多数同意，将利害条陈政府。

七、关于裁判商事事项

（甲）商人有业经各总分会所判定事件请求本会再判者，本会得按照将来司法部所颁商事公断处章程，酌核情节，为之审理。

（乙）凡商会间或商会与他机关间有事理上之争执时，未赴司法官厅起诉者，本会向两方评断或和解之。

（丙）地方官厅、地方自治团体或其他机关有苛捐害商或凌虐商民等事，经商会或商人之被害者报告本会，本会调查详情，设法处理。

八、关于竞赛商品事项

征集本国工商物品陈列于繁盛各商埠之陈列所,并附设各国新式物品,以备参考。

九、其他商务范围以内事项

(甲)凡会中各事,会长除照章执行外,其他事件须经评议会议决。至重大事件,则必须得各地事务所多数之同意,方可施行。

(乙)本会开大会时,预先备文呈报工商部,请总长或次长列会宣布工商政见。

上述九大任务归结到一点就是合力谋求中国资本主义经济之发展,这也是直隶各地商会的共同目标和任务。

关于商会联合会的作用,时人有过精辟的论述:"联合会之作用,贵在实际联系。……该实际上之联系,要以人为基础,平素即声气相通,临事自有所关注(如易地贸易,向乏保护之术,今有名册可稽,无论如何困难问题,投之该商会,未有不代为立决者)。又各埠商情,各会知之必悉,可年分四季,按季报告于总事务所,交由会报逐月刊登,庶商人足不出户,天下商情尽在掌中,此为联合会之第一天职,亦即各会之第一天职也。此项报告,分作之事实非难,合观之无微不见。"如是,"则商会乃不虚此一联合矣。"①联合的主要目的就是互通信息和临事关注保护。

直隶商联会第一次大会决定事项之一就是劝办商会,"本省尚未设立商会之处,责成各商会调查员""切实调查,设法劝导",以期早日成立,以资联络。②

直隶事务所作为全省商会的联络、协调机关,由全省各商会公

---

① 《津档》(1912—1928)1,第711页。
② 《津档》(1912—1928)1,第374—375页。

推代表联合组织而成。设干事长一员,维持所中一切事务,主任干事两名协助之,如干事长有事故时,由主任干事代理之,以保证机构正常运作。设名誉干事十员,每季到所会议一次,由本所召集。遇有重大事件应会议者,可随时来所请干事长核议执行。事务所设调查员无定额,任期一年,由各商会职员充任,每会一人,由该会指定,函知本所注册。干事长、主任干事、名誉干事堪称事务所之中枢,各职员于常年大会时,由各商会到会代表公推产生。如1913 年直隶事务所部分职员名录:①

干 事 长:卜荫昌　天津商务总会协理

主任干事:冉凌云　保定商会

　　　　　杨万选　天津商会

名誉干事:王之华　石家庄商会

　　　　　崔式僖　长辛店商会

　　　　　石之海　清苑大庄商会

　　　　　韩伟卿　高阳商会

　　　　　张兴汉　高阳商会

　　　　　杨木森　高阳商会

　　　　　朱　丹　昌平商会

　　　　　凌　云　迁安商会

　　　　　卜继彬　祁县商会

　　　　　徐延寿　天津商会

该届干事长、主任干事、名誉干事 13 人是由与会的 148 名代表代表 79 个商会选举产生的。其中天津商会的卜荫昌任干事长,杨万选任主任干事,徐延寿任名誉干事,高阳商会也有三名任名誉

---

① 《津档》(1912—1928)1,第 431—436 页。

干事,这与天津、高阳两地较强的经济实力是密切相关的,尤其是天津作为华北的工商巨埠和北洋重镇,具有强大的经济优势和政治优势,因此直隶事务所成立后,很长一段时期附设于天津商务总会内,从1913年成立到1920年直隶事务所被直隶实业厅暂行取消,干事长一职一直由天津商会协理卞荫昌担任自然很好理解。直隶事务所的成立与运作,一方面密切了各商会之间的联系,另一方面更加突出了天津商会在直隶商会本体—中枢系统中的龙头地位。

直隶商会本体—中枢系统的沟通、联络主要依靠直隶事务所与各商会之间建立的信息传播体系来维持。商会本体—中枢系统的信息传播大体有三种方式:(一)自下而上的信息收集。直隶事务所通过遍布全省各地商会的调查员"调查各该地关于商界一切事项,每月报告一次";"本所遇有重要事项应调查者,由干事长于常年调查员中特请某处某人为临时调查员,克期报告,以凭核办。"①调查员、临时调查员堪称事务所的耳目,使各地有关商界情势,定期上达,甚至随时报闻,便于事务所通览全省商情,及时议决兴革事件。(二)自上而下的信息指导。报纸、公函是此种信息传播方式的载体。1915年8月直隶商会联合会大会期间,张家口代表提出创办直隶商报议案,强调指出"报纸足以代表舆论,非有此机关以为各处商会之中枢,不能联络商情,开通商智,更不能剔除商弊、拓殖商权。""联合会遇有普通公件,可由商报披露,在联合会可免案牍之劳,在各会亦可收阅报有益之效。"②《直隶商报》创刊一年后由于经费严重亏赔被迫停刊,直隶事务所仍没有放弃报

---

① 《津档》(1912—1928)1,第378页。
② 《津档》(1912—1928)1,第383页。

纸这一信息发布渠道,及时作了妥善的补救,"此后所有本会公布文件,一律送由该报(指赤县新闻报——笔者注)刊登,其贵会有应登载稿件,亦请径寄该馆,必当照刊。"①报纸的发行,对于增进各地商会的联络合作、开通商智起了重要作用。公函也是进行信息传播的有效途径,且更富针对性和保密性。如1915年11月12日,直隶事务所提请各县商会注意防范日本经济侵略密函即属此类。函称:"窃闻亡人国者,手段虽不一端,然统而论之,大率不外强硬与柔媚两种。以我国今日之时势,来强硬固不敢以言抵御,遇柔媚则不可不慎防严杜,以挽救危亡于将来也。"日本现已将前次之笼络手段、胁迫手段一切缓用,而纯出之以经济手段,以逞其贪狼之野心而施其侵略之政策。"其最著者思欲以该国银行操纵我金融,以不动产抵押阴谋我土地。设不杜渐防微,势必至有经济关系而侵入土地关系。"为此,直隶事务所"密知各县商会随时予以防范,以免堕入奸术。"②(三)纵横交互的信息交流。这种信息交流是通过直隶商会联合会召开的大会实现的。直隶商联会召开的大会有两种:常年大会,每年召开一次,于每年4月1日举行,大体以15日为限,先期半月通告各商会公举代表与会,过三分之二开会。临时大会,遇有疑难事项不宜解决时,得由干事长通知各会,或三会以上之请愿,经干事长认可,召集开临时会,逾半数即行开会,会期以一星期为限③。在大会上,来自全省各商会的代表聚集一堂,对一些重大的经济和政治问题进行充分的讨论,这不仅有助于增进各商会之间的横向联络、交流,而且通过互相交换意见达成

① 《津档》(1912—1928)1,第404页。
② 《津档》(1912—1928)1,第389页。
③ 《津档》(1912—1928)1,第378—379页。

共识,又进一步增强了各商会的凝聚力和认同感。

直隶商会联合会的成立与运作,不仅加强了商会本体—中枢系统纵向的联络,形成了直隶商会联合会—各地商会—分事务所的层级柔性控制体系;而且通过直隶商会联合会的目标整合、组织整合和信息整合,强化了直隶商会的省区整合,使直隶商会在全国性活动中作为一个整体更好地发挥作用,同各省、侨埠商会指臂相连,共谋行止。

在直隶商会本体—中枢系统网络不断扩张、整合的同时,构成系统网络的那些分散的网点—商会个体本身的基层组织也处于不断的建构当中,最明显的变化就是同业公会的普遍建立,同业公会作为在行政上直接隶属商会的基层组织,成为商会联系广大工商业者的中介和桥梁。

中国近代商会并不是一个空泛的概念,它是历史的,也是具体的。由于半殖民地半封建社会的总体社会性质所决定,中国近代商会组织自诞生之日起,就与传统行会组织结下不解之缘。“既存的会馆、公所、商帮等旧式工商业组织构成近代商会组织建构的历史起点和基础。”[1]商会并不是一个空架子,而是由具体的行帮商人所组成的。

各地商会大多是由本地主要行帮商人联合发起创建的,即便是由地方官府发起劝办的,最终也必须由商人来具体组织实施。如顺德商务分会创立时,入会者共22行,商号180家,“商分三等,上等每年缴会费制钱四千,中等三千,次等二千,愿多出者听。再少者不具商格,不能入会。”[2]彭城镇商务分会由瓷行发起,立会时

---

[1] 马敏、朱英:《传统与近代的二重变奏》,第134页。
[2] 《津档》(1903—1911)上,第195页。

商号164家,瓷行即占140余家,便宜章程第九条规定:"彭城以瓷业为大宗出产,每年向有办公十人,今仍由瓷行公举十人作为该行董事。至各行董事,视商家多寡,或二三员,或一二员",由各行公举。天津商务总会试办便宜章程第五条规定:"各行董事仍援商务公所旧章:大行三、四员,小行一、二员,应由就地各商家公举为定。"第七条关于会员条件规定:"无论何项商业,凡允认常年会费四元以上者,均得入会。"①任丘县商务分会简章第四条关于会员做了如下规定:"总理为全县商界代表,由总成全会之责,举有系行号巨东,才品资望为各商推重者充总理。会董遇事发言,有秉公讨论之责。举有经理商业卓著成效者充会董。入会有会费,出会即止。"②在乐亭和大名,在商会成立之前,就存在被称为公议会的商人组织,由于"旧有公议会,所议者皆商人之义务,无商人之权利",商会取代公议会势成必然。乐亭商会成立后,"本城旧列公议会之家,并外镇乡现入会者共150家,皆注商务分会新册。"③而在大名,"自设商会,公议会作为消灭,而会中旧有之器具,亦系众商公置,即作为商会器具。"④可见,新立商会与现有组织之间的确存在着千丝万缕的联系。

在商会中,各行董不仅是会员,更重要的是各行、各帮代表,各地商会就是建立在这些名称各异的行帮团体的基础之上,如果失去了"行"和"帮"的支撑,商会也就成了空中楼阁。因此,在清末和民国最初几年,就形成了近代商会与传统行会组织暂时并存、互相依赖和渗透的格局。反映到总的组织特点上,就是商会在发展

---

① 《津档》(1903—1911)上,第45页。
② 《津档》(1903—1911)上,第270页。
③ 《津档》(1903—1911)上,第266页。
④ 《津档》(1903—1911)上,第268页。

初期,既非比较纯粹的近代型统一的工商组织,也非完全的传统型旧式行会组织,而是二者的折中和过渡,是介于两者之间的一种过渡形态的组织,其总的发展趋向和本质特征是不断克服行会传统而日趋民主化和近代化。①

　　商会作为跨行业的工商团体,很难直接面对单个企业,而需要有行业管理组织作为其整合的中介。商会要改变因旧式行会的落后性、分散性给自身带来的不良影响,以更好地发挥作用,就有必要加强对行会的整组。正是在这样的背景下,那些最初构成商会组织基础的行帮团体逐渐发展成为近代意义的同业公会。

　　同业公会是指由同行业组织起来的经济集合体,是一种业缘性的自律性机构,由各行商在清末成立的行业公所、研究所的基础上,于1918年前后演进而来,形成各地总商会(商会)垂直领导的多种行业的组织网络。如天津商会成立后,曾在会内附设研究会,作为直属研究机构。1909年11月,天津商会禀陈将原设研究会扩充为直隶商业研究总所并以染商总董杜宝桢为会长,文中认为,"研究之设,足以启发商智,联络商情,仗群策群力,以昭整齐划一之规,商业前途,无不藉此发达。"②草拟的天津商业研究所章程规定,地址附设在商务总会内;以"研究物品,讲求制造,除商弊,利商益,振兴商业为宗旨";所有会员由商会会董、行董充任,从中选举产生正会长一员、副会长二员主持所中事务;经费由商会垫办③,研究所每星期齐集各会员会议一次,使各商近情,时可接洽;有关商家紧要事件,随时赴会,公同会议,各抒议论,择善以从,甚

---

①　马敏、朱英:《传统与近代的二重变奏》,第134—136页。

②　《津档》(1903—1911)上,第315页。

③　《津档》(1903—1911)上,第316—317页。

至商会本身如有稍欠完善之处,也有研究所研究改良,以期日有进步①。但是研究所议决事项,书成议案后须"报告商会,请总协理并坐办核议妥洽后即行,不得擅自主张。"②

可见,通过人事、经费、议事规则控制,使商业研究所完全成为商会的附属机构,二者虽宗旨不尽相同,但在"振兴商业"方面却是完全一致的,在这一大目标下,二者从不同角度发挥着各自的功能,正如天津商会在禀陈中所称:"商会为行政之机关","研究所之主义,正会议之机关也。"③商业研究所研究商情利弊,改良措施,对商会的决策提供了有力的辅助和支持。同时,各行业研究会所纷纷成立。据不完全统计,到民国四年(1915)天津各行业设立公所、研究会所就有近30个④。

民国七年(1918)农商部颁布《工商同业公会规则》和《工商同业公会施行办法》后,原各行业公所、研究会所逐渐演进成同业公会。以天津为例,1920年已有40个行业呈文请准设立同业公会⑤。就组织性质而言,同业公会首先是一种自律性行业机构,以"联合同业,研究制品,交换智识,维持公共之利益,矫正营业上之弊害为宗旨"⑥,力倡"固结团体,群策群力,互助互爱"⑦,"以收改良进步之效","并冀事业发展",有的还提出"提倡国货","挽回利权"。各行立会宗旨在文字上虽有差异,但联络感情,固结团体,发展商务,兴利除弊却是各同业公会共同谋求的目标。

---

① 《津档》(1903—1911)上,第317页。
② 《津档》(1903—1911)上,第318页。
③ 《津档》(1903—1911)上,第319页。
④ 《津档》(1912—1928)1,第138—191页。
⑤ 《津档》(1912—1928)1,第248页。
⑥ 《津档》(1912—1928)1,第204页。
⑦ 《津档》(1912—1928)1,第283页。

　　同业公会成员由同业各商号或经理人组成,职员设会长(或总董)一人、副会长(副董)一人,评议员(董事),均为名誉职。根据《工商同业公会规则施行办法》第三条规定:"工商同业公会职员之选举及任期,得比照商会法第十八条及第二十条至二十五条办理。工商同业公会之会议,得比照商会法第二十二条及第二十七条办理。"①同业公会实际上是由传统的行会组织演进改组而来,同传统的行会组织相比,其宗旨、目标更加明确,规模扩大,组织机构、运行机制更加完善、制度化、民主化。同业公会的成立,使各行业在更高层次上实现了业内整合,增强了同业之间的凝聚力和协同力。

　　从组织控制角度来看,同业公会是总商会(商会)联络众商的中介,总商会(商会)的基层组织网络正是由各行各业的同业公会构建完成的。总商会(商会)与同业公会之间的关系,其实是一种沿官方规定和实际调整合力方向形成的组织控制关系。相对于总商会(商会)而言,同业公会是一被控系统;相对于同业公会,总商会(商会)是控制系统。如同业公会的请立缘由、立会资格,必须经过总商会(商会)的审核,并由总商会(商会)呈报立案;日常公文的上呈、批复均由总商会(商会)呈转;它们的利益受到损害时,常由商会直接出面维护和协调;甚至同业公会内部争议的最终解决也需商会的公断;通过同业公会的基层网络中介功能,商会得以联络众商,从而在一些政治、经济活动中得到有力的支持。

　　商会与同业公会之间所以能够融会成一个有机整体,还在于二者存在着密切的人事关系。同业公会的会长、副会长、评议员多为商会的会董、行董。在商会中他们联合形成商会决策中枢机构,

---

① 彭泽益编:《中国工商行会史料集》下册,中华书局1995年版,第987页。

在同业公会他们各自主持本业的一切事务。角色的交叉,使同业公会作为一个整体,更加强化了同商会之间业已存在的拱卫互动关系,在各地区构建形成商会—同业公会—众商塔式网络,在商会与众商(包括非商会成员)之间,同业公会架起了一座信息交换的桥梁。同业公会的普遍成立,也使各地区商会联络众商的功能得到更大程度的发挥。同业公会的会员并不都是商会会员,而同业公会在本行业有着巨大的包容性,使同业公会中人都能受到商会的保护、"托庇"。

　　民国成立以后,北京政府于 1915 年 12 月颁布了《商会法》,该法不仅确立了商会的法人地位,而且对商会会员的资格进行了认定,只有具备下列资格之一者才能成为商会会员:一、公司本店或支店之职员为公司经理人者;二、各业所举出之董事为各业之经理人者;三、自己独立经营工商业或为工商业之经理人者。① 第一类"经理人"是个新式企业的实际经营管理者,代表各企业;第二类"经理人"乃各行业组织负责人,代表各行业的公共利益,他们构成商会的团体会员;第三类"经理人"是各独资企业的业主或管理者,代表各企业的利益。因此,《商会法》实际上已认定各行业同业组织具有团体会员的资格。在制度层面上,商会就必须保护作为团体会员的同业组织的利益,而作为会员的同业组织则必须为商会尽到会员的义务。

　　1918 年的《工商同业公会规则》及其试行办法在同业公会设立的认定和设立程序上赋予了商会一定的权限,规则规定工商同业公会的确立,以各地方重要各营业为限,但"其种类范围,由该处总商会商会认定之",同时,同业公会的设立必须由同业中三人

---

① 彭泽益编:《中国工商行会史料集》下册,第 977—983 页。

以上资望素孚者发起,所定规章必须经"该处总商会商会之证明文件"。[1] 1929 年的《商会法》规定的组织程序,"商会之设立须由该区域五个以上工商业同业公会发起之"[2],并明确规定商会会员分为两种即公会会员和商店会员,从法律上肯定了同业公会在商会组织中的基石地位。[3] 商会基层组织同业公会的广泛建立,标志着商会本体—中枢系统的建构最终完成。

(二)派生—辅助系统

随着商会本体—中枢网络系统的发展完善以及商会功能的实现与扩大,许多新式的商人商业社团组织纷纷出现,他们或由商会亲自创办,或受商会影响控制,成为商会的外围或从属组织。他们功能各异,广泛涉及包括军事、经济、市政民政、商业教育等领域。正是在他们的辅助下,商会的功能得以实现,并进而扩大到社会治安、教育、市政等诸多方面。他们多由商会所派生,可以称之为派生—辅助系统。

准军事团体:商团、保卫团、保卫社等

在商会的派生—辅助系统中,商团是一个重要的子系统。"它的产生,是清末军国民主义思潮的兴起及商人力量壮大进而寻求自卫自强措施的结果。"[4]这是商团产生的基本原因,而清末民初,时局动荡、治安混乱是促使各地商团纷纷建立的直接诱因。

商团与各地商会的关系非常密切。如天津商团组织章程、名

---

① 详细内容见彭泽益编:《中国工商行会史料集》下册,第985—987页。

② 《商业月报》,1929 年(7),《津档》(1928—1937)上,第20—21页。

③ 朱英主编:《中国近代同业公会与当代行业协会》,中国人民大学出版社2004 年版,第286—287页。

④ 朱英:《转型时期的社会与国家》,华中师大出版社1997 年版,第396页。

额、在队规则、课程表、团员等均由商会执行委员会投票选举,"总稽查、稽查由商会执监委员会选任之","商会常务委员会有指挥监督商团之权,有筹划商团经费之责。"①其行文呈式:"商团团长对于商会行文用呈,对外行文概由商会行之。"②显而易见,天津商团完全接受商会的领导。在人事关系上,商团团长多由商会会长兼任,如天津商团团长由商会协理卜荫昌担任,副团长武国栋虽系前清卸任军官,民国元年经天津商务总会公推为商会顾问员;稽查长刘渭川、交际长杨志清、各分区职员薛筱轩、史经五、王筱舟、徐懋岩、纪锦斋、李樾臣、张春泉、赵镛堂、王松樵等都是商会的会董③。对于商团团员也明文规定:"由本街各商号选身体强健、品行端谨者为合格,每号派定一人或二人。"④清河商团团长由会长兼充⑤。再如高阳商团简章规定,高阳商团以高阳商会全体商人组织之。商团事务所附设商会内。由商会公推老成董事 20 人轮流值日,经理商团一切事宜。"商家各出一人作为本团商勇,以年力精壮素无疾病者为合格。""延请知兵人员作为本团教员。"商勇每日 10 点钟上操至 13 点钟止,其余时间换班更替沿街巡逻。另外还规定每星期日停操暂借商业中学讲堂添授军学课程等。⑥ 从而保证了商团成为名副其实的商人团体。

　　商会在条例草案中明文规定商团的任务是"辅助军警维持市面,弹压匪乱",并特别强调:"商团除保护商场外,不参加其他军

---

① 《津档》(1903—1911)下,第 2445—2446 页。
② 《津档》(1903—1911)下,第 2447 页。
③ 《津档》(1912—1928)1,第 363 页与 86 页对照。
④ 《津档》(1903—1911)下,第 2447 页。
⑤ 民国《清河县志》卷 5,第 342—350 页。
⑥ 天津市档案馆藏:128—2—2261。

事行动,不受军事征调,其枪械并不准行政机关借用。"①天津商团规则也申明商团"以防御乱匪,保卫治安,自保身家财产并不干预军事为宗旨。"②为了分清权限,津商会曾专门针对火警拟订了商团警卫规则十五条,在给民政长的呈文中郑重声明:"凡在商团各商号,遇本区有火警,应受商团之警卫。但专守保护范围,不得干涉警察消防职务,以重权限。"③在救灾过程中,商团负有"防备趁火打劫之匪徒"之职责,但"如擒捉时,须当场交付警察,不得自行处置。"④这进一步表明,商团是不受官府控制并力图与"官方"划清权限而受商会直接领导的民间独立准军事团体。

另外,商团的经费、军械也不是由官府拨给,而多是由商会筹措解决。如天津商团经费由商号共同赞助:"一等商号每月出月费三元,二等商号月出二元(一等商号须自备服装,二等以下则量力而筹)。"⑤并由商会执行委员会互举三人按月轮流管理,专门用于"团中各项重要经费及二等以下商会不能自备服装者之补助"⑥;其军械,各号自行备价,由商会统一购置。高阳商团商勇除由本团发给军装外,一切枪弹、饭食须由各商家自备,惟枪械子弹必归本团收存。⑦ 张北保商团全年经费5万元到9万元,由张家口商会发给,以护路往来牛马货车抽捐项下作为专款。⑧

在派生—辅助系统中,商会主要从权力机制、人事制度、宗旨

① 《津档》(1903—1911)下,第2445—2446页。
② 《津档》(1903—1911)下,第2447页。
③ 《津档》(1903—1911)下,第2452页。
④ 《津档》(1903—1911)下,第2454页。
⑤ 《津档》(1912—1928)1,第367页。
⑥ 《津档》(1912—1928)1,第367页。
⑦ 《津档》(1903—1911)下,第2450页。
⑧ 民国《张北县志》卷6。

与任务、经费等四个方面加强对商团的控制,将商团完全置于商会的领导之下,使商团成为独立于官方的民间准武装团体。

准司法组织:商事公断处

各地商会在设立时就纷纷将商事裁判纳入自己的职责范围。保定商会设立后,把受理商事纠纷,保护商人利益,写进章程并设立了商事裁判所①。天津商会中有些成员虽然认为"官府不能办结之事商会焉能处理也",但也在商会设立评议处,选任评议员,处理商事纠纷。获鹿县在城商会章程把"因关系人之请求调处工商业者争议"作为商会职务之一,积极"筹设商事公断处",设立商事公断处之前,"如有因工商之樛轕或债务声请由会评议者,得暂照商事公断处章程及细则办理。如评议后两造允服,即令具结完案,设有不服,仍听其自赴法庭起诉,本会不再干预。"②

石家庄商会简章把"平讼"列为专条,"本会于商事公断处未设以前,遇有银钱樛轕事件,情愿在本会评议者,应由会长副会长邀集会董秉公理论,持平议结,以恤商艰,而除讼累。如评断后两造仍未服输,应听由两造自赴法院起诉。"③武清县黄花店镇商务分会一针见血地指出,以往"商家银钱纠葛因此兴讼,往往旷日持久不能了销。计所争之数不敌所费之数,实为商害。"因此,日后"凡商家与商家有争执事件,应援照部章第十五款,由总理邀集会董秉公理论,从众公断,两造倘有不服,再行禀县核办。"④

民国二年1月,司法工商两部联合颁布了《商事公断处章程》,明确指出商事公断处为商会附设机构,对于商事争议"立于

① 《保定商务总会设立商事裁判所案》,《华商联合会报》第17期。
② 河北省档案馆藏:获鹿县民国档案汇集,656—1—469。
③ 河北省档案馆藏:获鹿县民国档案汇集,656—1—280。
④ 《津档》(1912—1928)1,第453页。

仲裁地位,以息讼和解为主旨。"①商事公断处章程颁行后,各地商会陆续设立商事公断处。商事公断处的独立设置,标志着商会原有的"平讼"功能的专业化,这有利于大量商事纠纷的理结,从而强化了商会的司法功能。

1915年6月,天津商会全体股员请求商会速立"商会判断事务处"(也即商事公断处),认为该机构"于商界全体极有关系,不容稍疑","未便久延"②。1918年津商会十四董对《商事公断处章程》部分条款提出修订申请。直到1924年7月,天津商会商事公断处才在临时公断处基础上宣告正式成立。在成立商事公断处问题上,天津商会不仅远远落后于上海、广州、北京等商会,甚至也落后于直隶有些地方商会,据定县志记载,定县商会1919年"添设商事公断处,以息商界争端"③。

天津商会商事公断处章程规定:"公断处之评议场附设于本会";经费由天津总商会负担。公断处职员设处长一人,评议员九人,调查员二人。评议员、调查员于现任会员中投票选举产生;公断处处长从入选的评议员中产生。"职员选举确定后,由商会备具证书,函请当选人收受任事,并将当选人姓名、年龄、籍贯、住址、职业及得票数目报明地方长官,呈请本省最高行政长官并本省各法院,谘部一律备案。"④各地商会商事公断处在经费、人事制度方面也基本如此。可见,各地商会通过经费开支、职员的选举、任命将商事公断处完全纳入到商会组织系统之中,独立地发挥着商事裁断、息讼和解的司法功能,维护了商人的正当权益。

---

①　《津档》(1912—1928)1,第318页。
②　《津档》(1912—1928)1,第323页。
③　民国《定县志》,1928年修。
④　《津档》(1912—1928)1,第327—328页。

各地商会内部评议处、商事裁判所或商事公断处等机构根据政府的相关法律而设置,其理案职能得到了政府的认可。商会的商事裁判以仲裁息讼为目的,实际上已经具有民间法庭的性质,诚如时论所评,过去的商会"有评论曲直之权,无裁判商号诉讼职权。今若此是,商会俨然公庭。"①

实业学堂

随着中外商务往来的扩大和各种外国商务思潮的涌入,中国工商业者的思想认识发生了显著的变化,其中非常重要的一条就是他们逐步认识到,在中国要发展资本主义,除了需要有资本主义经济秩序外,还必须培养大量掌握近代经济知识和科学技术的实业人才。直隶各地商会和商人对此认识尤为深刻,他们认为商学不兴是商战败北、利源外泄的本由,"洋货所以畅销我国之故,不外制造精美。其所以制造精美者,上则政府为之提倡,不惜巨资;下则商民专心研究,不遗余力,广兴教育,以培养人才。"②并指出"商业实富国之本,人才为商业之要。"所以"商战实以学战,培养商界后进,洵根本之要图也。"③基于这些认识,各地商会把兴办商学、开启商智,列为商会活动的重要内容。

天津商会在1906年8月设立了中等商业学堂,派会董李向辰负责学堂的一切事务,"所有经费统由总理等商同会董、行董筹摊",该学堂"募商家子弟,分完全、速成两班,于普通学科外,如道德、地理、历史、算术有关商业者悉肄习之",自开办以后"跻跻跄跄,一时称盛。"④至1910年,该学堂已先后毕业学生100余名,这

①　《保定商会设所裁判讼案》,《华商联合会报》第8期。
②　《津档》(1903—1911)上,第175—176页。
③　《津档》(1903—1911)上,第86页。
④　《津档》(1903—1911)上,第84页。

些毕业生或由预科升入本科,或由商会照章保送商家,取得显著的成效。

各地商会还积极劝导会员捐资助学。王永泰、陈恩桂等津商捐资创设民立第一初等商业学堂。该学堂章程称:"本堂以造就商业人才为宗旨",概不收费,学堂设读经、修身、商业、商业地理、新关则例、珠算、笔算等 11 门课程,学生三年毕业"有愿在商业学堂进求实学者,保送商业中学;有专意谋生者,保送各洋行习学行务。"①在政府支持和商会倡导下,清末直隶的实业教育居于全国先列,不少实业家和商人捐资办学,兴办实业教育蔚然成风。保定商会创办了初、中等实业学堂。一些县镇分会克服困难,设法筹措经费,创办实业学堂。彭城镇商务分会把设立瓷业学堂列入立会章程,在第十八条规定,"彭城所产瓷器窳陋不精,仅供贫民购用,不足以广招徕,今思制造改良,待筹有的款,拟仿照醴陵办法设立瓷业学堂徐图进步。"②

高阳商务分会成立不久,便设立商业夜学,于 1908 年改为初等商业学校,1910 年改为中等商业学校,以"授商业所必需之智识艺能,使将来实能从事商学为宗旨",招收商界子弟,分本、预科,开设大量有关商业知识的课目,并规定"概不收费"③。其他各地商会因地制宜,有的举办补习学校,如秦皇岛分会;有的举办夜校,如彭城镇分会创办半夜学校。这种学校或收费很低或免收学费,使许多商人及其子弟甚至一些长年失学、无力上学的贫寒子弟获得了受教育的机会,终究还是培养出了一些专门人才。

---

①　《津档》(1903—1911)上,第 178 页。
②　天津市档案馆藏:128—2—2233。
③　《津档》(1903—1911)上,第 234—238 页。

商会和商人依靠自身力量在兴办实业教育的过程中扮演着主导型的重要角色，并取得可观的成果，这表明以商人为主体的民间力量在不断发展壮大，其影响日趋显著。

商业报刊

天津《商报》的前身《天津报》，1905 年 12 月 26 日天津商会总理王贤宾以一万元投资创办，以刘孟扬为主持人，不久停办。商会与巡警局商定由警局投资 5000 元改名为《商报》。《商报》不仅刊登中外商务和市场消息，而且刊登商部各处的报告和特别事宜，并提供各地的商业信息。《商报》创办不久就受到各地商会的欢迎。保定商会在复天津商会的信函中称"天津商报早已不胫而走，省城购阅者为数甚多。即敝会亦以此报争睹为快。"①《商报》面向各个层次的商人，针对性强，为商人们提供了十分可贵的商业信息，影响不断扩大，至 1906 年该报每月刊出约 1000 份。连比利时侨务商务会所也"拟购贵报一份，寄往敝国俾得参考商情。"②商部也与商报建立了经常性的联系，津报馆每月派人到商部领取有关商务报告刊登，商部有特别重要事宜需要立刻宣布，由部随时抄发该报馆刊登，俾得速供从览③，以致民国初年仍"销路畅远，时闻广为布露"④。

《直隶商报》是 1915 年 8 月在直隶商会联合大会上，由张家口商务总会代表提议创办。联合会即时议决开办费由各县商会承担，经理、编辑、校对人员由联合会职员兼任，办公地点在联合会，不出房租。各县商会只出开办费，以后盈亏与各县商会无涉，概由联合会筹划报纸。规定各县商会都是报纸的义务通讯员，可以报

---

①　《津档》(1903—1911) 上，第 163 页。
②　《津档》(1903—1911) 上，第 160 页。
③　《津档》(1903—1911) 上，第 157 页。
④　《津档》(1903—1911) 上，第 167 页。

告当地产品的种类、销售量、畅销地点、市场供应情况及商会的商务活动等。商报股本由各商会和联合会会长卞荫昌投入,以后开销由联合会垫付。《直隶商报》开办后,刊登外国商务工艺,金融币制,介绍国内省内工商行情,政府政策,商务组织概况及各种博览会等,开阔了商人的眼界。但是报纸开办后亏损很大,不得已《直隶商报》在满一周年后停刊。

　　各地商会将报纸作为指导商界的主要舆论阵地,为方便会员阅读报纸都设有阅览室,每天准时开放,商人可自由进出。考虑到有些商人识字有限,有的商会还不定期请人宣读和辅导。如顺德商务分会试办商程中称"立会以开通商智为第一要义,具发商报一份,公举数人轮流演说以谋进步改良。"①磁州彭城镇商务分会因本镇商情顽固,风气不开,"拟立一宣讲所,邀请本镇官绅定期演讲,准商民随便入听。"②同时在商会内附设阅报所,任人观览,以资开通③,并立阅报所章程十条,规定每天上午9点到下午5点开放,里边备有茶水,并备有纸笔供读者摘录,报纸由专人负责排列整齐,过期报纸也按年月插好标签。彭城镇的阅报所除天津商报外,还选购中外最优各种报纸、新书。其章程还规定不定期邀集官绅将各种报纸新择其最要者,用白话演说④。其他各地商会也大都设立阅报处。

商业类研究所

　　商会把商业研究所作为"补商业不足,匡商业不逮之机关。"⑤

_____

① 《津档》(1903—1911)上,第193页。
② 天津市档案馆藏:128—2—2233。
③ 《津档》(1903—1911)上,第199页。
④ 《津档》(1903—1911)上,第202页。
⑤ 《津档》(1903—1911)上,第318—319页。

天津商会刚成立便附设研究会,"每逢朔望,约集各行商董,研究商情利弊,以达兴革目的。"①研究会成立后,在商业规划诸方面进行了大量讨论和研究,并调查了商业兴衰的原因,提出补救商业困难的措施,取得了很大的成效。在此基础上,成立了商业研究所。各地商会也根据实际需要成立了各种商业类研究所。如高阳商会创设的工艺研究所,初衷是为研究并提高高阳土布的制作工艺,仿照天津考工厂品评办法,凡新出布货,送所研究,品评优劣,酌给赏格,以资鼓励②。再如彭城商务分会设立的瓷业试验场实际上就是瓷业研究所,"专为改良土货,扩充瓷业起见。"试验场内采买本处外处各种质料,凡瓷行中人,均可入内观览,互相比较,"详其土地之出产,究其制造之精粗",预作改良基础。③

　　在商会的派生—辅助系统中,商团、商事公断处、商业报刊、实业学堂、商业研究所等虽性质、宗旨各异,但多由商会直接派生而来,正是在他们的辅助下,商会的各项职能才得以实现,从不同的角度共同维持和保证了商会本体—中枢系统的健康运作。

(三)共生—协作系统

　　在商会本体—中枢系统、派生—辅助系统不断建构整合的同时,商会作为一个独立的社团也通过各种方式与本地的其他社会团体建立起直接或间接、长期或临时的联系,将商会势力和影响广泛渗透到各民间社会团体,形成一种良性协作互动或保持某种默契关系,从而使商会置身于一个更加开放的社会大系统之中,这是

---

① 《津档》(1903—1911)上,第315页。
② 《津档》(1903—1911)上,第231—232页。
③ 《津档》(1903—1911)上,第200—201页。

一个放大了的商会网络,称之为共生—协作系统。

在共生—协作系统中,社团五花八门,名目繁多,成分复杂,如自治期成会、县议会、参事会、谘议局、预备立宪公会等政治类团体;直隶实业观摩会、直隶绅商金融维持会、国外工商图进会、京津保善后协会等经济团体;戒烟善会(戒烟社)、红十字会、济良所、华洋义赈会、善堂联合会等慈善类机构;路工局等市政建设类团体;临时成立的筹还国债会、国权国土维持会等爱国维权团体。

地方自治团体

这类社团大多与商会保持人事交叉。如1906年为推动地方自治先行设立的天津县自治期成会,会员中商会成员就占了10名,他们是纪联荣、王用勋、李向辰、芮玉坤、刘锡保、徐诚、刘承荫、胡维域、曹永源、刘钟霖,其中8名是天津商会会董,占该年(1906)商会会董总数的三分之二,同时津商会总、协理王竹林、宁世福也允诺"随时前往会议,以资提倡"①。可见在自治期成会中天津商会几乎将其权力中枢整体置入,协同绅、学各界公举会员定期开议一切事宜,积极推动地方自治。1909年当选县议会议长的李士铭是著名的盐商;当选县议会董事会副会长、后充任镇议会议长的石元士,是杨柳青有名的"商绅",二者同出身于"天津八大家",都曾是商务局局董,后虽未列身商会,但在商界的影响却不容忽视。

慈善团体

民间组织热心慈善事业的历史由来已久。商会成立后,对于这种传统予以承继和发扬,设立慈善机构,发放赈济衣粮,督促禁烟等,为灾民救济和社会生活的稳定做出了不小的贡献。每遇天

---

① 《津档》(1903—1911)下,第2289页。

灾人祸,直隶各地商会除积极支持原有慈善团体外,还亲自设立慈善机构。如天津商会1913年设立的贫民教养院,该教养院分为织科、染科、木工科、编席科、石印科等,招收1500多人,举办成效昭然,受到各界的称赞①。1915年商董韩锡章设立贫民孤儿工艺传习所。其他还有灾民留养所、救济妓女会、平济局、灾民幼女教养所、博济社等(见下表)。此外商会还积极参与了官民合办的天津善堂联合会和直隶义赈协会工作,王贤宾、宁世福、叶登榜、卞荫昌等商会领导充任董事。天津红十字会就附设在商会内,卞荫昌亲任会长。

表4　天津绅商设立的部分慈善机构

慈善团体名称	成立日期	发起人	宗　旨
普济贫民院	1913年1月	天津众绅商	开院助赈,解救残生
贫民教养院	1913年	天津众绅商	教习贫民手艺
贫民孤儿工艺传习所	1915年	韩锡章	教习孤儿手艺
老人会	1917年	倪文铭	资助老人
灾民留养所	1919年3月	李经湘	收养无助灾民
博济社	1919年7月	刘志诚	各项慈善事业
平济局	1921年7月	李嗣香	借款抚恤灾民
灾民幼女教养所	1921年9月	赵郭氏 徐杨立贤	教养灾民幼女
救济妓女会	1921年9月	李齐民	改造妓女从良

资料来源:根据《津档》(1912—1928)和《益世报》有关资料整理。

市政建设类

以石家庄路工局为例。石家庄商务分会、巡警局为维持路政、

---

① 　天津《益世报》1915年12月6日。

建筑马路呈请设立路工局抽捐以供路政之用。民国四年五月,直隶财政厅汪厅长批示,"抽收车捐以供路用,系为便利交通起见,应予照准。"石家庄路工局试办简章规定:"区官有兼管局务之权,惟应兴各工须商同监察员协助办理。"同时规定设监察员,由商会会长兼任,监察路工一切出入各款并应否兴修事宜;设会计一员,专司一切账目,并兼理稽查事务,逐日稽查往来车辆以及各店有无漏捐情事;会计员须附住商会,以便监察员可随时稽核一切账目①。石家庄商会通过会长兼任监察员,协助办理局务和稽核一切账目等,掌控着路工局的实际权力。

　　商会与其他社团的共生—协作关系的构建,除发起推动、经费支持外,人事参与、角色互动、信息交流也是实现整合协作的有效途径。一身数任、角色互动是商会整合其他社团最简捷有效的方式之一。如李向辰,1903年天津成立商务总会即被推为会董并担任坐办等职务,天津自治期成会会员,在公安总会中担任议董,筹办天津济良所与义仟局,曾任天津救济院院长和天津善堂联合会会长②。又如李颂臣,曾任天津商会会董兼评议员,天津议事会议员,直隶省议会议员,组织天津绅商保卫局,并担任过天津备济社、积善社、明德慈济会的董事或会长③。当然,最典型的当数卞荫昌(1886—1926),长期担任天津商会协理、副会长、会长,1913年兼任直隶商联会会长,后被选为全国商会联合会会长;创设商团,任团长;并曾兼任天津红十字会理事长、海河工程局董事、直隶赈灾救济会副会长、直隶实业观摩会会长、国权国土维持会会长、众议

①　河北省档案馆藏:获鹿县民国档案汇集,656—1—320。
②　《天津近代人物录》,第157页。
③　《天津近代人物录》,第168—169页。

院议员等多种社会职务①。

对于多数慈善机构来说,商会及商界中人的捐输显得尤为关键。在那些公益事务和一些利益攸关的事件中,商会与其他社会团体经常保持着函电往来,互通信息,协调行动,互相支持。在那些成员复杂、官绅商学共同参与的组织中,如自治期成会、城、县、镇议事会、参事会、预备立宪公会、谘议局、教育局等各界人士齐聚一堂,运筹帷幄,共谋行止,这本身就达到了社会整合的目的。

直隶市镇商会网络的建构,不仅使商会将其触角延伸到社会生活的各个领域,为其社会职能最大限度的发挥,为广大商民在重大事件中互通信息,"共谋行止"提供了组织前提,而且通过自上而下的商会系统,进一步密切了城市与乡村的联系,在一定程度上实现了乡村的社会整合,商会以其独特的政治、经济和文化优势在社会网络中发挥着重要作用,为乡村社会的近代演变注入了新质。

---

① 《津档》(1912—1928)1,第106—108页。

第三章　商会与乡村商业的近代演化

直隶各地商会成立后,投身于开发与整顿乡村市场、活跃与稳定金融市场、开展商事农情调查、协助政府整顿统一度量衡、抗争与整顿农村牙税等活动中,促进了乡村贸易的繁荣,在一定程度上推动了乡村商业的近代演化。

一、开埠通商前期乡村贸易的初步变动

(一)洋货在乡村的倾销

1860 年,天津开埠通商"沟通了华北传统商品市场与国际商品市场的联系,即开始了华北传统农业生产的商品价值体系与代表西方大机器生产的商品价值体系的对话"①。各具不同使用价值的外国商品越来越多地通过天津输往华北各地,同时中国北方特有的农副产品也因世界市场的日益需求而不断得到发展,天津成为华北对外贸易的枢纽。对外贸易不断发展,无论进口抑或出口,无不呈现出螺旋式上升的态势。进口总值从 1865 年的 11,852,437 海关两,到 1906 年增至 91,039,247 海关两;出口从 1865 年的 1,704,916 海关两,到 1906 年增至 21,825,308 海关两。

---

① 罗澍伟主编:《近代天津城市史》,中国社会科学出版社 1993 年版,第 166 页。

　　进口总值始终超过出口总值,是近代天津外贸的显著特征。1865 年进口总值超过出口总值 1000 余万海关两,1878 年入超额为近 1700 万海关两,1895 年入超为 3190 余万海关两,1906 年入超接近 7000 万海关两。在中国丧失主权、沦为半殖民地的背景下,作为低开发的中国被强力拉入世界资本主义市场体系,中国外贸的长期入超和入超绝对值的持续增加,蕴藏着严重的危机,是西方列强对华进行掠夺性贸易的体现,直隶区域首先是作为西方商品市场和原料产地而步入近代的。

　　天津进口商品中,19 世纪 70 年代以前,鸦片占有极大比重。1861 年进口鸦片 1,482 担,1863 年进口 3,749 担,价值 2,285,651 海关两,占当年本埠洋货进口总值的 36.42%,1865 年升至 5,654 担,占全国进口鸦片的 7.4%,1866 年更高达 9,162 担,价值 5,768,169 海关两,占当年口岸洋货进口总值的 33.4%。但是这一年棉布进口超过鸦片而跃居首位。及至 80 年代以后,天津鸦片输入开始减少,1898 年输入仅 9 担。鸦片进口锐减,主要导源于印度鸦片价值剧涨和国产鸦片大量涌现。

　　在鸦片进口锐减的同时,洋布、洋纱、毛呢及毛制品、糖、五金及其他商品进口额不断增加,棉布、棉纱进口激增,开埠后,天津很快成为全国重要的洋布输入和集散中心。在 19 世纪下半叶,天津进口洋货总值中,洋布竟占了一半以上,天津洋布输入始终占全国洋布进口总数的 1/4 强。例如,1863 年天津进口洋布 202,316 匹,价值 1,018,822 海关两,占当年洋货进口总额的 16.24%。到 1883 年,棉布进口已达 2,958,549 匹,价值 6,322,653 海关两,占当年洋货进口总额的 61.44%①。据有的学者计算,19 世纪 90 年

---

① 　参见王怀远:《旧中国时期天津的对外贸易》,《北国春秋》第 1 期。

代后期,天津每年进口的洋布,可供当时直隶、山西两省每人做三件成人衣服,这一事实足以说明,天津进口的洋布,已基本占领了邻近省份的市场①。

天津洋纱进口起步较晚。19世纪六七十年代,天津洋纱进口在进口总值中尚不足1%,从80年代开始,天津洋纱进口量成倍增长,到90年代末,洋纱平均进口量已达20万担,比70年代末增长了250多倍,这一时期天津洋纱年均进口值已占洋货进口总值的10%以上,年均进口量已占全国洋纱进口总数的10%②。

天津进口的外国商品,除了在天津消费一部分外,大部分销往广阔的天津腹地。

1868年天津海关税务司休士对天津进口洋布、洋货去向曾做过一次详细调查。在调查报告中写道:"天津除了向直隶省供给外国进口货之外,还是下面这些城市的中转站——我尽量根据它们从天津获取供应量的大小排列如下:

山西省:太谷县、路安府、太原府、汾州府、平阳府、大同府、蒲州府、朔平府;河南省:彰德府、卫辉府、怀庆府;山东省:临清州、东昌府、济南府。有少量货物去往陕西省的西安府、同州府、兴安府。余者去往蒙古的西南部。"

当时天津进口洋布、洋货由如下几条运输线运到各腹地:

由大清河向西到琉璃河镇,然后沿琉璃河到北京附近的地区;

由大清河一直向西到达保定、定兴、高碑店地区;

由子牙河往南,行到与滹沱河汇合处小范镇,分几路分散。其中一部分沿滹沱河、滏阳河进入直隶中部、南部各府县(冀州、顺

---

①　张思:《十九世纪末天津的洋纱洋布贸易》,《天津史志》1987年第4期。
②　前引《近代天津城市史》,第173页。

德府等);更大部分在小范镇由河船改装上大车去往山西方向,在获鹿再次更换运输工具(骡子、骆驼驮运)运往山西太谷县。

由大运河南下,到山东西部、直隶南部各州府,在临清溯卫河直到河南北部地区。

此外有一部分洋货由骆驼运经通州去往张家口,一小部分或船载或畜驮运往京东各府县。①

关于天津进口洋货腹地分配情况,以下两组数字可以参照。1902 年度天津海关发放的子口单内的货物,"共值海关银二千七十四万二千七百十五两,但该价值内百分之六十八成半(按:即68.5%)运往直隶;百分之十六成运往山西;百分之六成运往山东;六成运往河南;二成运往甘肃;其余则运往陕西、奉天并俄属之西域及蒙古等处。"②1906 年度天津"在整个海关的外国产品输入额三千六百一十七万八千零一十九海关两之中,分配给消费地区的情况,大约开列如下:

直隶省:22,120,293 海关两。

山东省:1,420,579 海关两。

山西省:6,578,933 海关两。

河南省:1,165,426 海关两。

陕西省:152,465 海关两。

甘肃省:1,453,153 海关两。

盛京省:857,416 海关两。

吉林省:3,531,842 海关两。

---

① 　前引《近代天津城市史》,第 174 页。
② 　吴弘明等整理:《津海关报告档案汇编》(1889—1911)下册,1993 年印本,第 115—116 页。

蒙古:700 海关两。

黑龙江省:2,049 海关两。

恰克图:34,270 海关两。

以上是在'子口单'之下通过海关的外国产品。虽然足以了解它的大体分配情况,可是没能包括输入内地的所有外国产品,此外还有在钞关输入的外国产品。"①

上述材料表明,天津进口的外国商品主要销售地区是华北的直隶、山西,而直隶始终占居首位,山西名列第二,其他省区比重不大。

直隶地区对外贸易的不断发展,大量洋货倾销内地,许多价廉物美的洋货如煤油、棉布、火柴、针、烟、糖等生活日用品,日渐成了农家生活不可缺少的东西。农业和手工业结合的中国城乡自给自足的自然经济在外国商品冲击下日渐解体,广大民众在不自觉中成了进口洋货的消费者和出口土货的生产者。

(二)土货出口渐趋兴旺

天津在外国商品大量输入的同时,本国商品出口也渐趋兴旺(见表5)。

表5　1861—1898 年天津出口商品数量变化表

商品名称(单位)	1861 年	1866 年	1873 年	1878 年	1880 年	1885 年	1890 年	1893 年	1898 年
杏仁(担)	——	——	3505	6090		6600	8285	1695	2894
豆类(担)	86456	41060	12			44100	114623		

---

　①　侯振彤译:《二十世纪初的天津概况》,天津地方志编修委员会总编室编,1986 年印本,第 274—275 页。

商品名称（单位）	1861 年	1866 年	1873 年	1878 年	1880 年	1885 年	1890 年	1893 年	1898 年
猪鬃（担）	—	—	—	—	—	3351	4219	—	—
开平煤（吨）	—	—	—	—	—	17486	47243		
红枣（担）	2988	21501	19994	19280	229911	32830	27592	962	1930
乌枣（担）	3421	15301	14262	10199	14217	27568	31753		
鹿茸（对）	88	3004	3715	—	5119	3846	4700	—	—
药材（海关两）	—		247998	27464		318011	407035	893	2963
大黄（担）	426	64	521	—	700	1073	1277		
山羊皮子（担）						326014	4744974		
草帽辫（担）	—	—	1859	9216	19961	44208	42424	496	288
驼绒（担）	—	638	1898	11893	16442	20540	13753		
绵羊毛（担）	1804	946	339	5641	703	19747	80679	5737	1773
棉花（担）	74	136177	—	—	—				

资料来源:《旧中国时期天津的对外贸易》。表注:1893 年与 1898 年两年为直接出口数字。

　　天津出口商品以农牧业产品为主,手工制品为辅,即使手工制品也主要是农牧业原料加工产品。天津出口商品有半数来自直隶,因此直隶既是天津最大的进口商品销售市场,又是天津最大的出口商品供应地。现将 1906 年由津海关发给外国人的三联单中所标明的在天津腹地各省采购的货物价额开列如下:

表6　天津腹地各省采购的货物价额

省别	三联单数	价格(海关两)	比例
直隶	2485	5597768	44.6%
山东	84	349231	2.8%
山西	1039	3460295	27.6%
河南	99	332671	2.6%
陕西	5	9634	0.1%
甘肃	28	96421	0.8%
盛京	104	306172	2.4%
蒙古	13	50977	0.4%
黑龙江	44	104700	0.8%
张家口	630	2228833	17.8%
在天津买的产品		19914	0.15%
合计	4531	12556616	100%

资料来源:苑书义等著:《艰难的转轨历程》,第221页。

　　统计表明,1906年天津向海外出口的商品,来自直隶的占44.6%,山西占27.6%,张家口排名第三,加上在天津买的产品,约占统计总数的90.15%,虽然这并不意味着出口额的全部,但却反映了出口商品来源的大致情况。

　　1898年秦皇岛自开商埠,1901年正式开放对外贸易,使直隶地区的对外进出口贸易进一步发展。

　　总体而言,直隶地区进出口商品结构,进口以消费资料为主体,出口以农牧产品和原料为主体,这种外贸格局,在整个近代时期没有根本改变,这也正是中国对外贸易半殖民地模式的特征之一。

　　(三)传统商业的变形

　　直隶地区近代资本主义商业,首先是由外国产业资本的国外销售机构洋行直接引进的,最早出现于天津,此后以天津为基地,在直隶许多地方建立了洋行。外国洋行凭借武力作为后盾和享有种种特权,逐渐控制了津冀地区的进出口贸易,但是发展迅速的洋、土货进出口业务,尤其是洋货的销售、土货收购等,仅仅依靠天津的几十家洋行是难以完成的。这样,洋行势必要同对外贸易行业中的中国商业机构打交道,以此来完成商品流通的全过程。以棉纱—棉布进口贸易为例,"天津棉纱、棉布的主要输入经营者是欧美人和日本人。由中国人直接经营的非常罕见,并且规模也小。从事于直接输入的单位叫做洋行,同洋行进行交易的中国商店叫洋布庄,即批发庄。同中央的洋布庄进行交易的地方批发庄,也叫做洋布庄。而同洋布庄进行交易的商店,在中央的称为洋货铺,在地方的称为洋布店,即小卖店。"这样就由洋行、中央和地方洋布庄、洋货铺、洋布店组成了一个销售网络,从天津扩展至直隶全省。[①]

外国洋行的存在及其巨大的活动能量,起到了重要的示范作用,促使中国传统商业资本逐渐发生变化。这种变化主要表现为新的商业行业的产生、新的商业环节的出现和原有商业行业的改组、洋行先进的经营管理方式的模仿。正如田纳西大学教授郝延平所说,在中国通商口岸所出现的"商业资本主义",主要包括自由贸易和经济竞争,货币和信贷的扩张,市场的开拓和农产品的商品化,西方的商业方式和价值观念的引进等等。这是一场"商业革命",它大大推动了中国的近代化进程[②]。

---

　　①　侯振彤译:《二十世纪初的天津概况》,天津地方志编修委员会总编室编,1986 年印本,第 376—377 页。

　　②　丁日初、沈祖炜:《对外贸易同中国经济近代化的关系(1843—1936)》,《近代史研究》1987 年第 6 期。

1. 新式商业行业的涌现。在高额利润的诱惑下，直隶出现了一批专营洋货销售和收购出口土货的新式商业行业，如推销洋货的绸缎洋布商、洋布商、颜料商、染料商、洋药商、洋镜商、洋糖商、五金商等等。天津开埠后，成为洋布进口最大的口岸，经营洋布的商号便纷纷设立。20世纪初，天津资本家经营的洋布庄就有：隆顺、元顺、义泰昌、同和成、德华公、广和顺、陆聚、敦庆隆、聚兴义、荣庆益、德生厚、万庆成、瑞成锦、顺记祥、昌记、义生厚、和泰、元吉永、泰隆成、永裕、宝恒昌、和春、义昌元、益泰成、春华泰、德瑞恒等；在天津设立分庄的主要洋布庄有瑞林祥、恒祥茂、庆祥、正祥义、瑞蚨祥(总店均在山东)等①。另据天津商会档案记载，1905—1906年，全津各行业加入商会者共713家，其中绸缎洋布商、洋布商67家，洋药商27家，洋镜商30家，颜料商11家，约占总数的18.8%②。

随着正太铁路的通车，新兴城市石家庄商业、饮食服务业、钱庄、银号随之而兴。外国商人开办"洋酒店"，出售"洋酒面包零星物件"，如法国商人郎风及非里卜合营的西餐馆，有外国店员6人，雇佣中国劳工3人，占房8间；意大利商人佛尔内洛·无鲁的洋酒店占房13间，雇中国劳工3人，拥有资本价值4927元。井陉煤矿也在石家庄设栈售煤③。邯郸，煤油业商号"贞记"、"怡元"、"德记"，行销美孚、亚细亚"洋油"；纸烟业"宝记"为英美卷烟分销处，由大名王姓独资经营④。在唐山，新式商业也开始出现，如1894年刘凯元开设的国成号，是唐山第一家洋广杂货店，从天津

---

①　侯振彤译：《二十世纪初的天津概况》，第377页。

②　《津档》(1903—1911)上，第73页。

③　徐纯性主编：《河北城市发展史》，河北教育出版社1991年版，第50页。

④　《河北城市发展史》，第143页。

运来洋广杂货销售,兼营钱粮行业。1896 年天津人丁宝山开设的宝顺德,是当时唐山唯一的五金商店。1902 年,赵岚在开平创办瑞生成绸布店①。辛集皮毛商为经销皮毛皮革产品在本镇设立皮店或在各大城市和皮毛原料产地设外庄销售,又通过行商来往于辛集镇转运经销,当时的北平、天津、上海、奉天、张家口、山东、山西、直隶各地均为辛集皮毛销售的主要地区,大的皮毛商都在这些地区设有外庄经销,有个别皮毛商甚至把外庄设在日本的东京、大阪。1900 年,外国皮毛商人蜂拥而来,在辛集设立洋庄 24 座,他们坐地收买皮毛运往国外。据统计,当时辛集皮毛 80% 运销出口②。

为了适应日益发展的进出口贸易的需要,服务于进出口贸易的各类机构开始出现。

加工打包业。如棉花、毛类、麻、皮张、药材、猪鬃、肉类、禽蛋、干鲜果、油脂等产品,不是体大量轻就是易于损坏腐烂,或含杂物太多或含水分过高,需要加工处理后方可出口,直隶地区的加工打包业应运而生。天津的打包业主要有 1881 年英商高林洋行打包厂、1887 年德商德隆洋行打包厂、1887 年法商瑞兴洋行蛋品加工厂、1885 年英商世昌洋行电力打包厂、1896 年英商平和洋行天津分行打包厂、1900 年英商仁记洋行洗毛兼打包厂。丰南赵新开办的猪鬃加工厂③以及张家口的蘑菇加工业④,均属此类。

货栈行业。货栈原本职能是接纳货商储存货物,后来其职能扩大到代办保险、提供中介、代为购销、向银号或银行贷款后向客

①　刘秉忠编著:《昔日唐山》,《唐山文史资料》第 15 辑,第 106—108 页。
②　《河北城市发展史》,第 398 页。
③　张惠民:《丰南猪鬃业》,《河北文史集粹·经济卷》,第 90 页。
④　《河北文史集粹·工商卷》,河北人民出版社 1991 年版,第 245 页。

商进行抵押或信用放贷等，许多货栈还兼营土洋货的购销、批发，使货栈集服务、经纪人和经营于一身，发展成为有相当实力的商业资本。如天津的棉花栈、张家口的皮毛栈。张家口的皮毛栈是直接为旅蒙商服务的，主要业务是接受旅蒙商委托的畜产品，代其储存、保管、销售。商品售出后，按销售总额向买卖双方各提2%的手续费，只许代客买卖，不许自己经营[①]。19世纪末，设在张家口大境门外天宝山的皮毛栈有公义和、通兴和、裕兴公、德玉恒等[②]；邢台代客储存转运商品为主的"宝丰货栈"、"顺丰货栈"、"德丰货栈"、"同丰货栈"，货栈业务人员经常去皮店联系储运业务，从打捆包装到装车，服务到底，对货主极为方便[③]。

这些商业行业或是新出现的，或是从别的行业中分离出来的，从资本额和商店数量上在各级市场上都占有相当优势，是商品流通中最活跃的交易者。它们开始采用西方资本主义的经营和交易方式，雇佣多名店员和学徒，形成了新型的近代商业。

2. 旧式商号的改组。一些旧式商业行业，由于受到新式商业行业的冲击而渐趋衰落。有的开始转向有利可图的进出口商品经营，如天津最大盐商之一下家也投资经营棉布棉纱批发。那些活跃于直隶境内收购并销售农产品的商业行业如收购棉花的行业，因与洋行的棉花收购发生直接联系，性质逐渐变化，出现了新式的棉花行栈。其他如绒毛、皮货、牛皮、草帽辫、猪鬃等专营出口的行栈也相继出现；甚至那些已存在几十年的老字号，也因为外国推销洋货而具有一定的资本主义性质，如天津玉合盛老字号，就为英美

① 《河北文史集粹·工商卷》，第241页。
② 申玉光：《张家口的皮毛行》，《河北文史集粹·经济卷》，第111页。
③ 张树林等：《邢台皮毛业的兴盛》，《河北文史集粹·经济卷》，第125—126页。

烟公司推销洋烟。这种商业资本结构的变化愈是高层次的市场其变化愈明显,直隶内地传统商业仍占主导地位。

3.商业经营方式的变化。直隶地区传统商业经营方式以现货为主,批零兼顾,分工杂而不细,随着天津开埠后大规模进出口贸易的开展,商品种类和数量激增,商业经营方式也开始由传统向近代转变,主要表现在:行业分工日见细密,进出口、批发零售、贩运储藏、经纪经营等都有明确分工,在一个行业中还分离了若干分支,进行专业化经营。组织形式上有限公司的出现,使经营权和所有权有所分离,也增强了其实力和抵御风险的能力。如唐山赵岚投资的瑞字号商店,实行所有权与经营权分离,聘用经营有素、善于管理的商人出任各商号经理,而多数经理勇于开拓,严格店规,灵活经营,取得了较好的经济效益①。在交易上也开始注重契约的作用,洋行、批发商、坐庄、客商以及行栈之间的交易用抵押和合同等形式来约束对方,保持经营的稳定性。

当然,19世纪后半叶以至20世纪初期,在直隶社会中的这些变化还是初步的,尤其是越到内地广大农村集镇市场中小商人越发活跃,以"副业式的商业经营"为主要特征的传统经营方式仍十分普遍,使其难以摆脱传统经济的束缚。以内地布商为例,在直隶主要土布产区肃宁、高阳、莘桥、大庄、青塔镇,活跃着流动收布商和小经营收布商。流动收布商是由本号派往内地,随时收购随时输送本号,然后发运外埠市场,跟随着这种流动收布商的活动,当地一种"固定的然而规模较小的专门收布商产生,其经营方式则不直接向外埠运销,仅就当地收买布匹,随即售与上述流动布商之手,居于一种居间商之地位。这种居间商常不铺张门面,藏身于中

---

① 参阅《昔日唐山》,《唐山文史资料》第15辑,第106—109页。

心集市附近之乡村间,实为一种副业式的商业经营。"1890年前,高阳布区的出产得以"销售于山西太谷、张家口、益州、宣化以及北平、涿、良、房诸县,盖为此种收布商活动的结果。"①除了流动收布商及副业式收布商活动外,尚有布贩的小规模的布匹经营,利用农闲而从事营业的一种半行贩商,他们的固定身份为农民②。不用说农村集市、庙会作为乡村商业贸易最基本最传统的表现形式,在这一时期更没有发生引人注目的变化,传统的经营方式仍占重要地位。但市场上商品种类、商人结构等方面的变化,也在悄然无息地"浸润"着传统的经营方式,近代商业经营方式潜滋暗长。

(四)新旧金融机构并存

由于进出口贸易的开展,传统商业转型和新式工矿企业的兴起,直隶地区金融机构逐渐形成了新旧并存的局面,一些旧式金融机构顺时达变,开始从高利贷资本向借贷资本转化,新式金融机构开始涌现。

直隶地区传统金融机构有典当、印局、账局、钱庄、票号,其中钱庄、票号在开埠通商后相当长的时间内由于适应了进出口贸易的发展,职能、性质方面出现转型,一直到20世纪初,仍然是活跃于直隶社会的最重要的融资机构。

钱庄。适应工商业和资本主义生产关系萌芽的发展,明朝中叶产生了钱铺(又称钱肆、钱店),钱铺发展到一定规模,到明末产生钱庄,清朝乾隆初年出现银号。在商业比较发达的城市里,由于

---

① 彭泽益编:《中国近代手工业史资料》第2卷,三联书店1957年版,第255页。

② 彭泽益编:《中国近代手工业史资料》第2卷,三联书店1957年版,第256页。

社会经济生活的需要,比较普遍地开设了钱庄,在农村集镇开设了钱铺。1867 年天津的钱庄大约有 100 家,资本总额 60 万两,其中资本在 1 万两的钱庄 40 家,资本 4000 两的 40 家,其余 20 家小钱庄资本各在 2000 两左右①。钱庄的原始业务是经营货币兑换,主要是银钱兑换。明末清初,钱庄业务开始从单纯货币兑换逐渐向存款、放款、办理划汇、签发庄票等信贷领域扩展。天津开埠通商后,直隶境内钱庄的这种变化日益明显,"钱庄业务内容的变化,意味着钱庄在性质上的某些变化。尽管这种变化是局部的,或者是不明显的。但是,从总的趋势上考察,它确是逐渐地在货币经营业充分发展的条件下,向借贷资本过渡。"②

随着中外贸易和近代工矿企业的发展,钱庄业务进一步扩展,突出表现在以下几方面:首先,钱庄在中外贸易活动中,给予进出口商人以信用便利,协助洋行推销洋货,收购土特产。钱庄进行这种活动的信用手段,在口岸本地是庄票,在口岸和内地之间是汇票。其次,钱庄与外国银行建立了通融资金的关系,钱庄以庄票做抵押,向外商银行拆款。拆款使若干中国钱庄"每天依照它们的需要","向外国银行拆借其所必要的资金",以便于"做庞大的生意",而外国银行也"乐意用最好的利用方式,来利用它们闲置的头寸"。再次,钱庄贷款的对象主要是商业和对外贸易,与近代工矿企业偶有往来,而且数量非常有限。20 世纪初,随着近代工矿企业的初步发展,钱庄的活动范围也从流通领域扩展到生产领域,乐于向新式企业提供资金,这是钱庄业务中具有重要意义的发展。钱庄业务的这种变化,既使钱庄职能的买办作用逐渐加强,又使钱

---

① 张国辉:《晚清钱庄和票号研究》,中华书局 1989 年版,第 33 页。
② 张国辉:《晚清钱庄和票号研究》,第 33 页。

庄性质日益资本主义化①。

从通都大邑到中小城镇,钱商大都有很强的经济实力,曾长期处于执一方牛耳的地位。据天津商会档案记载,天津商会历届30会董中钱商就有4人②;另据胜芳镇商务分会入会各商清册(宣统二年)入会商号181家,其中钱商就有35家,占19.4%,处于首位。保定经营银钱业者分山西帮、冀州帮,银钱业在保定工商界中占比较大,在保定商会中也居于重要地位。如元吉银号经理梁润亭曾任过商会会长职务,是保定经济界的权威人士之一③。

票号也称票庄,汇兑庄。最早的票号是山西平遥县雷履泰创办的日升昌票号。为了异地之间频繁的款项偿付调拨的需要,雷氏将西裕成颜料庄改为专营汇兑的日升昌票号④。票号在初始阶段,经营者几乎全系山西人,并且总号均设在山西,统称山西票号。鸦片战争前夕,山西票号已有日升昌、蔚泰厚、日新中、广泰兴等多家,此后山西票号有了长足发展,并在各地设立分支机构。直隶境内天津、张家口、保定、通州、泊头、获鹿等地都有山西票号分支机构。如保定日升李油漆颜料店,系日升昌天津分号下设的代办处,招牌上书"代日升昌汇兑各省银两、汇遍天下",营业对象主要是官府和大商贾,除办理汇兑业务外,还经营存放款⑤。天津开埠后,票号因业务上维系着天津与内地的传统联系,"握商肆之巨权"⑥,有助于进出口贸易的发展,到19世纪末,天津票号已发展

---

① 苑书义等著:《艰难的转轨历程》,人民出版社1997年版,第278—279页。
② 胡光明:《近代史研究》1986年第4期。
③ 《河北文史集粹·经济卷》,第236—237页。
④ 史若民:《票商兴衰史》,中国经济出版社1992年版,第74页。
⑤ 《河北文史集粹·经济卷》,第235—236页。
⑥ 《天津政俗沿革记》卷7,货殖。

到 25 家①。

票号的业务范围,起初只是汇兑,至迟到 19 世纪 40 年代,已经把汇兑与存、放款结合起来,从而标志着票号业已成为一个全面承担借贷和汇兑业务的金融组织。② 其性质也在发生着微妙的变化。票号不仅为经营进出口贸易和埠际贸易的中国商人融通资金,而且从 19 世纪 80 年代中期起,也给外国洋行以信用支持。天津外国洋行早在 60 年代就曾数次派人到内蒙古一带采购皮货,但因种种关系,这一业务始终不能顺利发展。直到 80 年代初,沙逊洋行买办胡枚平由于得到张家口设有分号的天津恒益裕票号的信用支持,才在张家口设立皮货收购站,展开大规模的皮货采购业务。胡枚平经常使用恒益裕票号签发的期票向张家口的皮货商付款,而张家口的皮货商则将恒益裕的期票在该地恒益裕的分号或联号兑现,胡枚平与恒益裕的债务关系全部在天津结算③。由于得到票号的信用支持,洋行及买办在内地收购皮货的业务才能得到真正的扩展。

新式银行的出现。直隶地区的新式银行最先是由外国资本家设立的。1881 年英商汇丰银行天津分行的成立,是近代直隶金融事业的肇始,它的出现标志着直隶金融事业发展到了一个新时期。近代银行的出现,对直隶政治、经济和外贸发展产生了深远影响。汇丰天津分行成立之后,1895 年英商麦加利银行天津分行、1897年俄国道胜银行天津分行、1897 年德国德华银行、1899 年日本横滨正金银行天津分行相继成立。截至 1900 年,天津已有外国银行

① 《近代天津城市史》,第 206 页。
② 《艰难的转轨历程》,第 283 页。
③ 《字林西报》1885 年 4 月 15 日,转引自张国辉:《晚清钱庄和票号研究》。

5家,使直隶地区的金融市场开始和国际金融市场连接起来,为洋行贩卖外国商品、掠夺中国原料提供了方便的资金融通。1883年英国驻天津领事达文波在一份报告中指出:"汇丰银行在这个港口有了一个营业鼎盛的分行,使得天津的洋行在金融周转方面得以享受和上海洋行同样的便利,能够直接进口,节省了上海转运的费用,从而得以较低的价格把货物运到天津。"①这些外商银行主要垄断国际汇兑、吸收存款、发行钞票,并且具有明显的政治目的,如对中国政府提供政治性贷款,有力地配合了列强对中国的政治、经济侵略和控制。

　　除了外商银行之外,中国人自己设立的银行也于19世纪末在直隶地区出现,即1898年设立的中国通商银行天津分行,1902年创办的天津官银号,1903年创办的天津志成银行,1904年清政府成立的户部银行。在直隶内地,分行也陆续设立,如1898年中国通商银行保定分行,1906年大清交通银行在石家庄创办支行。这些华资银行是一种近代化的金融组织,主要业务是存款、放款、汇兑,存款有政府的、关道和道台的待解款、工商企业的间歇资本以及官僚绅商的个人款项,放款对象有银号、商号、工业企业等用款,有的获准发行钞票。经营方式均采取股份有限公司形式,系仿照西方股份银行的模式建立起来的。以中国通商银行为例,1897年成立于上海,资本额定为500万两,先收半数250万两,招商集股实行商办,规定"权归总董,利归股商","用人办事,以汇丰为准",分设华账房和洋账房,由华大班和洋大班分别主持,分行的最高负责人为分董。

　　总的来说,直到20世纪初,直隶地区除天津、保定等几个中心

　　①　常南:《英国汇丰银行的经济掠夺》,《天津文史资料选辑》第9辑。

城市金融活动中心逐渐开始了从传统金融机构票号、钱庄等向近代金融机构银行转移的趋势外,直隶内地众多城镇依然处于票号、钱庄、钱粮业等传统金融机构的统治之下,呈现出新旧并存、传统占优的金融格局。

开埠通商后,城乡贸易的发展和新式商业的萌生是直隶商会诞生的经济前提和逻辑起点,各地商会成立后,为进一步促进乡村商业的近代转型做了诸多努力。

二、商会对乡村市场的开发与整顿

(一)开发农村市场,繁荣乡村贸易

这里所说的近代农村市场是指定期的集市、庙会和城镇、村庄常年开设的店铺,是乡村农副产品与手工业品主要的交易场所。乡村市场作为大中城市与广大农村进行经济、文化交流的中介,是完整的近代市场体系链条上的基础性环节,既是外地输入商品和本地互通有无产品的终端市场,又是本地农副产品与手工业品运销输出的起点市场。正是这些密布乡间的集、镇、庙会把无数的农民、广大的农村与近代市场紧密地连在一起。直隶各地商会往往在成立之初,即把整顿农村市场、繁荣乡村贸易作为自己的重要职责之一。

以秦皇岛为例,1840 年前后,岛上只有"栈房三两,代卸粮盐而已。"1860 年以后,秦皇岛港的东、南山附近,商栈开始增多,成为小型的货物集散地。① 但直到 1898 年秦皇岛开埠通商时,"铺

---

① 《河北城市发展史》,第 180 页。

户本属无多,大半小本经营,其殷实商号仅二十余家。"①并无集市,商情涣散,光绪三十一年(1906)商会成立后,九月三日集议的第一件事就是"立集事",设立集市,以三八日为集期,以广招徕。②秦皇岛商会的举措收到明显的效果,"滦州、迁安、卢龙、抚宁、昌黎各州县城镇,闻讯兴起,各行纷来入会,于今已百有余户,风气渐次开通。"③

除了主动设立新集市外,有的商会还有意识地控制集市的设立,如邯郸商务分会成立后,所拟章程中第七条规定:"凡本邑城乡村镇旧有集市,不得于相距三里内另立市场,以致有碍商业,若地方繁盛之区新立市场,须由本会认可,咨请立案。"④通常来说,集市是自然形成的,包含着更多的约定俗成和习惯意味,不是人为因素所能轻易改变的,邯郸商会对旧有集市的保护,正是对传统和习惯的尊重,也是为了避免不必要的竞争。实际上,邯郸商会并不排斥在繁盛地区建立新的市场,但要得到商会的认可,正说明商会对乡村集市的重视。

庙会是农村集市的一种,因其集场一般在寺庙等宗教建筑附近或其遗址而得名。庙会最初大概是专为祀神的善男信女提供香纸食品等,后来逐渐发展成为规模较大的民间贸易的集市。到了近代,多数庙会原来的宗教色彩随着经济文化功能的提升而逐渐淡化,有的甚至完全隐退。各地庙会在人们的社会生活中占有极其重要的地位,凡物品非集市所常有者,概于庙会交易,故境内庙会遂为民生必需之场所。庙会举行之时,百货汇集,士女如云,极

---

① 《津档》(1903—1911)上,第205页。
② 《津档》(1903—1911)上,第203页。
③ 《津档》(1903—1911)上,第206页。
④ 《津档》(1912—1928)1,第442页。

一时煊赫之致,货品以农器木石物类为大宗,估衣布匹及嫁女奁具亦居多数。"先时女巫邀同病家,设供进香,名曰还愿,今民智渐开,此风稍息,不过以庙会为交易场所而已。"①

民国《张北县志》对庙会作了更加详细的描述,列举了庙会的五大功能。张北庙会在农历六月,"将届秋令,收获禾稼一切农具购买困难,借此会期,内地商贩运来出售,远近农民均来争购。此便于农民者,一也。各乡农民该外、外该债务,结账还债,远隔一方,殊形不易,大多数规定会期彼此接头,清结一切,无异他处标期。此便于整理经济者,二也。农民嫁娶,对于首饰、衣服、妆奁等件,购买困难,借此会期,领女携男,亲自到会购买,自由挑选,心满意足。此便于婚嫁者,三也。母女、姊妹出嫁后,晤面谈心实属匪易,况系农家,终年劳碌,省亲探女,既无暇晷,亦无机会,借此会期,不约而同,均可会面,各叙衷曲。此便于会亲者,四也。至口内商贩,届时争先恐后,云集会场,买卖牲畜,而各乡农民所畜牛、马、猪、羊、鸡、蛋等项,均可出售。借此活动生活费者,五也。"②所列庙会五大功用,无一件与宗教、迷信有关,让人们感到庙会的宗教意义在此地已荡然无存。

各地商会非常重视庙会传统的人脉和强大的商品交易功能,订立庙会章程,整顿、组织庙会,扩大交易,成为许多地方商会振兴农村商业的重要途径。

曲周庙会遍布城乡,"历年久远,由来莫稽"。其中以城隍庙会(会期二月二十日至三月二十六日)和增福庙会(会期七月二十日至八月二十六日)最为繁盛。春秋庙会期间,"会场遍布城厢,

---

①　民国《满城县志》卷8,风土,礼俗。
②　民国《张北县志》卷5,礼俗志,习惯。

商贾辐辏,货物输积。自直隶、京都、天津一带以及山西、山东、河南诸省客商之赴斯会者,均借以畅销货品,交通有无。其输进之货,以洋布、绸缎为大宗。此外官商农民所用物品,无一不备,是以商务繁盛以两会最著焉。"①光绪三十四年(1908)正月,曲周商会成立之后,立即重新整顿庙会章程,订立新规十条,布告四方,以振兴市面。可以说,曲周商务分会是因庙会而立,对于整顿、改组庙会自然不遗余力,并明文规定商会的各项职责:"无论行商坐商,与有交涉或争执事件,均准诉之商会,秉公核议,不得以外来行商稍有歧视。"(第一条)"行商及外来贩夫既经到会,均宜恪遵会章办理,如有抗欠账目或讹诈取巧等事,准由商会议追议罚,不服者送县究办。"(第二条)这两条体现了商会组织庙会的基本精神即不得歧视外来商人,但必须"恪遵会章"的权利义务统一原则,其意在于广为招徕。

庙会期间,各种货品买卖出入量大,车辆为会场送货之要需。为了规范车辆运输,保证货畅其流,商会专门刊有雇车存根执照,刷印数本,分给各行。无论买卖客商,雇觅车辆,务于前三日将执照注明某日赴某处,用某车若干辆,并盖该号图章,持照到车行,以提前安排车辆,保证客商用车。车行雇车无论价值多寡,必须事先讲明,并填写起运单,不准高抬车价,任意勒索。"如有捛车补缴等弊,可径到会言明,由商会代为雇觅,并将该车行应起牙用扣留,一半存储商会,以资津贴。"长巡装卸车辆,如载货一二件以及行李等物,未经满载者,任客自装自卸,不得额外索取酒资。②

曲周商会加强对庙会的组织和管理,由各行举一会长,凡会场

① 《津档》(1903—1911)上,第991页。
② 《津档》(1903—1911)上,第218页。

一切事宜,均可与商会共同商定。每届会期临近,"由商会秉请多派巡警巡查,并添设站岗,以防班役乞丐小绺等上街滋扰,遇有险阻道路,即派巡警护送出境,由总局另加津贴,不令各商人少出分文。"庙会期间,"会场雇会役两名,支应会场一切,所须津贴由商会发给,与各商无涉。"会场零星花费,如免遭长巡地方班役乞丐等类骚扰的"体恤"费,按照所有以前应出之项,任客商随意摊派,交给商会,由会协同巡警地方,酌量支出。会内还"照曲周市平择其银号平码之最准者"立一公平,任客使用,"以凭较量,而昭公允。"①为了整顿庙会,振兴地方商业,曲周商会可谓用心良苦,不厌其详。

由于临近邯郸县之苏曹镇新起庙会与曲周庙会会期相同,"豫晋两省行商,凡来曲经过苏境者,均被邀请",造成"势分两下,会场商务渐行退败。"②为此,曲周商会呈文天津商务总会请求苏曹庙会改期,得到天津商务总会的同意。③ 天津商务总会当即转移邯郸县查照转饬改定日期,"查庙会原系众商会萃之区,关乎商业兴衰。现邯郸县不准苏曹庙会越境邀请,贿诱任客投会,亦属两全之计。在经理者好自为之,各商闻风向往自必蒸蒸日盛矣。相应照会贵分会查照妥为办理,望切施行。"④

再如,邢台商会为了振兴商务,繁荣市场,对每次庙会都进行了认真组织。顺德府当时的主要庙会有:农历五月十七日的顺德府城隍庙大会和农历十月十八日的火神庙大会,还有其他庙会。

城隍庙会以皮货交易为特色,各个皮店高朋满座,绝大部分是

①　《津档》(1903—1911)上,第218—219页。
②　《津档》(1903—1911)上,第991页。
③　《津档》(1903—1911)上,第219页。
④　天津市档案馆藏:128—2—2254。

江南客商。皮店为招徕生意,设宴招待远方客人,备茶饭和美味佳肴,谋求买卖成交。江南客商也带来了苏杭绫罗绸缎、茶叶,江浙凉席、羽绫扇、芭蕉扇、雨伞,江西瓷器,浙江漆器,湖南夏布、竹货、竹帘等等。顺德府以南的河南省彰德(今安阳)、卫辉、怀庆、开封各府,山东省的曹州府、济宁府、临清府;河北省的保定府、真定府等地商号均在顺德府进货、销货。因此,这个庙会成为南北特产的交流盛会。

火神庙会,实际是顺德府冬季物资交流盛会,也是皮毛行向各方客商供货的最后日期。各地商人此时接踵而来,催促发货,续订下年合同。而此时又恰是农闲季节,顺德府各县的农民拿着自己的农副产品涌进城内,以谋求换取自己的生活必需品。但是,1926年以后,由于军阀混战,道路阻塞,邢台的庙会一年不如一年。

除此之外邢台还有二月初一的东王庙会(小东街),四月初一的奶奶庙会(在西大街阁外),十月十八的禹王庙会,六月十三的龙王庙会等等。①

(二)整顿市场秩序,规范交易行为

由于中国的近代商品市场发展很不充分,传统商业的欺诈行为如哄抬物价、跌价竞销、搀杂作伪、买空卖空等导致商业秩序混乱,严重影响了近代市场经济的发展。为此,各地商会积极采取措施,大力整顿市场秩序,严惩投机奸商,为统一的市场体系的发育建立规范公平的内部运行机制。

以彭城镇商会为例。光绪三十三年(1907)彭城镇商务分会

---

① 《邢台商务会》,《河北近代经济史料·商业老字号(下)》,河北人民出版社2004年版,第302—303页。

集议事由表清楚记载了彭城镇商务分会解决的重大事件。

表7　光绪三十三年(1907)彭城镇商务分会集议事由表

号数	日期	集议事由
磁字第一号	四月初一日	一件撙节靡费事 　　磁行每年演戏三台,浪费甚巨,由行董与各商筹划,愿将演戏钱文,均作磁业试验场经费,以归有用。经会议妥,转请州尊核准。
磁字第二号	五月十五日	一件整顿事 　　磁行向无定规可遵,皆任意雇觅匠役,不相筹商,往往甲窑匠役被乙花钱雇觅,甲复多费钱财赴乙窑上觅人,以此屡生缪辖。经会集议,详订磁行雇觅匠役章程,传布各商遵照,以资整顿。
磁字第三号	六月初十日	一件平粜事 　　本年六月,天气亢旱,粮价过昂,奸商又因而收买囤积,人心惶恐。由会集议,一面禀请州尊示禁米粮出口,一面各会董筹款购米数百石,出粜平价。至十九日天降甘霖,粮价平稳,人心镇定。
磁字第四号	六月二十日	一件惩罚事 　　本镇牙纪阎作舟,因天气亢旱,故意抬高粮价,致使市面大受影响。经会集议确实,照章禀请州尊罚办。
磁字第五号	七月初五日	一件立案事 　　各行商因本镇人多顽固,鲜知就学,拟立一半夜学堂,教授农工商子弟,由商会酌派会董,充为义务教员,以广造就。经会集议,暂假初等学堂内开办,已禀请州尊转详提学司立案。
磁字第六号	八月十五日	一件维持事 　　磁境市面,因外省铜元充斥,银根奇紧,百货昂贵,商民交受其病,由商会集议禀请州尊分期示禁,至今银价尚属平和,无大涨落。
磁字第七号	八月廿二日	一件保护事 　　商人吴继泰开设磁货生意,八月间有大名练军萧生堂等三人,恃强短给货价,反毁伤磁货许多。经会集议确实,特请天津商务总会转禀农工商部作主保护。

号数	日期	集议事由
磁字第八号	九月十四日	一件惩儆事 　　炭商江日保与窑伙牛成田等账目缪轕,由行董算明种种不符,显有伪造行迹。经会集议,私捏假账,于商界大有妨碍,照章转请州尊核办。
磁字第九号	九月二十日	一件改良事 　　本镇各磁商,因制造粗笨,销路甚狭。爰照商会第十八条便宜章程,立一磁业实验场,实行改良。经会集议,详定章程十二条,呈请天津商务总会转咨农工商部查核。
磁字第十号	十月初五日	一件存案事 　　磁行向出官货,靡有定数。前蒙岳、都两州尊目睹商艰,施恩豁免。今唐州尊饬差催要,经会集议,援引前案,禀请唐州尊仍行豁免,永不催要,存案。
磁字第十一号	十一月初二日	一件开通事 　　各行商因本镇商情顽固,风气不开,爰照商会第十二条章程,立一阅报所,任人观览,以资开通。经会集议,拟订章程十条,呈请天津商务总会转咨农工商部查核。
磁字第十二号	十一月初六日	一件禁阻事 　　查街市卖货,所有脚户车辆,任意停放,不惟于行人有碍,且于商业诸多不便。经会集议,函商巡警局严禁。

资料来源:《天津商会档案汇编》(1903—1911)上,第197—199页。

　　由上表可见,1907年彭城镇商务分会公同集议解决的12个问题中,关于维护市场秩序的就占了6件,即第二号、第四号、第六号、第七号、第八号、第十二号。

　　正定商会对于偷税漏税、买空卖空以及面粉掺假等扰乱市面行为进行了严厉整顿[①],如"商户进德永偷漏烟税,裕盛永私改货

---

　　① 《津档》(1903—1911)上,第214页。

单,有犯会章",经商会公议,立予除名,以示惩戒。商会公议规定棉花粮米不得买空卖空,如果因此产生纠葛,"不惟不加保护,且按买价加倍议罚。"①高阳商务分会公同议定染坊、脚行等各业行规,以规范各业商业行为。商会规定,"现在织物畅兴,惟染坊与布行交涉繁多,恐有争利,立有规则,各样染色按各样布色,定有价值,不准私自增减,以昭信重。"对于脚行也加以整顿,"商家货物落埠,水陆脚运,车船两行,收发装卸,弊窦丛生。"因此高阳商会"与各行并过货店公议条约,以防流弊。"②胜芳商务分会对该镇煤皮两行私抽牙用、裁缝行私立行规垄断价格情势进行调查、议夺,禀请官方机构札饬一律查禁,以维商业而利民生③。

　　静海县独流镇商务分会章程规定:"总理有保商振商之责,商务利弊所在,本分会均应调查。凡柴米油豆等物为商民日用所必需,如有奸商无故高抬市价垄断居奇,希图渔利以及牙行把持市面额外需索留难以致外客裹足不前,百货因而腾贵,准分会传集伊等导以公理或由各会董会议按照市情决议平价,如仍阳奉阴违,不自悛改,应由本分会具禀地方官援例惩治以警其余。"④

　　民以食为天。粮食不仅是近代一种重要的商品,而且是一种特殊的商品,事关民生,事关社会稳定。因此,各地商会对于粮市的稳定都给予高度重视。秦皇岛商务分会成立后,鉴于"初创码头,商情不甚融洽,以致银价粮行涨落不齐",因此公议设立银粮市,便通商情。⑤永平商务分会明确把整顿粮市写入简章,指出永

---

①　《津档》(1903—1911)上,第214—215页。
②　《津档》(1903—1911)上,第221页。
③　《津档》(1903—1911)上,第253页。
④　天津市档案馆藏:128—2—2227。
⑤　《津档》(1903—1911)上,第204页。

平地处边陲,山多地少,更兼户口殷繁,本地所产米豆不敷食用,需要粮行大商由口外关东转运粮米,以资接济。由于道路遥远,往返必须时日,因而凡存有米石之家,向来先行随市买卖,米到随时收交,这本是交易便民之举。但是有些奸商为囤积居奇,垄断市面,每当青黄不接时,若米价稍涨,卖米者每以转运维艰玩延不到,米价偶落,买米者又以销路不广托辞不收,以致买卖米豆之家遂多纠葛。"故虽定价在先,每因米价涨落动至兴讼,本系实事而反成空盘,其有害于民食,诚非浅鲜。"因此,永平商会公同议定章程,对于粮食转运"限于某日到期即行钱米兑交,然必须有殷实铺商出条担保,如故意转运不到至期未交,责其按现价偿还,倘因河水涨发或道途泥泞至期不到,米价钱文必须照行出息,方能缓至下期仍令兑交,以免买空卖空之弊。"①

　　各地商会除了对投机奸商扰乱粮市进行整顿惩罚外,还采取经济手段就是组织商人运粮平粜,以平抑粮价、接济民食,尤其是遭遇灾情后,粮食平粜就不再是一种单纯的商业行为,更成为一种肩负社会道义的举动,政府及其相应部门多给予政策支持和协助。

三、商会与金融市场的稳定

(一)规范纸币发行,保证信用

　　近代中国由于没有统一的币制,官铸和私铸银币铜元充斥市面,成色不一;不少银号钱庄无资而经商,越本逐利而滥发银票,失却信用,殃及万民,致使市面扰乱,人心惶惑,官府忧思②。而"洋

---

① 《津档》(1903—1911)上,第244页。
② 《津档》(1903—1911)上,第665—666页。

商乘此反以纸币夺我利权,自一元至数十元印发不穷,通行中国各商埠。番纸内溢,实银外流。"①

纸币作为流通手段,"无消耗,易携持",在商旅往来中发挥着日益重要的作用,"而能持片纸以周转千万里内外国者,惟信用。信用强弱视资本,资本充斥,所行必远,而商业乃可以推扩。"②

为了沟通南北金融往来,早在1903年年末,天津商务公所致函上海商会提议发行京沪津通用之期票(实际上是一种在一定范围内可以连环兑付的银票,下面所说支票与之类似,但是与今天期票和支票内涵不同。笔者注),"由商董公举殷实银号数十家,连环互保,准其出写期票……须于期票上注明:北京、上海、天津准其互相兑付,联络一气。"同时"禀请官府切实保护,并请商部立案,统由商会妥办",并拟定期票章程四条③。1904年7月,天津商务公所又向直督禀请选择"殷实银号炉房三十家,通力合作,开写银票,用连环支付之法,即定其名曰支票。如甲家所出之票,乙家支付;乙家所出之票,丙家支付,如此类推,三十家如一家,是以前患不流通者,今初次试办,即有三十家流通矣。"④

期票或支票是商会在小范围内推行统一币制的初步尝试。一些有识商人从维持信用、挽回利权出发,向商会提议各银钱号发行银元票必须实行保证金制度,"保证金者,取牵制使知谨畏也。出票之家入银商会,商会立案,寄之国设之银行,银行照例给息,为出票之保证。无保证金与不敷定额者,不得出票。出票者苟有亏折,照例封禁外,即用保证金弥补欠缺。"并以外国纸票发行作为例

① 《津档》(1903—1911)上,第658页。
② 《津档》(1903—1911)上,第665页。
③ 《津档》(1903—1911)上,第653页。
④ 《津档》(1903—1911)上,第655页。

证,"各国行用纸币之银行,必照额存银于国库以为保证,故其票通行无间,遐迩内外。"①

1909年6月,度支部饬札各地商会,"现在本部筹办划一现行银币,凡各省官商行号未发行之银钱票,不得再行增发;已发行者,限半月内逐渐收回,以示限制。"②对于"划一银币"之举,天津商会持欢迎态度,并愿遵照办理。同时认为"津埠属流行纸币之区",收回纸票一事,关系全埠商务,亟应切实筹议,若操之过急,不仅造成市面混乱,而且使外人得利。因此天津商会建议"应由部厘订详细办法,颁布后遵章发行新定各票,收换旧发各票,庶几并行不悖,两有裨益,于划一银币之中寓维持商务之道,较为稳妥。"③为了配合政府的统一币制工作,天津商会积极调查中外银行银号发行货币种类、数目、价值暨市面状况并列表呈报。

1914年2月7日,袁世凯政府颁布了《国币条例》及其施行细则,重新规定"国币"标准,其铸造发行权归政府掌握,各地造币厂只准按政府所颁祖模制造。施行细则又规定公款出入须用"国币",市面上通行的各种旧币由政府逐渐收回改铸。包括直隶商会在内的全国商会联合会肯定了《国币条例》是"整顿币制完全之政策",要求政府"迅速鼓铸,示期颁行",同时建议如下:(一)以下届会计年度7月1日为新国币颁行之期;(二)设国家银行为兑换国币的机关,没有设立国家银行的地方,可委托地方银行兑换国币;(三)旧银币、铜币,依施行细则第三条第一项实行,其改铸之期以三年为限④。财政部接受了商会联合会所提出的从速实行的建议。

① 《津档》(1903—1911)上,第665—666页。

② 《津档》(1903—1911)上,第669页。

③ 《津档》(1903—1911)上,第669页。

④ 《商会联合会始末记》,《时事汇报》1914年第6号。

在主权沦丧,财政、金融命脉受制于外人的近代中国,币制改革举步维艰。清末民初的二十多年中,历届政府曾有过各种设想,并为此做过种种努力,但收效甚微,统一币制终未能实现,纸币发行仍"散寄其利于众商"。根据民国十八年河北省工商统计,河北各县都发行纸币,但其流通范围狭小,绝大多数流通于本区、本县,流通邻县的只有宁晋一县,是区域性纸币。(见表8)

表8　河北省各县发行纸币统计表

县名	发行家数	发行家之本业	发行手续
宛平	4	布、杂货	报商会
通县	1	银钱	报商会
安次	4	粮、布、杂货	报商会
永清	76	钱粮	报商会
霸县	6	钱粮	报商会
固安	7	钱、粮、杂货	报商会
涿县	1	银钱	报商会
来源	1	商会	托各商行使
卢龙	?	?	自由发行
抚宁	?	各商号	县连环保、商会盖戳
昌黎	?	?	报商会
迁安	?	粮、布、杂货	报商会
遵化	173	在商会各商号	五家连环保
蓟县	110	在商会各商号	商会担保
平谷	80	在商会各商号	三家连环保
三河	?	各商号	商会核准按资5/10发行
密云	?	粮、钱、布、酒、杂货	商会议决连环保
安新	2	钱、粮	?
河间	6	钱、杂货、点心	?
大城	6	杂货、米、面、锅	编号盖戳
文安	13	钱、粮、杂货	签字编号盖章
曲阳	?	各商号	县保向商会注册

县名	发行家数	发行家之本业	发行手续
行唐	1	商会	殷实商号代办
阜平	18	钱、粮、杂货、布、药、洋货、书、染	抵押、环保
正定	1	商会	发各商行使
获鹿	17	粮、麻、木、药、糖、车、油杂货、农	图章、对单
平山	124	各商号	各家互兑
无极	20	钱、杂货、书、棉、饭、布、酒、肉、卷子	报商会
深泽	6	首饰、杂货、洋货、酒、棉	县铺保经商会许可
晋县	2	商会	分配在商会各商号担任
束鹿	4	银号、商会	图章、对单分配各商
栾城	114	钱、杂货、烟、油、铁	自由发行
藁城	14	银号、当、棉、布、药、饭馆	报商会
元氏	5	钱、粮、布、杂货	报商会
赞皇	15	布、药、杂货	报商会注册
东光	1	糕点	商会允许
交河	1	糕点	?
深县	?	钱、布、杂货	自由发行
武强	6	布、酱菜、杂货	编号盖章
武邑	?	杂货、首饰、书、粮、布、煤	自由发行
阜城	?	各业	商会盖戳
邢台	1	商会	发交各商
任县	4	杂货、花房	商会注册
巨鹿	1	财务局	县府批准
南宫	?	?	自由发行
枣强	5	钱、铁、茶叶	?
故城	15	商会、杂货、布、铁、茶、咋面、酒、药、馍	?
冀县	4	花、粮、砟、炭、油、饼	?
新河	6	钱、粮、布、估衣、杂货	?
内邱	?	各业	自由发行
柏乡	29	布、杂货、茶、棉、药、钱、油、酒	报商会盖戳

县名	发行家数	发行家之本业	发行手续
宁晋	?	?	连环铺保、商会盖戳
赵县	5	棉、粮、杂货、肥料厂	?
高邑	10	书、棉、酒、杂货	县保结
长垣	33	粮、烟、油、酒、杂货、皮、盐、肉	商会办理
曲周	24	杂货、茶、粮、棉、瓷、麻、布、炭	商会注册

资料来源:河北省工商统计(民国十八年)。

　　为了保证纸币信用,有些县纸币是由商会直接发行,大多数则由各业发行,但需得到商会的批准、注册,由商会加以管理。据元氏县志记载,民国初年,国家定银元为本位,小洋铜洋为辅币,元氏辅币少,制钱渐销毁,市面周转不灵,城乡各商号或私人印刷一角二角三角三种角票(名为私票)流行市面,作为找零之用,民皆称便。但是随后许多行商小贩并无资本,以角票易于行使,遂滥发角票借图渔利,而每届年关,往往倒闭,人民受害者颇多,私票遂失信用,地面辅币仍然缺乏,交易找零实属困难。民国十六年1月,元氏商会呈请县长整顿市面,对于角票予以限制,凡经商会承认加盖商会钤记角票(名为官票)准予交纳税一律通用,如无商会钤记,不准行使,并规定章则,"凡经商会盖章,须检查商号成本与所出相抵,始准发行,并须有两家以上商号连环作保,否则不予盖章"。此后私票渐少,官票畅行,商民利便,发票商号间有倒闭者,则商会责令铺保垫款代为兑现,人民未曾受丝毫损失。"迄今元境辅币虽缺,然周转便利者,皆官角票之效果也"①。

　　大城县王口镇商务分会对于出票商家特别规定,"财东有万元以上之家产者方准入会出票";对于出票额度也严格限制,"钱行至

---

　　① 民国《元氏县志》,行政,自治。

多不得过一万,外行至多不得过五千";对于所出钱票要"盖用会所图章,以为信票川换使用且便于稽查真伪",以期各处通行①。

再如威县在前清光绪年间各商号发行凭票,其发行额有超过本金三倍至十倍以上者,是时行店均有投机性质,导致纸币充斥,形式虽颇称繁盛而金融界恐慌之危已伏。"清末制钱亏短,发行凭票倒闭者到处发见。民国六年,商会函请县署设法取缔,各商号停止发行凭票,于是各商营业俱用确实资本,获利较丰。"②

南京国民政府建立后,为了工农业生产的发展和国家财政金融的稳定,加快了货币改革的步伐。1933 年 3 月,国民政府废两改元,实行银本位制。1935 年 11 月 3 日,国民政府财政部发布施行法币公告。南京国民政府进行的币制改革得到了商会的支持和拥护,在法币的推行使用和防止白银走私中,各地商会扮演了不可忽视的角色。③ 法币政策的实施,统一了币制,是中国货币制度的进步,在实行初期对社会经济的发展起了一定的积极作用。

(二)缓解金融危机,稳定市面

进入 20 世纪以来,困扰直隶乃至华北地区商业发展的另一个重要问题就是金融危机的不断发生。据粗略统计,1903—1924 年津市爆发的金融风潮主要有:1903 年现银贴水风潮;1908 年银色风潮;1903、1904—1907、1911 年铜元危机接踵而至;1910 年钱庄倒闭风潮;1916 年中交停兑风潮;1917—1920 年羌贴风潮;1920 年中交挤兑风潮及日金棉花风潮;1924 年直隶省钞危机等。金融

---

① 　天津市档案馆藏:128—2—2224。

② 　民国《威县志》卷 8。

③ 　《津档》(1928—1937)1,第 702—726 页。

危机的此伏彼起,严重扰乱市面的稳定,直接影响了社会经济生活和商人的切身利益,使天津"银根枯竭,钱业疲累","商旅裹足,百物为之腾涌",若任其发展,"外埠货物停发、票号兑汇不通,困竭情形将至不可收拾"①,以致"公家赔累于上,商民交困于下",遗患无穷②。同时,由于天津是华北地区的商贸中心,津市爆发的金融危机,势必影响到华北地区特别是直隶地区的金融稳定。

　　危机期间,首当其冲的是天津商会。为平息和缓解金融危机,维持市场机制的正常运行,天津商会面对错综复杂的局面,针对不同的情况提出了相应的对策。对此,宋美云在《近代天津商会》一书中作了深入探讨和缜密论述,认为清末至国民党统治时期的四十多年间,天津金融市场一直是波澜起伏、危机四起。由于天津商会想方设法、积极采取种种举措,上下奔走于中央政府和地方政府之间,才使此起彼伏的金融危机趋于缓解,使商人的损失减少到最小程度,不仅维持了津埠金融业的平稳发展,铺垫了天津工商业顺利发展的道路,更重要的是对于整个河北乃至华北地区金融市场的相对稳定具有极大的镇抚作用。③

　　在波澜跌宕的金融危机中,铜元危机对于乡村集镇的影响更为直接和深远。不少商会把整顿钱法、维持金融直接写入简章,足见其重视程度。如任丘商务分会简章第七条所列五项职务中,稳定金融就占两项:"钱行营业为流通圜法之机关,对于全县各商号皆有财力交通之关系。银盘之涨落无定,由钱行会董查明现在市场之钱源盈绌与银根消长,议定银钱兑换每两价值随时公布,以杜

---

①　《津档》(1903—1911)上,第328—329页。

②　转引自张家骧:《中华货币史》第1编,第27页。

③　宋美云:《近代天津商会》,第210—223页。

弊端。""救钱荒平物价是维持商务之根本,然财货交通原期周转
无滞,必欲百货交易一概行使大个铜钱,市面不敷周转,未便民而
先病商,殊非商民公共之利益。应由钱行会董与各行董,妥筹一整
齐钱色之划一办法,以期经久。"①各县商会对铜元危机泛滥情况
及原因进行了分析,纷纷提出整顿改革铜元议案,详见表9:

表9　直隶各县商会整顿改革铜元议案简表(1921.7—1922.12)

具文单位姓名	来文日期	铜元危机泛滥情况与原因	改革与整顿办法	出处
迁安县商会会董高润生	民国10年7月21日	铜元充斥,以湖南省铸为最多,质量最劣,三枚不及户部或直隶铜元二枚,奸人贩运获利甚厚,为害无穷。	请省长出示晓谕,准人民拒绝行使,则百物价自平。	(三)5310
宁河县商会	民国10年8月25日	近来铜元之弊乱于限制量数不分,大小不同,不特本国以铸铜元获利,即外国亦假此发财,所以紊乱如是,银价悬殊,货价腾飞。	按银元标准鼓铸七钱二分为一块大铜元,以七分二厘为一小铜元,以十换一,十枚大铜元换一角小银元,十角小银元换一大银元,似此办法,银价岂有加增之理,物价涨落系由出产多少而定,绝无受银价之影响而害及民食者。	(三)5310
山海关总商会	民国10年8月27日	铜币价格降落,银币高贵,物价无形增高,扰乱市面,害及民生,莫不痛诋,双铜币之非,因之请禁运禁铸者比比皆是,然并不生效力。	请省长令造币厂将双单铜元体质不许挽伪,量数不许减轻,以光绪年间旧铜元重量为标准,其已流出劣质双铜元如行使在十枚以上,得比较旧铜元,定出使用办法,借免市面纷扰,外省劣质新铜元应禁止贩运输入。	(三)5310

①　《津档》(1903—1911)上,第271页。

具文单位姓名	来文日期	铜元危机泛滥情况与原因	改革与整顿办法	出处
昌黎商务分会	民国10年8月27日	年来铜元充斥,供过于求,各省造币厂且日夜赶造,长此以往,恐铜元价格跌落不止此。	1. 禁止外省铜元运入我境。2. 停止我省自铸铜元,其开铸之日,以铜元价值高贵为期,厂内积存之铜元亦应慎重发行。3. 各地商家赴津贩运铜元者,必须领有该地县署公文及商会公函方准交价出运。	(三)5310
静海县独流镇商会	民国10年8月29日	铜币不良之原因:1. 双单数铜币流行不均,双数铜元约占十之八九,单数铜元日少,少则贵,物价无形加增。2. 劣质双数铜元流行劣质者每枚重量较优质者少一钱二分,若优劣不分,重轻一致,则民生受害。	禁止劣质双铜元,应自湖南省入手,他省再有与湖南省同铸嘉禾章式样者,亦宜随时禁止,庶物价平匀,民生受害。	(三)5310
抚宁县商团	民国10年8月31日	铜元价落原因:1. 大商人由南省运来,单、双枚国旗铜元甚多,质低量轻,商场无形受损,有居奇者将本省单枚铜元船运海外,致单枚者几绝于市,双枚者增加,双枚八十枚即减轻八两,银币焉得不涨。2. 河间交河、淮路口等县有匪人伪造大宗双枚铸元,质量更次,运销各县混杂市面,以高价收买银币。	欲铜元价格不落,应由各县严查贩运伪币,并禁止商户贪利兑换,查抄三处伪造机关,以绝根株,致国旗铜元,非尽数收化,不能奏效,凡海口、车站先派员监查禁运、各县禁止行使,所存国旗铜元由商会汇齐运津,交造币厂镕化,改造单枚铜元,以国旗铜元二枚换该厂铜元一枚,其余一枚作改造工费。	(三)5310

具文单位姓名	来文日期	铜元危机泛滥情况与原因	改革与整顿办法	出处
保定总商会	民国10年9月1日	日来轻质双铜元源源而来,重质单铜元缺乏,铜元市价不平,影响民生。	请本省造币厂专造天津字重质单铜元,以不求获利为标准,折衷定价再请省长出示严禁行使旧铜元,如此外省之轻质双铜元自在淘汰之列,以不禁为禁,市价不期平而自平矣。	(三)5310
滦县商会	民国10年9月6日	自停废制钱,各省操鼓铸之权,成色互歧,重量不一,图肥之辈把持操纵,颠倒市价。数年来为大利伪造铜元转贩各省,满城充斥,银元有涨无落,贫民可痛。	急救之策:1. 赶制单铜元,以济钱乏。2. 严禁伪铜元,以保真币,已行使在民间者,可给价收回。	(三)5310
交河县商会	民国10年9月24日	近来行使铜元情形优劣混杂,官私莫辨,双枚者日多,单枚者稀少,币制混乱,旧铜元质量未能划一,奸徒私铸伪造,银洋价涨,铜元价跌,物价飞腾,小商贫民生计日艰。	铜元应禁入废出,银洋应禁出废入,铜元复杂,应速筹根本解决办法,规定质量准则,铜元出行应验明后行使,并每年清查两次。	(三)5310
昌黎县商会	民国10年11月25日	年来银币暴涨,百物随之,铜元充斥,纸币复助其势,为害尤烈。	总会为全省商界代表,定当不渝初志,善筹对付之方。	(三)5310

具文单位姓名	来文日期	铜元危机泛滥情况与原因	改革与整顿办法	出处
东光商会	民国11年12月31日	据公民马桂林帖称,大多数农民皆以铜元为本位,近来银价日昂,铜元日贱,百物随涨,中下农商困苦已达极点,土匪日多,与立法行政诸伟人无关,因彼等所入所储均为银元。	请天津总商会诸君努力救众生,而免国亡。	(三)5310

资料来源:《津档》(1912—1928)2,第1289—1296页。

　　宣统二年(1911)正定商务分会为了查禁私钱,先是禀请府县出示严禁,后又选派会董四人,"分赴四乡集镇查禁私钱,以维商业"[1]。受津市铜元危机的影响,磁县境内外省铜元充斥,银根奇紧,百货昂贵,商民深受其病。由于彭城镇商务分会集议禀请州尊分期示禁,从而使银价趋于平和,无大涨落[2]。各地商会的对策建议和举措,对于维持金融、稳定市面,缓解金融危机带来的冲击起到了一定作用。

(三)设立银市,维持金融

　　商业气脉关乎金融,为了防范银价陡行涨落,稳定市面,许多商会内附设银市,共同制定银市章程,"每集各银号齐集银市,公同叫盘","平色当面评定,外镇交通均照市价,以公交易

---

① 《津档》(1903—1911)上,第213页。
② 《津档》(1903—1911)上,第198页。

而维市面。"①秦皇岛商务分会创办之初就设立银粮市,以便通商情②。

表10　河北省各县钱业状况统计表(民国十八年)

县别	订定银市办法
大兴	以北平为准
宛平	以北平为准
通县	以北平为准
香河	由银市定
宝坻	由银市定
武清	由商会定
安次	钱粮店定
永清	由银市定
霸县	由商会定
固安	银行商店商会会定,以北平为准
良乡	商会定
涿县	商会定
定兴	银市定
新城	临县为准
雄县	各商自定
易县	钱店自定
涞水	钱店自定
涞源	商会、粮店会定
宁河	以津市为准,各商自定
滦县	由银市定

---

① 《津档》(1903—1911)上,第241页。
② 《津档》(1903—1911)上,第204页。

县别	订定银市办法
卢龙	临县为准
抚宁	由银市定
临榆	由银市定
昌黎	由钱市定
乐亭	商会监视银市订定
迁安	由银市定
遵化	由银市定,以天津为准
丰润	由银市定,以天津为准
玉田	由银市定,以天津为准
蓟县	由银市定,以临县为准
平谷	由银市定
三河	由银市定
密云	以北平为准
怀柔	由银市定
顺义	以北平为准
昌平	以北平为准
清宛	以买卖最多为准
满城	由商会定,以保定为准
完县	由商会定
唐县	由府县定,临县为准
望都	由府县定
徐水	由商会定,以津保为准
容城	由府县定
安新	由商会定
安国	由钱行定,以津为准
博野	仿邻县
蠡县	由商会定

县别	订定银市办法
高阳	由纱市定
肃宁	由各商协议
衡水	由钱商定
冀县	由商会定
新河	以邮局为准
隆平	?
尧山	?
内邱	由钱店定
临城	由商会定
柏乡	?
宁晋	由银号定
赵县	由商会定
高邑	钱商自定
大名	粮行定
南乐	由商会定
清丰	由商会定
濮阳	由商会定
东明	各商自定
长垣	由商会定
广平	由商会定
成安	由商会定
肥乡	以临县为准
曲周	各商按临县为准
威县	商会定
清河	商会定
鸡泽	临县为准
平乡	临县为准

县别	订定银市办法
永年	商会定
邯郸	以邢台为准
沙河	?
磁县	商会定

资料来源:民国十八年《河北省工商统计》。

　　统计78县中,银钱行市由商会直接订定的有24县,由银市定的16县,而银市多由商会附设,商会在其中起着关键作用。一般较大镇集均定期举行银市。银市活动的方法是:凡属本集镇范围内的大小工商业户,均有权参加银市,互相调济资金周转,开展借贷活动。对放贷数量和利息,有放贷双方协商议定。银市早晨由各商业户派员参加,届时开盘交易。放款业户口头宣布放款数目和利息比例,贷款业户也可口头公布贷款数目和付息比例。双方经过讨价还价,达成协议,由银市会计立契,双方签字,即为成交,现金当场点清。银市是自发形成的,一般秩序由商会负责。许多商会内附设银市,定期开市,以公交易而维市面,每月银市次数各地不等。据《广平县志》记载,商会"从来商家会聚之所,每县各有银市,定有日期集合,以商定一县行情,并择资本较多声望素孚之家为公议会或轮流值月值年。办理多年,尚属妥善。"①

　　以迁安为例。迁安银市始自清末,由数家大商号自发组织民办银市,办理借贷业务,从中抽取一定的手续金。迁安商会成立后,为加强对银市的统一管理,商会召集各大小商号经理共同议定银市章程,银市地址设在商会院内。银市的交易范围,由最初的只

---

①　民国《广平县志》卷8,第228—229页。

搞资金借贷逐渐扩大到可以进行小米、大布、红辛纸等交易。放款使钱的利息有三种:一曰卯利(天利),5天为一卯,利率最高时达六七厘,一卯一结账;二曰月利,利率约四五厘;三曰满利(时限为6个月),利率三四厘。当时农村放账的利率稍低于城镇,故农村老财多通过迁安商号,间接到银市放账。在迁安银市鼎盛时期,借贷往来多则数万,少则数千元;大布交易多时达万匹;红辛纸万八千件;粮食千八百石。商会会长亲临银市巡视,了解市场动态,调解争执。迁安银市,在初、中期对繁荣迁安城乡经济、融通资金,缓解城乡小工商业资金不足,发挥过一定的促进作用①。

　　昌黎钱业交易有银钱市,在县城东街关帝庙,"每日晨,各商号上市办理交易事。向以钱为本位,近则银元银票一并通用,利率视钱粮松紧,少仅二三厘,多至二三分,大概春夏利息轻,秋冬利息重。粮行收粮,除秋成后由集市收入外,由奉天运来。"②胜芳镇商务分会宣统二年二月二十四日集议,"议定整顿钱法,张贴通知,同镇各商均按九六足钱行使,出入一律。"③曲周商务分会章程第52条规定,"市面银钱紧急,如有存货过多一时周转不活,一经倒闭必致牵累市面大局者,可据情诉知本会,如可设法无不竭力维持,惟资本亏蚀致欲倒闭者不在此列。"④

　　再如滦县稻地镇银市放款大户玉盛德钱粮行,其大股东系该镇大地主耿似兰,有地10万亩,玉盛德常年在银市放贷在10万元上下,年息3—4万元。它的经营方式以吸收农村的游资为主。当时当地的地主、富农大都把余钱存入玉盛德钱粮行,存入月息

---

① 李仲三:《迁安银市》,《河北文史集粹·经济卷》,第244—245页。
② 民国《昌黎县志》卷4,实业志。
③ 《津档》(1903—1911)上,第252页。
④ 天津市档案馆藏:128—3—2240。

5%—6%,最高10%。玉盛德将游资集中起来到银市放款,月息12%—15%,甚至20%,利润超过100%。农民遇有红白喜事或翻盖房屋等而手中无钱,只得到银市借钱,将粮食等实物压给玉盛德而取得贷款,按实物的最近行市做价,贷给实物价值的60%的现金①。

可见,各县商会在各地订定行市、维持金融方面发挥了重要作用。

四、重视商事调查,推动统一度量衡

(一)商会与商情农情调查

开展商情农情调查,汇集交流商务信息,尽可能使广大工商业者及时了解掌握何地产销何物以及行情涨落趋势,进而明了商务盛衰之故和进出口多寡之理以达到振兴商务之目的,是商会立会的重要宗旨之一,明确载入政府颁行的商会法规之中。光绪二十九年颁布的《奏定商会简明章程二十六条》第八款:"凡商务盛衰之故,进出口多寡之理,以及有无新出、种植、制造各商品,总会应按年由总理列表汇报本部,已备考核。其关系商业重要事宜则随时禀陈,至尤为紧要者并函电禀。"②

在民国四年(1915)公布的《商会法》总商会、商会之职务,其中规定:"关于工商业事项,答复中央行政长官或地方行政长官之调查或咨询;调查工商业之状况及统计;受工商业者之委托,调查

①　魏宏运主编:《20世纪三四十年代冀东农村社会调查与研究》,天津人民出版社1996年版,第322页。

②　《津档》(1903—1911)上,第23页。

工商业事项或证明其商品之产地及价格。"①南京国民政府建立后,于民国十八年修订颁布的《中华民国商会法》关于商会之职务的款项近半数涉及商情调查,因而新商会法进一步强化商会商情调查的职能,"关于工商业之征询及通报事项","关于国际贸易之介绍及指导事项","工商业统计之调查编纂事项"等,另外专列一条:"商会得就有关工商业之事项,建议于中央或地方行政官署。"②可见政府对依托商会开展商情调查的倚重。各地商会一直把进行商情、农情调查,为广大在会商人乃至外地商人提供交易信息、为政府制定政策提供参考作为重要职责之一,不少商会将其写入简章。任丘商会在简章中规定,由于银盘涨落无定,钱行会董负有查明市场上钱源盈绌与银根消长情形,议定银钱兑换比率,并随时公布。对于本县商务盛衰之故,有无新出种植制造之商品,则按年列表呈报。③ 顺德商务分会章程规定:"凡商务利弊会中本有调查之责。遇有紧要消息及各行货色高低市价腾落买卖盛衰情形,头绪纷繁或恐不易周知,应由各行董事随时察查,据实报于会中交书记登簿以备考察研究而便详报上台。"④天津商务总会办公机构中专门设立考察处,考察的内容包括:

一、考察出入货物多寡之故;

二、考察货物销路衰旺之理;

三、考察本省新出种植;

四、考察本省制造品类;

①　《津档》(1912—1928)1,第703页。
②　《中华民国商会法》(1929),《津档》(1912—1928)1,第19—20页。
③　《津档》(1903—1911)上,第271页。
④　天津市档案馆藏:128—2—2240。

五、考察各件分门别类总其成书,至年终送文牍处列表报部。①

中华全国商会联合会及各省事务所的成立,加强了全国商会尤其是全省各地商会的联络,为在更大范围内展开商情调查、发布商务信息等创造了有利条件。中华全国商会联合会章程规定"本会应行之事务范围"第一项就是"关于编查商务事项"。② 各地商会开展的商情调查主要包括三类:1. 各业调查,内容包括各业盛衰之故及贸易之大小,出产销畅之处所。由商会所定表式交各业会董详悉考询,按表填报;2. 特别调查,主要内容是全省的商业状况,各埠商情及进出口货物,物产如何等;3. 寻常调查,内容包括商人申述之事,商部及本地官府饬查各事等。调查内容在多方面涉及乡村经济,如农村土特产、粮食、经济作物的生产和运销、农村工业的生产状况、商品的产量和价格以及在各地的销售情况、农村集市和庙会的状况、商业习惯等。

这些调查活动有些是自己组织的,有些是应异地商会要求协助的,有些是奉政府之令进行的。正定商务分会宣统二年(1911)七月十五日,"议派调查员调查临境禾稼成熟丰歉情形,及银钱价值低昂,以便普告众商事。"③高阳商会为振兴土布设立工艺研究所,十分注重织户织工布艺调查,把"研究布匹格样,调查织户,品评布质"列为专条,要求"各商铺收布时,另册存记,注明机户姓名,在名侧填注布质,以洁白匀密,尺寸斤两充足为合格。当品评考验时,查明册记,以备参观,而足等级。"④这些都是各地商会根据实际自己组织的。

1909 年,清政府农工商部札饬天津商会速查直隶各县庙会情

① 《津档》(1903—1911)上,第55—56 页。
② 《津档》(1912—1928)1,第521 页。
③ 《津档》(1903—1911)上,第213 页。
④ 《津档》(1903—1911)上,第233 页。

形并报部备案,"至物产之种类、产额、产地及一切行规可备参考者,均限于文到三个月内一并造册,送部查核,勿稍延误。""为他日举行内国赛会之预备"。① 各地商会非常重视,调查认真细致,有些商会还精心设计调查表,如物产调查表中设置了种类、名称、产额、产地、效用、运销地等栏目。

以高阳商会为例,其调查内容包括县属集市、庙会情形、物产种类、产额、产地、行规等,非常详细。关于集市:高阳县治城内四九集期,买卖分四街。南街五谷米粮为大宗,北街骡马驴牛猪畜为大宗。集市较盛,县城东慧伯口村四九集期,边渡口村一六集期,旧城村逢五排十集期,庞口村三八集期。以上七村集市,出本地狭面粗布,民间籴粜米粮,并无外客交易,萧疏异常,俗云半日集。城东北孟仲逢村三八集期,石氏村三八集期,雍城村二七集期,以上三村地势较洼,惟秋麦为大宗。城南归还村三八集期,花生果为大宗;城西六合庄二七集期,棉花为大宗,以上二村春夏更萧疏,惟秋后集市稍盛,此集市之大概情形。② 关于庙会:高阳县治城内五月九月庙会,五月销售竹凉夏货农器为大宗;九月庙会皮毛货较多,有束鹿新集贩运土布客,张家口一带来者甚多。县城东旧城泗水村均系九月庙会,城西晋庄河西村均系二月庙会,孟仲峰村四月庙会,边渡口村十月庙会,均无大宗货物,惟民间修建木料,多于会场购买杨柳榆三等木,并无别处销项。庙会向以香火为最,近今民智大开,香火大减,木料较盛,此庙会之大概情形。③ 关于行规:高阳县银行立有银市,凡在银行者,群集银市听价,每集定每集现盘,买

① 《津档》(1903—1911)上,第986页。
② 《津档》(1903—1911)上,第986—987页。
③ 《津档》(1903—1911)上,第987页。

对交,不准卖空买空。粮行不论远近客,每集米粮市行价,由官斗经纪,按物评价,不准勒价强买,亦不准升斗加增。[①]

1918年9月,天津县接财政厅调查水靛种植产量情况的训令后,请天津商会予以协助,经调查股查明:"津属海河葛沽、大沽两地种靛地一顷三十五亩,每亩产靛一百五十斤,共年产二万余斤,售价洋约二千余元。"[②]从接到县函请调查到复函调查结果,整个过程均在当日完成,效率之高可见一斑,更反映了商会对于商情调查的重视和对政府积极的配合态度。

南京国民政府时期,各地商会的调查更加系统化、规模化,调查范围更加广泛,如包括各县棉花采购数额、药材集散情况、市场物价、埠际产品交换、土货输出、洋货输入等调查,协助政府经济主管部门进行各类调查更加常态化,调查栏目之细,内容及次数之多,规模之大,前所未有。

总之,各地商会的商情农事调查报告的整理、备案和刊布,针对性强,内容翔实可靠,有助于各级政府和有关部门对农村社会经济状况的了解,为政府经济法规尤其是外贸政策的调整提供了现实依据;也有助于广大工商业者特别是商会中人更加明了本地、本省乃至更大范围内工商业尤其是农村工业、各地物产、土洋货出入境贸易等状况,降低交易成本,更好地确定商人资本和工业资本对农村经济发展的投资方向。

(二)商会与度量衡的整顿统一

近代中国度量衡制度相当混乱,种类繁多,折算颇繁,这不仅

---

① 《津档》(1903—1911)上,第988页。
② 《津档》(1912—1928)2,第1961页。

严重影响了国内外商贸业的正常发展,而且使"利权尽为外人所夺"①。度量衡千差万别,在广大农村市场上更为突出,对商品流通造成极大障碍。从清末到民国,政府一直致力于整顿统一度量衡,这项工作主要是通过各地商会来进行的。

为消除商业贸易的阻碍,1907年10月,政务处农工商部命各埠一月内查清各地度量衡情况并拟发新器。1908年10月,农工商部拟定划一制度:"一曰恪遵祖制,以营造尺、漕斛、库平为制度之准则也。""一曰兼采西制,以实行画一各种度量衡之制度也。"并提出要特设一专厂制造各种度量衡,由农工商部专卖,为"画一之基"②。

由于全省各地度量衡"参差不同,即一乡一邑亦各适所宜",直隶商会积极配合政府,展开大规模调查各地度量衡工作。将"城乡集镇通行度量衡比较准确,明晰列表",由各地商会核明汇报③。为了提高调查效率,限期完成任务,天津商会会同直隶各地商会,采取分片包干,把全省划分为六个区段分别进行调查:

顺天府尹宪所属各州县拟请农工商部札饬北京商务总会选员调查;

保定、宣化各府易州直隶州所属州县集镇由保定商务总会选员调查;

顺德、正定各府并赵、深、定各直隶州所属州县集镇由顺德商务分会选员调查;

永平、朝阳、承德各府所属州县集镇由秦皇岛商务分会选员

---

① 《津档》(1903—1911)上,第664页。
② 《津档》(1903—1911)上,第1013—1015页。
③ 《津档》(1903—1911)上,第1022页。

调查；

广平、大名各府并冀州直隶州集镇由磁州彭城镇商务分会选员调查；

天津、河间各府所属州县集镇由天津商会选员调查[①]。

经过各地商会的紧张调查，终于查清了全省度量衡的混乱状况。收入《天津商会档案汇编》中的有，1907—1908 年天津府 6 州县 12 集镇度量衡表；1907—1908 年河间府 10 州县 88 村镇度量衡表；1908 年 5 月顺德府、正定府、赵州、深州、定州等共 32 州县 138 集镇度量衡表；1908 年 5 月承德朝阳两府 5 州县度量衡表；1908 年 5 月宣化府 8 州县、张家口、独石口、多伦、围场四厅、易州及下属二县度量衡表；1908 年 5 月保定府 16 州县度量衡表。[②] 至此，直隶省上报度量衡调查情况的州县厅达到 114 个，涉及集镇村庄 271 个。

这些调查不仅涉及府州县城和市镇，有些甚至深入到了村庄一级。1909 年，农工商部制定了统一度量衡的方案，又通过商会对各地所需度量衡新器数目进行了统计，并调查了各地民用度量衡器制造厂商和材料产地等。

各地商会在自己力所能及的范围内，也作了一些整顿统一度量衡的工作。各地商会纷纷呈文天津总商会请领新器，"分发各行商民领用，渐次推广，捭阖全境一律改旧用新。"[③]高阳商务分会1908 年 4 月会议议定，"集市各项出入以度量衡为准，本地通行各种度量衡，原器较准，街市通途尺用广尺，按营造尺较准，以十寸为

---

① 《津档》(1903—1911) 上，第 1023—1024 页。
② 《津档》(1903—1911) 上，第 1009—1070 页。
③ 《津档》(1903—1911) 上，第 1073 页。

率。市斗以漕斛较准,以三十桶为率。银市出入按库平较准,以九八四出入一律,以昭大公。"①

1914 年 3 月,袁世凯政府又颁布《权度条例》,规定以国际标准与清末所定的"营造尺库平制"并行使用,并逐渐取代旧制;要求"公私交易、售卖、购买、契约、字据及一切文稿所列之权度,不得用以外之名称",以便划一,并颁发新的权度器具,以便各地仿制通行。这些政策及措施的实施,都是通过商会推行的。由于种种原因,新的货币及库权制度的实行虽然需要很长时间,但对于促进货币与权度的统一,无疑起了很大作用。

根据韩德章 1930 年 11 月对河北深泽县城西南的王家梨元、小梨元和 1931 年 3 月对县城东北的南营村调查,梨元村通用附近的耿庄集上的 32 管斗,实际系 33 管斗,每斗为 19.7 公升,南营村用附近的固罗集上的 20.3 管斗,每斗为 11.77 公升,说明耿庄集和固罗集所用的斗容量实际相差 7.93 公升。他同时还发现,梨元村裁尺为 35.4 公分,南营村为 35.6 公分。以裁尺为标准,木尺为裁尺的 90%,粗布尺为裁尺的 2 尺,地尺每弓等于裁尺的 5 尺。梨元村每亩等于 6.2592 公亩,南营略大,但大多少却未予说明。至于衡制,调查中没有说明两村有不同,但各种物品的衡制是不一致的,杂货青菜用 16 两秤称,每斤为天平 16 两,柴草面粉用 20 两称,每斤为天平 20 两,籽棉用 21 两称,每斤为天平 21 两。天平称 3/4 斤等于 1 公斤。② 从梨元村、南营村两村的度量衡制的不同,可以看出耿庄、固罗集上度量衡制的混乱复杂情形。

---

① 《津档》(1903—1911)上,第 220—221 页。
② 韩德章:《河北深泽县农场经营调查》,载《社会科学杂志》第 5 卷第 2 期。

仅一城之隔的集市尚且如此,整个华北、中国的情况便可想而知了。混乱的度量衡器与混乱的货币一样,顽固地维持着地方性市场格局和各乡村集市的相对独立性特征。直到 1930 年代,市场上的度量衡也没有真正实现统一,但各地商会对度量衡开展全面调查并积极推广使用标准度量衡的努力仍具有深远意义。

五、商会与农村捐税抗争

庚子事变以后,清政府负债累累,国帑匮乏,益发通过增加税收来补苴罅漏。由于中央政府责成各省分担巨额赔款和外债,加之推行新政需款甚巨,地方财政亦随之严重恶化。民国以降,北洋政府和南京国民政府时期,烽火连天,社会动荡,为了筹措巨额的军费开支,政府在举借外债的同时,对内更是横征暴敛,加捐增税,地方当局趁机巧立名目,肆意摊派,与清末相比有过之而无不及。正如时人所言:"由庚子至今,无而有之,轻而重之,或加倍蓰,或加十余,世之所有,人之所需,无一物而无捐税者。……税法纷纭,捐章扰攘,捐税日巨,货价日昂,人民涂炭,商贾咨嗟。因之内货滞销,生财失道;利权旁落,落柄异国。"[①]

关于农村赋税情况,李景汉在《定县社会概况调查》有详细调查。在民国十九年,定县人民担负的赋税大致有三项,即国税、省税和县地方捐。国税是中央政府收入的税,包括盐税、烟酒税、烟酒牌照税、卷烟统税、统税、印花税。省税是河北省政府收入的税,包括田赋及差徭等项、契税及附征等项、牙税、牲畜花税、屠宰税、芦盐食户捐。县地方捐即定县地方收入的捐税,包括田赋附加地

---

① 《津档》(1903—1911)下,第 1706—1707 页。

方经费、契税牙佣、花生木植捐、牙捐、牲畜花附捐、屠宰附捐。①另外,还有各种临时加征的特捐,如民国十五至十七年三年田赋附征的各项临时特捐就有讨赤费、讨赤特捐、讨赤军事善后特捐、战役抚恤特捐等。②

广大商人、农民深受苛捐杂税之累,纷纷求助于各地商会,因此,与政府沟通协调乃至组织商民联合抗争,争取减免捐税,维护广大商民的权益,正是商会保商振商的具体体现,逐渐内化为各地商会的一项职能。下面将择要观之。

(一)抗争牙税,规范牙纪行为

乡村集镇、集市的交易多是通过经纪人、牙人完成的。农产品的交易多有各行经纪人来担负介绍和评价的责任。经纪特权的取得,一般先由包商向县府投标,包缴牙税,包商即为牙行,须领牙帖。由包商手中,欲分包某市镇的牙税,或每月认缴若干牙税者,即可得到经纪的特权,经纪人不再领帖。经纪人的收入来源为促成买卖双方交易收取的佣金。如粮食经纪的收入为替买卖双方评价过斗时收取的斗佣,其佣额一般为卖方按交易值取2%,对买方按粗粮每斗取2大枚,麦子、芝麻等细粮取3大枚。各集佣额多少不一,有的集佣钱高达10%,买卖双方各半。③ 牙税征收的范围很广,"凡市场买卖交易的货物,只要经牙子为媒介的,统要征收牙税。如杂粮、棉花、土布、席麻、牲畜、树木,甚而至于柴、菜、水果、

---

① 李景汉编著:《定县社会概况调查》,上海人民出版社2005年版,第434—435页。

② 《定县社会概况调查》,第477页。

③ 参阅李正华《乡村集市与近代社会》,当代中国出版社1998年版,第118—119页。

口袋、线带子等,无一不在应征之列。"①

牙或牙行,是封建经济的产物,是与封建社会商品流通相适应的一种商业形式。由于封建社会的商品市场基本上处于各居一方的分裂状态,货币繁杂,度量衡不统一,牙人或牙行的居间中介,使买卖双方共同接受彼此的条件,达成交易,为零星而又极度分散的小生产者提供了方便,起到了一定的积极作用。

但是,随着近代市场经济的发展,旧式牙行的存在很大程度上阻碍了正常的商品贸易。他们往往从买卖双方中任意抬价、压价,索取佣金,不仅直接损害小生产者的利益,而且加重了商人的负担,扰乱了正常的市场秩序。在正定,"集市中的捐税中佣等至为繁苛,税商上结官吏,下串经牙,农民敢怒不敢言,有时稍加争辩,税商便借口阻挠税收,加以诬词,诉于官厅,往往因此受到官厅的羁罚。税商手段灵活,对稍有财势的绅士,极力拉拢,如买卖物品时,非但不滥行征收,且完全不收其税佣。"各集税佣滥收之严重,有的竟为应征税率的 2 至 3 倍,如牲畜牙税应征税率为 3%,实征为 9%,棉花牙税应征税率为 3%,实征为 6%。②

天津县姜行牙纪毕文衡"藉仗官势,任意剥削众商,无所不至,稍有不遂,即捏词妄控,时起讼端,众商受其扰害。"③在天津商会的支持和交涉下,县署发出布告,取消了姜行牙纪,"贩卖鲜姜应准直接买卖,毋庸再由经纪评价取用,以恤商艰。"所有该行每年应交解司税捐,由众姜商担任,每年按春秋二季呈缴转解。④

---

① 《定县社会概况调查》,第 490 页。
② 康诚勋:《河北正定县农村市场的概况》,载《新中华》第 2 卷第 24 期。
③ 天津市档案馆等编:《天津商会档案汇编》(1912—1928)第 4 册,天津人民出版社 1992 年版,第 3755 页。以下简称《津档》(1912—1928)4。
④ 《津档》(1912—1928)4,第 3756 页。

1913 年,商人刘龙誉等禀准在保定创设直隶药材行捐经理处,并分设祁州、天津、张家口,买卖主均按二分抽用,"该捐局纵兵滋扰,截货拘人,层见叠出,罄竹难载"。此举引起各地药商强烈反对,纷纷罢市。天津商会、保定商会、张家口商会函电交驰,联合行动,作为各地药商后援,1913 年 3 月天津商会呈文直隶民政长,5 月上省议会税帖,虽"经省议会三次否决于前,众议院质问于后","而上之民政长袒护如故,下之该捐局滋扰如故",迁延半载有余,了无头绪。全国商会联合会直隶事务所、天津商会愈挫愈勇,于 1913 年 10 月 11 日直接上书大总统、国务院、工商部,"以药商闭市事小,影响社会团体事大,不急解决,以致抱病之家无药医疗,束手坐视,而情急无择,激成变端,尤非社会国家之幸。"①此语切中要害。10 月 12 日,十四帮药材商发布天津药业停市声明并发表致大总统、国务院、众议院、工商部通电,"公同电请立饬取销,并乞五日内赐电,以保市面,而安人心。"②在停市风潮的强大压力下,商会与各地药商经过半年多的艰苦抗争,10 月 12 日,省公署下令撤销药材行捐经理处,"将该两员经理名目即行撤销。所有该经理处员司丁役即日解散,不得再行滋扰市面。"③

再如吴桥重征穰税案。吴桥境内于、梁二集地方,素产棉花。吴桥商务分会令商人购买轧棉机器制造穰,行销外埠,使棉业渐有起色。1911 年春,新县令迎喜到任后,河间人张栋臣贿通县署包办全县税务。按旧章每买籽棉百斤,纳正税京钱 100 文,牙用 200 文,提取牙用 72 文补助学堂经费,此项取自牙用,于正税无

---

① 《津档》(1912—1928)4,第 3802—3803 页。
② 《津档》(1912—1928)4,第 3804 页。
③ 《津档》(1912—1928)4,第 3805 页。

干,有案可稽。棉穰纳税,实无其例。因为此项物产出自农家,商人具贩买自市上,买花之时已经纳税。但张栋臣包办税务后,于九月廿二日张贴告示:"无论商民人等兴贩自收,必须棉穰纳税,违者即以漏税从重罚办,并不准行销外境。"①张栋臣手执县谕,极力威吓,勒令纳税,一时间,吴桥人心惶惶,积货不销,银钱吃紧,市面竭蹶。迫于压力已交重税商人永聚厚钱铺、柘镇和庆公号等纷纷投书吴桥商会求援。吴桥商务分会当即秉请县尊废除此举,但是县署"假息不闻,禀请批示,延搁不批。"吴桥商务分会不得不求助于天津商会。

天津商会及时"据情移请劝业道饬禁,以恤商艰。"②在天津商会的禀请下,劝业道札饬河间府"即日派员前往查禁,以纾商困而顺舆情"③。但事情进展并不顺利,调查员抵达吴桥后,居住署内,并未到商会查问原因。由于张栋臣上下其手,县署企图以牙纪浮收捐税结案,绕过"穰税应免与否"这一关键问题。但吴桥商会并不甘心,随即呈请县议事会开临时会议解决此案,得到的答复令人欣喜:"此案已经开会公议豁免穰子税用,呈请县尊转详遵办。"④但是县署以"据情转请列宪批示遵办"相拖延。吴桥商会于是再次求助于天津商务总会。

由于得到天津商会的有力支持,此案以商民胜利、穰税免征而告终,包税人张栋臣被先行撤退,择日秉公讯断。胜利的确来之不易。有意思的是,案结后吴桥县令迎喜呈报直隶劝业公所的禀文中有一段话颇具玩味:"卑职迎喜伏查吴邑自轧花机器盛行,有力

① 《津档》(1903—1911)下,第1389页。
② 《津档》(1903—1911)下,第1390页。
③ 《津档》(1903—1911)下,第1390页。
④ 《津档》(1903—1911)下,第1391页。

之家自种棉花,轧成棉穰出售,本应补征花税,以杜流弊。无如绅权伸张,近今尤甚。筹思无奈,只得俯如所请,以免横生枝节。"①可见豁免穰税并非是"体恤商艰",而是迫于无奈——"绅权伸张,近今尤甚"。这从侧面反映了清末民初,随着权力重心的下移,来自民间的"绅权"——商界、学界、自治会的政治参与加强,在一定程度上对传统的政府权威起到了制衡作用。

　　1925 年,直隶财政厅通令各县所有牙税一律重行投标。"名为整顿税收,实则借端苛敛。"从而引发了牙税风潮,"棉业粮商因苛扰而多处停市,肩担负贩为勒索而竟至破家。"②1925 年、1927 年连续有人呈请县署设立牛羊肉贸易公司,希图巧立名目,借端苛敛,在天津商会与众商的据理力争下,均被制止,维护了牛羊商的利益。③

　　1927 年 3 月,天津设立渔业牙课局,征收牙课,布告一出,引起商民恐惶。天津鱼商鱼铺、鱼店、鱼贩等 26000 余人推举代表呈书商会转陈取消牙课局。在商会与众商的共同努力下,5 月 2 日,省长批示"准予缓办,并令行牙课局即日裁撤。"④

　　在邯郸,有人借旧牙行整顿之机,"将全县牙税包揽净尽,意在浮收,巧取勒索。"遭到各行商人的抵制,并投书邯郸商会,揭发会董杨震澜、谢有伦、王明堂攒充捏名包揽全县牙税,扰害商民情事,后经商会查明,以"损坏商会名誉,公决按商会法第三十条令其退职。"⑤邯郸商会会长致函天津商会寻求善法。在天津商务总

①　《津档》(1903—1911)下,第 1393 页。
②　《津档》(1912—1928)4,第 3761 页。
③　《津档》(1912—1928)4,第 3780—3783 页。
④　《津档》(1912—1928)4,第 3789—3793 页。
⑤　《津档》(1912—1928)4,第 3832—3834 页。

会的直接交涉下,直隶巡按使行饬邯郸县知事:"取消包办,另行妥为整顿。"并在批示中明确:"至整顿牙税系县知事之职务,据请饬县会同该县商会办理之处,应请毋庸置议。"①

怀安县地处偏僻,土地硗薄,全县 200 余村,每村不过三五十户,且村与村相距亦有十数里之遥,风气不开,直到 20 世纪 20 年代,各村庄沿用旧习,类多春借秋还,概无交易行为。"至城镇各商家所贪生意,亦以各村农家为唯一主顾,每年春季分向各村分送货物,纯系记账,并不见钱,惟俟秋后始向各村主顾双方酌定物价,装粮若干,相互抵消,虽有买卖行为,并无牙纪作用。"直隶省财政厅改订牙用新章后,要求怀安县添设粮食、布匹牙纪,招商投标。怀安县治城、柴镇商会与天津总商会陈请变通办理,由商会自办,不添设牙纪,归商领帖,按核定标额,分摊牙用,以免除中饱,使商民不受勒索。这一办法并未获财政厅批准。②

商会还通过推荐牙纪人选、参与牙纪投标,为牙纪提供担保等来规范牙纪行为。如 1913 年 7 月 30 日,天津县公署举行鲜货行经纪投标,商会特参加监视。同时,鉴于原经纪"越章抽用,病商害民",积极推荐"为人朴厚,系鲜货行熟手,而且家道殷实"的张瑞卿接充。③

民国十二年前,天津鲜货行由于不良牙纪不计盈亏,互相争攘,以图垄断任意需索,遂将标额愈抬愈高,"以致承包者弊端丛生,犹复人人赔累,迭次发生亏欠公款,押追潜逃瘐毙等案,纷扰数年,亏欠既无法追缴,包商望而却步,税收亦因之停顿进行。"到民

---

① 《津档》(1912—1928)4,第 3835 页。
② 《津档》(1912—1928)4,第 3844—3848 页。
③ 《津档》(1912—1928)4,第 3758 页。

国十二年秋间,天津县长无法收拾残局,于是商诸天津商会"代觅妥人接充试办。"卞会长召集鲜货行商共同推举高维新承充该行经纪。高维新本身就是该业领袖,素为众望钦服,接办之后,"纯照商业作法,一反牙纪旧习,对商贩则力求公平,于内部则痛除积弊,经营整顿,煞费苦心。历届应交公款虽抽佣如何短绌,亦从未丝毫拖欠。"对于被灾商贩慨于接济,贷以资金,使其来年能够继续种植贩运。[1]

静海县独流镇商会通过设立有限公司,对斗行加以整顿。独流镇为静海首镇,三河码头,户口繁,商贾辐辏,素称繁富,尤以斗行为大宗。但是近来由于"办理不得其人,斗户又屡有倾骗粮客之事,外埠粮客因之裹足不前,该镇码头遂日见凋敝,而斗户所得斗用亦不敷办公,遂逐渐增长行规,"加之所用之斗混乱,升合不一,其他各行"亦多不按旧章,任意增长,以致外埠粮客及附近乡民畏各牙行如虎,视该镇为畏途。"为了改变这种局面,独流镇商务分会专门召开临时会议详加研究,决定仿照天津怡和公斗店有限公司章程倡办通惠有限公司,"专门招徕粮客籴粜粮石生意,借以纾商困而济民食。"公司于宣统二年十二月初一日接办斗店。同时,商会对车船钱脚等行也议定专章,"不准各行户额外需索滋扰。"试办三个月后,"集市所上乡粮日多,外埠粮客亦陆续云集,粮价甚平,商民莫不称便,将来市面振兴自可拭目以待。"[2]

各地商会对于牙行、牙税的抗争,虽未能最终取消牙纪牙税,但对于滥设牙行以及牙税承包人的肆意盘剥行为,起到了一定的抑制作用。各地商会不约而同,提出了由商会负责交纳牙税,取消

————
[1] 《津档》(1912—1928)4,第3760—3768页。
[2] 天津市档案馆:128—2—2227。

牙行的建议,表明商会已经认识到牙行制度的弊病。

(二)反对滥设统税局

1922年3月1日,直隶省长公署发布布告,在临榆、唐山、沧县、获鹿四处增设稽征统税局,"自设局之日起,凡商民运输货物,无论水路、陆路,均须赴统税局交纳税款","如有不肖之徒借端违抗,或偷漏绕越,一经查出,定即照章罚办,决不宽贷。"[①]并附有《直隶征收统税章程》。布告一出,立即引起四县商民的强烈反对,并迅速波及全省。沧县、临榆、唐山首先登报声明,一致反对设局。3月4日获鹿县商会分别呈文县公署、统税局及天津商会,历数该县不宜设统捐局四条理由,转请省长收回成命。3月17日,沧县商会呈文陈述该县商民反对征收统税情形,希望"将此种统税根本撤销,以苏民困,而恤商艰。"但是,得到的答复是:"该商民等宜顾全大局,各尽义务。兹阅呈叙说帖,乃谓新加统税,有碍商务,实属不明主旨,多所误会,且难保无刁商恶棍遇事生风,希图反抗。该会长系一邑商务之领袖,当能深明大义,无知商民不无疑虑,尤望多方开导,咸使就范,遵章办理。倘有莠民造谣鼓煽,借端滋事,定即执法以绳其后,不能为之宽也。"[②]可见,在政府看来,安分守己,逆来顺受,遵守政令是商民应尽的义务,否则就是"刁商恶棍"、"无知商民";"莠民"造谣鼓煽,借端滋事,定当绳之以法,严惩不贷。

直隶政府的强硬态度和肆意诬蔑引起全省商民的更大愤怒。6月19日,直隶各县商会代表汇集京师共组联合会,一致反对滥

---

① 《津档》(1912—1928)3,第3656页。
② 《津档》(1912—1928)3,第3698页。

设统税局,并函请天津商会"派遣代表入会,共策进行,如实无暇,肯以名义援助,亦所深盼。"①6 月 30 日,直隶各县商会、农会、劝业所、教育会等各界代表 210 人联名上书大总统、国务总理,吁请裁撤统税局,其中包括 70 个商会、26 县劝学所、25 县劝业所、11 县农会、12 所学校、9 县财政所、2 县教育会、2 县棉业会以及乐亭县的讨论会、工艺局、高阳县工商代表 3 人、获鹿县公民代表 2 人,共计 161 个单位。获鹿县代表最为广泛,包括商会、劝学所、劝业所、农会、高小学校、财政所、教育会、公民代表②。

在这次斗争中,各地商会扮演了重要角色,态度鲜明,联袂请愿,发誓与非法恶税、造祸长官一决生死,极大地感染了社会各界,形成了声势浩大的反对增设统税局的斗争。各县强烈反对在四县增设局卡的主要原因有以下几条:

1. 名为稽征漏税,实系落地重征。照直隶省长公署的说法,因直隶统税各局,大都环绕于津沽一隅之地,范围过狭,稽查不易,不得不选择交通要冲添设局卡,以杜绕越偷漏之弊。商运货物,在第一次经过之本省统税局卡完足统税,概不重征③。但广大商民识破了当局的用意。因为所有水陆舟车过往,由南向北者,咸以天津为起点。津口既有钞关厘局,杨柳青又有稽征税局,铁路沿站又有货捐局卡,倘各县再设关立局,"非税上加税而何?"他们一针见血地指出,在四县设立局卡,"名为稽征漏税,实系落地重征。"若不奋起抗争,久而久之,势必逐渐扩充,无论繁简,各县行将遍设,将来通省受害无穷④。

①　《津档》(1912—1928)3,第 3704 页。
②　《津档》(1912—1928)3,第 3708—3714 页。
③　《津档》(1912—1928)3,第 3698 页。
④　《津档》(1912—1928)3,第 3699 页。

2. 无物不括,无在不征,竭泽而渔。按照布告规定,"凡百货物,勿论肩挑小贩,零整多寡,概行科之以税","纤细靡遗,搜刮殆遍"①。而内地工商并无长物,非农作之出产,即家庭之工艺,费时即多,市利实仅土物,不竟动为外货所乘。广大商民悲愤质问:"在关心实业者方提倡奖掖之不暇,何忍从而摧残之,剥削之,重税敛以困辱之也?"②

3. 与裁厘加税相违背。商民指出"此项税局规章与沿袭病民之厘金局无大殊异",而估价完厘诸苛刻条件,有过而无不及③。太平洋会议倡言改良税则,列强允诺裁厘加税,让广大商民满怀憧憬,不无天真地认为裁撤厘卡,"南北统一,即在本年"④。在他们看来,直省当局增设的稽征统税局实际上是变形易貌之厘局,此举将破坏裁厘加税之议案,不仅影响统一,而且贻笑友邦⑤,确无存在之理由。

4. 加税之举,无法律依据。经历过民国洗礼的直隶商民也开始有意识地以法律为武器,据理力争,维护自身的合法权益。他们强调:"加税之举,策源法制。今该项税则既未经省议会通过,又未奉中央许可擅专设立,玩法病民,吾人自无承认之余地。"⑥

(三)捐税抗争的特点

1. 要求整顿牙行、牙税的活动贯穿始终。因为牙税征收范围

---

① 《津档》(1912—1928)3,第3698页。
② 《津档》(1912—1928)3,第3703页。
③ 《津档》(1912—1928)3,第3703页。
④ 《津档》(1912—1928)3,第3697页。
⑤ 《津档》(1912—1928)3,第3703页。
⑥ 《津档》(1912—1928)3,第3703页。

广泛,与农村集镇中小商人、农民联系密切,长期以来,弊窦丛生,加重了广大商民的赋税负担,一直受到各地商会的普遍反对。

2. 联合抗争日趋加强。随着商会网络系统的建构与完善,尤其商会联合会建立后,实现了商会组织的省区整合,为广大商民在重大事件中互通信息、"共谋行止"提供了组织前提。而广大商民一再续写的苦难经历,使他们真实的感受到团结的重要性和命运的休戚相关。在越来越多的捐税抗争中,各地商会之间以至同全国各省商会之间函电交驰、协调行动,声势浩大。联合起来,抗捐抗税,也是全省各地商会之间联系进一步加强的重要体现。

如民国十二年8月,直隶全省印花税处以"杜绝商贾由外贩来折扣私售"印花票为由,拟将印花税票加盖县戳,以便稽查而资识别,定于9月1日起,全省一律实行。规定"自加盖县戳之日起,如境内有销售未盖县戳之印花,皆以私售论";"若查出在实行加戳定期以后贴用未盖县戳者,概作无效。"其实际用意是通过垄断税票发行,"极力推广销路",完成"派定销数"①。此动议一经出台,立即遭到各县镇商会的联合抵制,天津商会更是居间协调,积极抗争,印花税票加盖县戳终未能实行。

3. 抗争方式多样化,暴力抗税时有发生。清末捐税抗争多采取和平抗争形式,商民或地方商务分会将禀控诉诸天津商务总会,由天津商会转呈当局,出面交涉,天津商会在清末捐税抗争中作用突出。进入民国以后,直隶商会之间内部联系不断加强的同时,各地商会也进一步巩固了自身独立的法人资格地位,在形形色色的捐税抗争中尝试自主发挥作用,抗争方式呈多样化,暴力抗税时有发生。

---

① 《津档》(1912—1928)3,第3868—3869页。

利用报纸传媒制造舆论压力。如在反对增设统税局的斗争中，沧县、临榆、唐山三县登报声明，全体否认①。在同一事件中，商会联络各界赴京直接向政府请愿，引起强烈反响。

罢工罢市，以示抗议。在反对刘龙誉等设立直隶药材行捐经理处的斗争中，祁州药商率先罢市，随后十四帮药材商代表联名发布天津药业停市声明，各药店一律闭门停市。② 同样的例子还有：民国十五年8月，直隶成立茶捐总局，8月6日开征直隶军事善后茶叶特捐，13日茶商罢市，21日取消。民国十六年1月，成立直隶全省特种物品用户捐事务所，订于3月7日实行特捐，遭到广大商民联名反对，各有关行业相继罢工，4月14日暂停③。

4. 以法维权、以法抗税意识明显提高。以法律为武器，维护商民的合法权益，在清末的捐税抗争中已初露端倪，民国以来，这一趋势更加明显，这在反对以政令变更印花税法、抗议政府烟酒公卖请减华商捐税请愿和反对非法设立津浦路货税局等活动中得到明显体现。各地商会及广大商民一再尝试拿起法律武器来维护自身的合法权益，"权利"、"义务"、"平等"、"共和"、"国会"、"议院"、"立法"等诸多新词为他们所熟悉，表明了广大商民建立完善的法制社会的善良愿望，说明他们的法律意识明显提高。

5. 力争关税自主。鸦片战争后，随着一系列不平等条约的签订，中国的关税自主权被强行剥夺，且税率极低，导致国门洞开，洋货充斥；而西方国家却采取保护关税政策，对进口货物课以高额的

---

① 《津档》(1912—1928)3，第3695页。
② 《津档》(1912—1928)4，第3805页。
③ 《津档》(1912—1928)4，第4159页。

保护税。低度开发的中国在国际竞争中处于恶劣的地位①。废除不平等条约,取消外国在华的特权,实行关税自主,以抵制有竞争性的外国商品的廉价倾销,保障民族资本的独立发展,这是中国民族资产阶级几十年来渴望实现的愿望。各地商会利用一切机会尤其是国际会议,如凡尔赛和会、太平洋会议、北京关税特别会议等,积极敦促和支持政府采取有力措施收回关税主权。

南京国民政府建立之后,宣布实行关税自主。1928 年 6 月后,国民党政府开展了一系列争取关税自主权的外交活动,迫使列强承认了中国关税自主权,打破了"值百抽五"、"协定关税"税率的长期约束,实现了增税和有区别的差等税率,并收回了关税的保管权。尽管国民党政府争得的关税自主权还有很大的局限性,但毕竟在争取关税自主方面有了不少实质性的进展。这些成效的取得,是顺应了历史潮流,也顺应了民情,它是几十年来中国人民力争的结果,商会在这一斗争中发挥了不容忽视的作用。

---

① 郭庠林、张立英著:《近代中国市场经济研究》,上海财经大学出版社 1999 年版,第 207—208 页。

第四章　商会与乡村工业的新陈代谢

　　开埠通商后,在西力冲击下,直隶传统手工业产生了变形。为了振兴乡村工业,各地商会从发展地方优势特色物产入手,积极推动产业改进,使农村手工业进入了一个改组与发展的新时期。

一、西力冲击下的传统手工业

　　中国农村自然经济是"以农村家庭工业和农业相结合为前提"的①。农村家庭手工业是我国农村经济的重要组成部分。河北是中国古代最早发达起来的地区之一,手工业生产也发展得极早。到明清时期,随着农作物的成功引进和植棉业的推广,河北农业种植结构、商品经济都有了很大发展,其中棉纺织手工业发展迅速,成为北方最普遍最重要的手工业之一,在小农家庭经济中扮演着重要角色。首先表现在以布易粟,弥补农业生产之不足。如乐亭县,"以布易粟,实穷民糊口之一助。"②行唐县,"木棉为布,衣被无穷,女工纺织以餬口,利最薄"③。平乡县,"女务机杼,贫者鬻

---

① 马克思:《资本论》第 3 卷,人民出版社 1975 年版,第 896 页。
② 乾隆《乐亭县志》卷 5。
③ 乾隆《行唐县新志》卷 13。

粗布以食。"①宝坻县,"贫者多织粗布以易粟"②。棉纺织业成为
小农家庭经济中重要的收入来源,在不少地方纺织业由家庭副业
变成主业,如枣强县,"男勤于织,女勤于纺,通功宜事,赖以生活,
小民生计,十居八九。"③农民生活主要依赖于棉纺织业。

　　随着棉纺织业的发展,形成了一些棉布集中产区,它们的产品
已经开始进入长距离运销。如冀东的滦州和乐亭,滦州布,"用于
居人者十之二三,运出他乡者十之八九"④。乐亭布,"本地所需一
二,而运出他乡者八九"⑤。正定府西部诸县如获鹿、栾城等,"地
既宜棉,男女多事织作,晋贾集焉,故布甫脱机,即并市去。"⑥棉纺
织业的商品生产和长距离运销,在19世纪后半叶有了进一步发
展,霸州、大城、香河、宝坻等都盛产土布,大多运销西北口外;高
阳、蠡县、清苑和任丘等地所产的商品布,于1890年前后,运销山
西太谷、河北张家口、宣化及北京附近,每年36万余匹。⑦ 南宫粗
布,在清末"西运太原,北至张家口"⑧。冀南各县也产棉布,多销
往西北一带。与此同时,传统乡村棉纺织业正面临着前所未有的
挑战。

　　天津开埠以后,对外进出口贸易不断发展,尤其是大量洋货倾
销内地,许多价廉物美的洋货日渐成了许多农家生活不可缺少的
东西。1884年刊行的《玉田县志》记载说:"洋舶互市……我之需

①　乾隆《平乡县志》卷5。
②　乾隆《宝坻县志》卷7。
③　康熙《枣强县志》卷1。
④　嘉庆《滦州志》卷1。
⑤　乾隆《乐亭县志》卷5。
⑥　乾隆《正定府志》卷12。
⑦　《中国农村》第1卷第3期。
⑧　民国《南宫县志》卷3。

于彼者,至不可胜数,饮食日用曰洋货者,殆不啻十之五矣。"①据
《阳原县志》卷八记载,也是洋货充斥,洋货来自天津、北京、张家
口甚至上海,苏杭等地。据调查,1910 年交河县泊镇输入货品包
括煤油、洋布、洋线、糖、煤矿、卷烟、火柴、煤炭等,多为洋货②。
(见表11)当然,说洋货占到日用品的一半,可能夸大其辞,但洋杂
货已开始深入农村确是事实。时人也敏感地意识到,洋货以物美
价廉的优势进行倾销,争夺中国市场,其意在久远:"查输入货品
先年销路总以南省土产为大宗,近年南货日少,洋货日多,推其所
由,洋货初见,靡不货高价廉,以图畅销。既至通行,价已抬高,考
其用意,均系远大之计,岂止货品而已。"③

表 11　河间府交河县泊镇输入品调查一览表

物名	土洋货	年销若干	价值若干	由何地输入
洋油	洋货	每年销万余箱	前年每箱三吊四五百文,庚子后渐涨,今每箱七吊上下	由津输入
洋布	洋货	每年销万余匹	前年中等布每匹银三两,庚子后渐涨,今中等布每匹银六两上下	由津输入
洋线	洋货中国线	均销二千包上下	前年每包银六十余两,庚子后渐涨,今每包一百十余两	由津输入
糖	庚子前洋货少,今洋货居半	均销四千包上下	前年每百斤三两上下,今每百斤七两上下	由津输入

---

① 姚贤镐:《中国近代对外贸易史资料》,中华书局 1962 年版,第 1106 页。
② 《津档》(1903—1911)上,第 1003 页。
③ 《津档》(1903—1911)上,第 1003 页。

物名	土洋货	年销若干	价值若干	由何地输入
洋矿	今福公司矿多,河南土产矿少	行销二百万斤上下	河南土产矿每百斤二吊三四百文,福公司矿每百斤二吊上下	福公司矿由津输入,土产由河南输入
火柴	洋货中国货	均销千箱上下	初每箱四十二三吊,后渐涨今每箱六十余吊	由津输入
烟卷	洋货,中国货初见	前三年品海烟今鸡烟盛行,共销三百余箱	今鸡牌烟每箱八十四元	由津输入
煤炭	唐山煤东洋煤	行销四百万斤上下	唐山煤每百斤九百五六,东洋煤每百斤七百五六	由津输入

资料来源:《津档》(1903—1911)上,第1003页。

　　例如,煤油输入以前,北方广大地区照明用的油料是豆油、棉油之类的植物食用油。由于煤油的照明效果确实高出植物油许多,遂逐步得到越来越多人的认可和消费。《南皮县志》记载:"二、三十年前,民间燃灯均用瓦灯,棉子油或豆油灯,光绪季年皆用煤油洋灯。"[1]相应的传统手工业如雄县的土法制灯业,逐渐被排挤出市场。[2] 但是由于植物油除了照明之外,还有其他各种用途特别是食用和工业用途,因此手工榨油业并未受到影响,相反还有了较大发展[3]。

　　对于直隶农村来说,受冲击最大、影响最为深远的是传统的棉

<hr />

　　① 王德乾等修撰:《南皮县志》卷3,风土志,民生状况,民国二十二年铅印本。

　　② 彭泽益编:《中国近代手工业史资料》第2卷,中华书局版,第170—171页。

　　③ 详情参阅王翔:《中国外贸格局的转换与手工行业的变形(1840—1894)》,人大复印资料,《经济史》2005年第2期。

纺织业。随着洋布、洋纱的大量输入，"畿辅深、冀诸州，布利甚饶，纺织皆女工。近来（1900 年前）外国布来，尽夺吾国布利，间有织者，其纱仍购之外国，故利入益微。"①在深州，"往时棉布流行塞外。近则英、美、日本各国之布用机器制造者，幅宽而价廉，吾国布利尽为兼并，种棉之地日少。"②高阳也有"外国布匹输入，土布销路渐被侵夺，织业大受打击"的记载。③ 在南宫，土布业逐渐衰落，"自洋布盛行，其业渐衰，外人市我之棉，换以纱布，以罔我之利。而我之线布，遂不出里门，惟集市间尚有零星售卖者，无工业之可言矣。"④"女织本昌黎习尚，三十年前几于家家纺绩，比户机声。近以棉纱洋布来源日多，棉产日少，纺织者亦大减矣。"⑤"天津进口英印棉纱日增，因北省妇女用此纱纺织，年胜一年，更臻纯熟，且价亦甚廉，故销流日广耳。"⑥"冀东乐亭以产棉布著名，布用土产棉纱织的。由于进口洋纱又便宜又好，因此便放弃了纺制土纱。"⑦枣强县自洋布输入，土布一落千丈。⑧ 晋县土布曾驰名遐迩，自洋布畅行，土布大受影响。⑨ 洋机、洋布、洋纱对沧州棉纺织业也产生了重要影响，沧地不产麻丝，棉亦极少，用棉多由南皮、宁津等产棉之区输入，农家妇女自轧自弹自纺自织，所成之布面宽尺许，名曰窄面粗布，裁之为衣，可十年不敝。"民国以来，轧棉西机

---

① 彭泽益编：《中国近代手工业史资料》第 2 卷，中华书局版，第 217 页。
② 吴汝纶纂：《深州风土记》卷 21，物产。
③ 彭泽益编：《中国近代手工业史资料》第 2 卷，中华书局版，第 412 页。
④ 民国《南宫县志》卷 3。
⑤ 彭泽益编：《中国近代手工业史资料》第 2 卷，中华书局版，第 226 页。
⑥ 1890 年，关册（中文）下卷，第 43 页。
⑦ 《中国近代手工业史资料》第 2 卷，第 230 页。
⑧ 民国《枣强县志》卷 1。
⑨ 民国《晋县志料》。

输入,夺妇女第一工业,弹机续来,夺妇女第二工业,洋纱输入,夺妇女第三工业,惟自织之壁垒尚坚守未破,故粗布之服仍占百分之九五。""洋布输入近百年矣,然惟士商服之,农工不与,故不过百分之一二。"①

打破既有的社会经济结构有两种方式,其一是通过社会经济自身的发展,培植市场,经过量变性的积累,逐步形成质变,这是一种社会成本较小的理想方式;其二是通过外来因素的输入,对传统经济造成摧毁式的打击,强行改变原有经济结构,这种方式往往带来剧烈的社会震荡。历史表明,近代中国农村被迫采取了第二种方式。②农业和手工业结合的自给自足的自然经济,在机制近代工业品主要是外国商品冲击下开始松动,农村手工业进入了一个改组与发展的新时期,在生产力、生产关系、与农业的结合方式以及在农村经济生活中的地位等方面,产生了巨大变化,传统手工业呈现出多种发展面相,使以"耕织结合"为典型特征的农家经营模式在传统的框架内滋生了大量的近代因素,但是对传统经济的摧毁式打击实际上在整个近代也未能真正实现。

二、商会振兴乡村工业的举措

(一)发挥传统优势,发展特色产业

近代中国,国门洞开,洋货充斥,利权外溢。振兴商务、发展实业、挽回利权,是当时政商绅学各界的共同愿望,也是各地商会立

---

① 民国《沧县志》卷11,事实志,生计。
② 彭南生:《论近代中国农家经营模式的变动》,《中国近代史》2006年第6期。

会的根本宗旨。各地商会多能立足本地实际,发挥传统优势,有针对性发展地方特色产业。如磁州彭城镇商务分会对瓷业的改良①,高阳商会对土布的提倡②,顺德、辛集、张家口商会对当地皮毛业的振兴,大名府商务分会等对草帽辫业的整顿改良等等,均属此类。

　　高阳物产,棉花为大宗。大量棉花的生产,为高阳织布业提供了充足的原料。当地农民以农业为主,同时也多利用自产棉花自纺自织,出品往往只为满足家庭自用,有余时方出卖,以补农业收入之不足。高阳一带以"纺织为生计,向织狭面粗布。"③纺织工具是手摇纺车和老式投梭木机。产品为窄面土布,幅宽一般为1尺2寸,布面粗糙不匀。一直到19世纪末,高阳棉纺织业未见有大的变化:"第一,农家从当地购入以副业形式制造成的土线;用家人的劳力以副业形式织成布匹;直接的,或转入小贩之手,或转入小资本收布商之手,销售于当地或近邻之市场。第二,少数的布产区,因当地原料品供给之便利,或农民劳力之过剩,以及商业资本之比较充裕,渐已不为其当地与近邻之消费目的而生产,却以之供给于远处的市场。原料品之直接的与零星的供给,布匹之直接的与当地的行销,从这种情形中限制着商业资本之活动范围。商业资本对于少数棉织区所投入的活动,则亦以交通、市场等等条件之限制,其意义仅为分取布匹运销过程中属于居间人的利润之一部分而已。"④即使如此,在使用手纺纱织小布阶段,高阳织布业还是

---

①　《津档》(1903—1911)上,第196—197页。

②　《津档》(1903—1911)上,第229页。

③　《津档》(1903—1911)上,第220页。

④　厉风:《五十年来商业资本在河北乡村棉织手工业中之发展进程》,《中国农村》第1卷第3期。

有了一定程度的商品生产,1890年前后,高阳等地所产的土布出现了运销山西太谷、张家口、宣化以及北京附近的记录①。

20世纪初,洋布开始广泛行销华北各地。土布无论从价格上还是从质量上都无法与洋布相抗衡。因此,高阳出产的窄面土布销路渐被侵夺,"出售不利,民间渐至失业"②,织业大受打击。在洋布倾销、利源外溢、农村传统织布业面临灭顶之灾的危急关头,高阳商界中被当地人称为"能人"的安新商人杨木森、武安商人李条庵、高阳商人李香阁、韩捷三、韩伟卿、张兴汉(字造卿)等人,立志团结商人,振兴工艺,扩充中货,共挽利权。经策划,于1906年8月呈准立案成立高阳商会,他们大力提倡纺织,积极引入先进织机技术,研究改良,不断创新,使高阳由一个小而穷的三等县变成了闻名中外的织布工业区。

在直隶,以麦秆为原料的草帽辫编织业历史悠久,早在明万历年间就有出产草帽辫的记载,到清乾隆年间,有些地方的草帽辫生产已有相当程度的商品化。但是,草帽辫成为一种重要的农村家庭手工业,是近代以来在出口贸易的直接拉动下发展起来的。草帽辫于1869年开始由天津出口,到光绪年间,直隶很多地方发展起了专为出口进行生产的草帽辫业。据史料记载,直隶出产草帽辫的州县有38个。自北京向南,运河沿线及津浦铁路沿线以东直到沿海,各县基本都有草帽辫生产,最集中的产区是南乐和清丰。

由于不诚实贸易的影响,导致草帽辫"在各国市场的信誉和价值因而受到了损害"(1887年天津贸易报告),欧美各商家议定

---

① 厉风:《五十年来商业资本在河北乡村棉织手工业中之发展进程》,《中国农村》第1卷第3期。

② 《津档》(1903—1911)上,第225页。

自 1909 年 1 月 1 日起不再销售不及尺寸之草帽辫。为了推动草帽辫业的持续发展,农工商部札饬天津商会会同各省商会,设法改良。天津商会接受驻德商务随员水钧韶的建议,以图补救:第一,联合草辫商人设立总会,或附设上海商会之内,以结团体,联络同业,严别货品。防止西商上下其手,垄断时价;指导草辫商人自行集本,径运外洋,无须假手洋商;严惩奸商欺蒙舞弊。第二,在产地由商会就近附设草辫调查局。随时研究调查,根据不同情况指导生产,"所出之货,由各该局查验,分别货品,并由局发给式样,以归划一。第三,在草辫产地设立制造草帽公司,利用原产地草辫制成草帽直接出口外洋。由出口原料品专为出口工业制成品,又为商务开一利源。"①

　　大名府商务分会创办的缘由正是为了整顿草帽辫业,以挽救利权,并在商会试办章程明确规定,"南乐草帽辫为本郡商业大宗,去年出场货价至一百余万,今年顿形衰落。故本会对此项须有特别之研究,对于南乐附近之商行尤须联为一体。至清丰相距较远,异日入会,亦于南乐一体。""南乐草辫为一大宗出产,应极力保护,以图扩充,并应详细调查,始能大兴商利。"对于外地商人设立的收辫客庄,"责成该处之草辫行商承认办理",同本地商号一样受到商会保护②。

　　各地商会的劝导整顿,有力地推动了草辫业的商品化发展,其在小农家庭经济中的地位也逐步提高。一些地方的草辫业已经成为一个家庭的主业。据 1928 年河北省政府调查,境内 129 个县中 127 个县有农村家庭工业,工业种类共 44 种, 总产值达

---

① 《津档》(1903—1911)上,第 1118—1119 页。
② 《津档》(1903—1911)上,第 268—269 页。

103,856,753 元,内以棉布及人造丝布为大宗占 74%,毛皮货占 7%,草帽辫位居第三位,占 5%。① 有产量统计的 15 个县中,年产草辫 10 万斤以上的共 5 县,南乐县 200 万斤、清丰县 152 万斤、大名县 60 万斤、青县 27 万斤、大城县 20 万斤,其他如沧县、献县、河间也有大宗出产。另玉田县消费原料帽辫、麦秆 11.2 万斤,制造草帽 4.2 万顶。② 直到七七事变前,南乐、清丰产区草帽辫业一直保持兴盛,原料种植也出现了专门化趋势,大名县从事草帽辫业生产的农民选择适合于编草辫的小麦品种,拨出专门的土地来进行密植,以获得细、长、白、软的麦秆,小麦产量则全然不顾,从而形成了专门的原料生产③。在南乐、清丰产区,原料也是专门种植的。

　　随着草帽辫业的兴盛,商业资本十分活跃。在草帽辫的销售网中与生产者发生直接联系的是贩子和辫庄。辫庄通常设在产区较大的市镇或集散市场上,有些由外来客商开设,有些由当地的地主富农集资开设。他们的业务是收购草帽辫,然后进行整理加工,包括漂白、插换、补换、卷把、再漂白、结束等工序,然后打包或装箱,送由输出港之辫行,售于输出商。在草帽辫生产较集中的地方,辫庄往往不止一家,如一战前,直隶青县兴济镇有 15 家,清丰县辛庄镇有 67 家④。1920 年南乐草帽辫兴盛时,仅县城中就有辫庄 48 家⑤。

　　皮毛加工业也是河北具有悠久历史的传统手工业。随着近代

　　① （台北）叶淑贞:《天津港的贸易对其腹地经济之影响》(硕士论文)未刊稿。

　　② 河北省政府秘书处编:民国十七年度《河北省省政统计概要》。

　　③ 《河北月刊》第 4 卷第 8 期。

　　④ 从翰香主编:《近代冀鲁豫乡村》,中国社会科学出版社 1995 年版,第 178 页。

　　⑤ 《中州今古》1987 年第 1 期。

市场经济的发展尤其是对外贸易的扩大,到清末时,张家口、邢台、辛集、唐县、蠡县的留史、枣强的大营已经成为北方著名的皮毛集散市场和加工地。近代京津冀地区铁路、公路交通网络的建成以及直隶区域市场体系的完善,进一步促进了各地皮毛加工业的发展。到1920年代至1930年代中期,张家口有熟皮店200多家,毛行约9家;邢台有皮店72家,熟皮店15家;辛集有皮店120家,熟皮店37家;留史有皮店6家,货栈10家;唐县有皮店30多家,熟皮店47家;大营有熟皮店约80多家。皮毛集散量和输出量均有大幅增长。[①]

　　经过明清时期的发展,皮毛业已经成为张家口的特色行业。光绪年间,英、美、法等国商人继俄国商人之后纷纷到张家口收购皮张和羊毛,张家口逐渐成为陆路大商埠,"百货之所灌输,商旅之所归途",日益繁荣的皮毛市场,促进了皮毛加工业的兴旺发达,张家口皮毛在国内外影响日益扩大,"天下皮裘,经此输往海内,四方皮市经此定价而后交易",成了誉满中外的"皮都"。[②] 京张、京绥铁路和张库公路的陆续通车,有力地促进了张家口皮毛业的发展。大境门外的皮市、马市更加兴盛,两沟一带皮毛迭垒成山,十里长街为之闭塞。在张库公路1800公里的大道上,旅蒙贩运的牛车有2万多辆,骆驼6000多头,每年输入张家口的皮子800多万张。城内有皮裘、制革、蒙靴、鞍鞯、毡房、猪鬃、驼店、皮毛栈等14个行业769家,从业人员32532人。[③]

　　据张家口商会《张垣皮毛业调查》记载,1925—1929年是张家

　　① 复旦大学历史地理研究中心主编:《港口—腹地和中国现代化进程》,齐鲁书社2005年版,第308页。
　　② 徐纯性主编:《河北城市发展史》,河北教育出版社1991年版,第226页。
　　③ 徐纯性主编:《河北城市发展史》,第226页。

口皮毛业最兴旺的时期,当时每年输入羔皮 300 万张、老羊皮 150
万张,马皮 9 万张、羊毛 900 万斤、羊绒 20 万斤、驼绒 150 万斤、猪
鬃 30 万斤、山羊皮 100 万张、灰鼠皮 50 万张、狐皮 20 万张、狼皮
10 万张、猾子皮 50 万张、牛皮 150 万张。其中每年由绥远各地输
入皮毛数总额在 1.3 万元左右,从蒙古输入的牛羊驴马皮价在
5000 万元以上。① 输入张家口的皮毛,其中羔皮 40% 原货出口,
60% 留张家口加工后运销各大城市;粗皮全部加工销往农村;狼、
狐、灰鼠皮 80%—90% 原货经天津出口;牛皮马皮 30% 留张家口
制革,其余大部分制成蒙靴返销外蒙古;毛绒 80% 出口,15% 加工
后输天津,5% 销张家口;猪鬃 90% 经天津出口。② 当时经营皮货
的 347 家铺户,年营业总额 517.2 万银元,占各业商会营业总额的
26%,居百业之首。③

　　据调查,邢台皮毛业曾位居顺德府五大行之首(五大行为皮
毛、杂货、土布、洋布、银钱等),1928—1930 年发展到极盛时期,皮
毛行店有 83 家。④ 邢台皮毛业集中在羊市街,全城布行和杂货行
等市场均以皮毛业的兴盛而繁荣。一些大商号不仅在天津、北平、
兰州、香港等地建立有贸易关系,而且与外国也有商贸往来,因而
成为冀南地区的商业中心,有"内陆码头"之称。

　　1909 年 10 月,顺德商务分会在《报告津京两市对本地洋货进
口土货出口及商务发达影响文》中记载:每年输邢台黑山羊皮

　　①　陆庚:《绥察对蒙贸易》,《中国实业》第 1 卷第 6 期。
　　②　陈美健:《清末民中河北的皮毛集散市场》,《中国社会经济史研究》1996
年第 3 期,第 64 页。
　　③　《河北城市发展史》,第 227 页。
　　④　邢台市档案馆藏:太行行署研究室编:《邢台土布业调查研究初稿》1946
年 10 月 5 日。

35—36 万张,白老羊皮 20 余万张,腋狐皮 2 万余张,大小毛滩皮 15—16 万张,黑獭皮 140—150 万张,绒毛 1000 万斤;山西、陕西、甘肃、河南、河北、山东等都是邢台皮毛的来源地。每年输出白老羊皮袍、马褂 7—8 万件,大小毛滩皮袍 5000—6000 件,黑獭皮马褂 11—12 万件。① 到 1920 年代,邢台每年输出羊毛 224 万斤,皮袄 10 万件以上,各种羊皮 1000 余吨,牛马驴骡等皮各 1 万张以上。② 邢台输出的皮毛货品,除部分销往山东、河南、江西、北京、江苏等地外,很大一部经由天津各洋行转输外洋,是天津出口皮毛的主要货源地之一。

皮毛业的发展带动了邢台其他行业的兴盛。因为皮毛并不主要产于本地,多是由本地人利用农闲时间,带上本地产土布和杂货,长途跋涉到陕、甘、晋、绥等地换回大量皮毛。"皮毛贩子在皮毛店借上款子,到布店买上土布出去交换皮毛。皮毛店为了吸收小贩,更为了发展业务,便也兼营起土布来了,经营形式约有数种,有的是分出资本联号经营,有的是由皮行股东筹资另设布店,有的是由皮行经理和皮毛贩子合伙经营,所以许多皮毛行店后院都带有土布店。这样,小贩出发时,就贷他土布就行了(除土布外还需贷一部分款),布价比市价稍高,但可赊欠,贩回皮毛卖出后再付款。"皮毛店兼营布店,也为邢台土布业的兴盛提供了人力、物力、财力的支持,土布成为西北皮毛的主要交换品,据统计,在皮毛业最盛时期,由皮毛小贩外运用于交换皮毛的土布占邢台土布总销售量的 92.2%,皮毛业与土布业的相依关系可见一斑。③ 邢台的

---

① 《津档》(1903—1911)上,第 1000 页。

② 《邢台县之经济状况》,《中外经济周刊》1926 年第 91 号。

③ 邢台市档案馆藏:太行行署研究室编《邢台土布业调查研究初稿》1946年 10 月 5 日。

皮行实际上是一种投资与承购机构。到各地买皮的小贩多为农民,他们借皮行的钱,出 1—2 分利息,买回皮毛卖给债主,给债主再出 3% 的佣钱。邢台周围经营皮贩生意的农民约有 1 万人,对皮毛加工制作的熟皮工人约有 3000 人,除一部分在皮毛作坊外,大部分散居城乡,即使以农为主的乡民,也以皮毛业作为重要的家庭副业。①

辛集皮毛业久负盛名。到清朝中叶,辛集逐步发展成为全国著名的皮毛贸易中心。乾隆年间,辛集镇已经相当繁荣,"绵亘往来五六里,货广人绸。坐贾行商,往来如织。"②1784 年,山西会馆所立碑文描绘当时的辛集为"畿辅金镇,商贾之集……营业之盛,除津汉外推巨擘焉。"此时在辛集镇集散的货物中皮毛已占主导地位。③

辛集皮毛业的繁盛时期是在 19 世纪末到 20 世纪 30 年代"七·七事变"前。光绪三十一年(1905 年)《束鹿县志》记载,"辛集一区,素号商埠,皮毛二行,南北互易,远至数千里。"④1920 年代到 1930 年代初达到鼎盛,逐步形成了完整的皮毛生产体系和购销体系,带动了各个行业的发展,刺激了周围乡村的专业化生产。据 1946 年《辛集皮毛业集销调查》和 1948 年《辛集皮毛业调查资料》,1920—1937 年七七事变前,辛集镇专营皮毛行店、作坊总计 394 家,从业人员 10902 人;在附近村庄还有 1000 余家作为副业

---

① 魏宏运主编:《二十世纪三四十年代太行山地区社会调查与研究》,人民出版社 2003 年版,第 276 页。
② 乾隆《束鹿县志》。
③ 《河北城市发展史》,第 396 页。
④ 光绪《束鹿县志》。

经营,连经营者与工人合计约有 3 万余人。① 城北的冯方碑、杨方碑、温方碑、支方碑四个村庄专为皮毛业打制剪毛剪皮用的大剪刀,坚固耐用,至今誉满全国,成为一大绝技。城东留双营村发展了屠宰业,各家各户常年杀牛宰羊。这个传统至今绵延不断。②

中国北方各省、市几乎都为辛集提供皮毛原料,如山东济宁、阳谷、范县;河南郑州、许昌、洛阳、开封、郸城集、扁家口;陕西榆林、西安;安徽蚌埠、亳州、南宿;山西榆次、太谷、交城、绛州、寿阳、太原;绥远包头、归绥(今呼和浩特市);察哈尔张家口、多伦;甘肃兰州、天水;宁夏银川;新疆迪化(今乌鲁木齐市)、伊犁;以及河北省的顺德、大名和邻近的各州、县,都向辛集贩运皮毛原料。由于货源宽广,辛集镇每年收购的皮毛原料数量都很大。据不完全统计,1933 年辛集镇收集的皮毛原料品种和数量为:牛皮 133000张、牛犊皮 75000 张、细毛羊皮 350000 张、山羊皮 10000 张、粗毛羊皮 30000 张、骡、马、驴皮 265000 张、水牛皮 15000 张、滩羊皮3000 张、紫羔皮 3000 张、山羊板皮 155000 张、羔子皮 500000 张,另有狗皮、狐皮、兔皮、猫皮等杂皮。毛类有马鬃毛 175000 斤、猪鬃毛 53000 斤、羊毛 225000 斤。

辛集镇的皮毛、皮革制造业如毡业、白皮业、鞋皮业、鞭子业、车马挽具业等,随着技术的不断提高,产量也逐年增加。据七七事变前统计,辛集镇大宗皮毛、皮革产品的年产量为,毡业行产绒片大毡 60000 条、毛绒 3000 斤、大毡鞋坤毡鞋 35000 双;白皮行业产白皮 105000 件、羔子皮 1200 件、山羊皮 12000 件、条皮 3000 件;

①　辛集市档案馆藏:《辛集市皮毛业集销调查》(1946 年),《辛集市建国前工商业档案文件汇编》第 1 集;《辛集市皮毛业调查资料》(1948 年),《辛集市建国前工商业档案文件汇编》第 2 集(上)。
②　《河北城市发展史》,第 401 页。

鞋皮行业产黑鞋皮 8000 张、绿鞋皮 2000 张；鞭子行业所产品种较多，如鞭梢 40000 把、鞭头 48000 个、鞭把 72000 根、对口皮条 36000 斤、搭腰后鞦 6000 件等。①

由于辛集镇皮毛产品精良，不仅国内畅销，而且是国际市场上的热门货，远销日、俄、德、美、英、法、葡萄牙、比利时、丹麦、挪威、香港等国家和地区。

其他许多具有浓郁地方特色的手工业品得到进一步开发，如苇席编织业、迁安的造纸业、安平的罗、固安柳编、杨柳青的年画等。

固安商会成立后下设柳器同业行会，积极推动柳编业的发展。进入民国以来，先后设立杞柳公司、胜大公司，还有经销柳货的店铺 15 家之多，城南关出现了专门的柳器交易市场。柳器种类繁多、色彩斑斓，不仅畅销于北京、天津、张家口、上海、沈阳、大连、营口、四平等地，而且漂洋过海销于日本和朝鲜。

苇席编织业也是近代河北比较发达的农村工业。白洋淀产区的苇席，早在道光年间即已大批运销关东，"四方与贩之客皆以此为生涯"，白洋淀附近，"家家以织席为业，人人以卖席治生……四时不断织席。"②河北的苇席生产总额缺乏完整的统计。据 1928 年《河北省省政统计概要》家庭手工业分类统计可知，河北省有 38 个县产苇席，其中年产超过 10 万领的县份有玉田 89 万领、邢台 84.3 万领、遵化 70 万领、大城 61.2 万领、丰润 55 万领、静海 40 万

---

① 辛集市档案馆：《辛集市皮毛业集销调查》(1946 年)，《辛集市建国前工商业档案文件汇编》第 1 集；《辛集市皮毛业调查资料》(1948 年)，《辛集市建国前工商业档案文件汇编》第 2 集(上)。

② 道光《安州志》，民生。

领、安新 30 万领、定县 21.8 万领、清苑 20 万领、内邱 10 万领。①
河北所产苇席除行销本省外,主要销往北平、天津和东三省,销往
东三省的苇席多以天津为中转地。苇席业作为重要的家庭手工
业,对于当地农民的生活意义非常。如静海县"男女农民皆能工
作,无恒产者借此(苇席业)以糊口。"②石家庄郊区一部分农民,
以织苇席为生,数口之家,二人织席即能维持生活。③

　　再如保定酱业历史悠久,清朝末年,保定有酱园 20 户,大缸 1
万口,从业人员 160 人,年产面酱 160 万斤,酱菜 200 万斤,除供应
本市外,有少量产品供应附近郊县。1919 年以后,由酱业巨子陈
赓畲、赵仲芸、方绍棠等人先后主持保定商会工作近 10 年,各业均
有较快地恢复和发展,尤其是传统酱业发展更快。至 1924 年,酱
园发展到 40 多户,大缸 2 万口,从业人员 300 多人,年产面酱达
320 万斤,酱菜 400 万斤,翻了一番,而且花样品种增加到 80 余
种,质量提高,形成了具有独特风味的保定酱菜,驰名中外。

　　酱业主要原料为蔬菜、粮食(小麦、小米、黄豆等),酱业的发
展有力地带动了商业性农业的发展,如东郊区蔡庄一带产的春不
老、紫萝卜、荸荠萝卜;西郊区崔闸、郝庄产的大萝卜;罗侯村产的
甘露、银条;清苑县毕庄、路庄、聂庄产的柿青椒;南大园产的莴笋、
苤蓝、小萝卜;满城县殿庄产的紫皮六瓣大蒜等,都是各酱园订购
的产品,成为保定酱园的优质菜料产地④。

---

①　1928 年《河北省省政统计概要》。
②　《经济半月刊》第 2 卷第 8 期。
③　天津《益世报》1936 年 5 月 15 日。
④　晓舟、恩厚:《保定酱业的发展》,《河北文史集粹·经济卷》;《保定商
会》,《河北文史集粹·工商卷》。

(二)改善投资环境,拓宽融资渠道

美国经济学家纳克斯认为资本稀缺是影响不发达地区经济增长的关键。[1] 这种情况在河北广大农村更为突出。如曾经闻名一时的高阳棉织区,包括高阳、蠡县、安新、任丘等县份的大部以及清苑、肃宁、河间的一部分,东西长约90公里,南北宽约50公里,包括500多个大小村庄,人口约50万人。这一区域位于河北平原的中部地势平洼,河流交错,是有名的"十年九涝"的重灾区。其中高阳县境更是重中之重。高阳的钱粮业在清光绪后半期(约1890—1908年)虽然积累了一定的资本,66家商号经营的借贷资本额达18万余元,每家的流动资金自12 500元至75 000元不等,[2]但是这与织布业迅速发展所需的巨额资金仍相去甚远。高阳的几十家布线庄以少至几千元,多不过数万元的资本,经营十数万元乃至数十万元的布线生意,究其根底,在于高阳布区有着良好投资环境,土布业呈现出勃勃生机,销路极佳,利润丰厚,再加上高阳商人良好的信誉,为布线庄拓宽了融资渠道,缓解了"资本稀缺"问题。

为了促进高阳布业的发展,高阳商会积极为外地商人提供便利,使他们在高阳设庄办厂有利可图。当时在高阳的外地商人主要有保定布线庄在高阳的分号和工厂,还有山西帮、南宫冀州帮、祁州帮商人、安新商人、河间商人,甚至一些来自安平、蠡县、饶阳、大名的织布工人也集资在高阳乡村租赁房屋,置买织机,开设织布

---

① 刘再兴等编:《区域经济理论与方法》,中国物价出版社1996年版,第46页。

② 毕相辉:《高阳及宝坻两个棉织区在河北乡村棉织工业上之地位》,方显廷编:《中国经济研究》下册,商务印书馆(长沙)1938年版,第671页。

小工厂。他们在高阳经营,除与高阳商人一样缴纳低微的布捐外,无其他额外负担。商业资本的产业化运作对于盘活农村经济、繁荣高阳织布业确实起了很大作用。

(三)倡导技术革新,推动产业改进

乡村工业化必须因地制宜,选择适当的产业。利用本地传统产业,走传统产业改造的道路,成为各地商会的首选。如高阳的土布业、辛集的皮毛业、彭城的陶瓷业等,就是在充分发挥自身原料丰富、劳动力价格低廉等优势,改造传统产业的基础上发展起来的,形成了各具特色的专业化生产区域,给予乡村工业持续发展的动力。

自 20 世纪初开始,农村工业生产中陆续从国外引进了一些效率较高的工具,如铁轮织布机、轧花机、弹花机、针织机等,这些工具使生产效率成倍以至成数倍地增长。商会在引进和推广这些先进的生产工具方面起了重要作用。高阳土布业的发展最具有典型意义。

高阳商会成立后,首先“提倡纺织,研究改良土布。”会员们认识到土布不敌洋布、出售不利的原因,主要在于生产设备落后、工艺不精、布质粗糙。因此,商会甫一成立,立即派人往天津各工厂调查纺织工艺,结果认为“惟人力木轮机大可仿行”,于是购回数台,在本地“选择良工巧匠仿造,分发织布各村,提倡改织宽面土布,推行日广”,到 1908 年 3 月,“机器约有数千架,日出土布数千匹。”[1]这种木轮机结构如何,不得而知,据史建云估计,大约是拉梭机,相比于旧式投梭机无疑是一个改进。投梭机结构简陋,生产

---

① 《津档》(1903—1911)上,第 220 页。

效率低下，只能织幅宽 1 尺左右的窄面土布，一机一日不过织 20
尺左右，是中国农村数百年来一直使用的一种手工工具。拉梭机
将梭子的运动由双手投接改为一手拉绳，一手握纬杆打纬，突破了
双手互相投接时力量和距离的限度，使生产效率提高了一倍以上，
布幅亦加宽到 2 尺有余①。使用木轮机以后，所织"宽面洋布，较
前所织之布工精数倍，销售日见起色。"②但是高阳商会经过"悉心
考查"，发现"究竟木机力短，布质不及外洋精密"。于是商会再次
派人赴天津调查，了解到日本产铁轮机"灵巧式样，梭杆便利"③。
随即"派人赴天津日商田村洋行，学习织布。"④并集资向日商洋行
购买铁轮机数架，"劝导商民改用铁轮机，并劝设工厂，以期推广
各种土布，精益求精，布质与外洋相仿。"⑤

　　所谓铁轮机实际上是一种足踏机，以双足踏动织机下面的踏
板，借机械传动于各部而自行织布的铁木合制机。"它利用飞轮、
齿轮、杠杆等机械原理，将开口、投梭、打纬、卷布、送经五种运动的
机构，相互牵联，形成一个整体，由足踏板来做总发动机关，各部随
之自行工作。"它克服了高阳农家长期使用的各种木织机的种种
局限，诸如投梭时不能同时打纬，打纬时不能移综，卷布时必须停
止打纬等，正如严中平先生所说："铁轮机的装置，就是专为这些
缺点而设计的。铁轮机是用人力发动的织机之最完美的构造。"⑥

---

① 从瀚香：《近代冀鲁豫乡村》，第 358—359 页。
② 宋美云整理：《高阳土布档案选》，《近代史资料》总 74 号，第 77 页。
③ 宋美云整理：《高阳土布档案选》，《近代史资料》总 74 号，第 222—225
页。
④ 彭泽益编：《中国近代手工业史资料》（1840—1949）第 2 卷，第 412—413
页。
⑤ 《津档》（1903—1911）上，第 225 页。
⑥ 严中平：《中国棉纺织史稿》，第 26—27 页。

铁轮机比木机效率高出数倍,一分钟能打纬 120 根以上,以机纱为原料,每日可织布 80—120 尺,布幅可加宽至 2.7—3.5 尺之间,其外观和质量都已接近洋布。

1909 年,商会多次召集商人开会,劝导商人购进铁轮机,建立织布工厂,"为织纺之模范,民间观摩鼓舞,相资提倡"①,随即商会议员杨木森自筹资本一万元,在高阳城西北十五里许,安新县南边坞村设立独资工厂,即直隶蚨丰纺织工厂,置机 40 余张,招收工人织布。但不久便出现了许多弊端,经营管理也颇感困难,不得不于宣统末年停闭。设立织布工厂组织生产的尝试以失败告终。面对这种状况,商会迅速调整思路,"联合各布庄筹集资金,向天津购买大批织机,规定贷机并领纱布之办法。凡熟悉织布新法而无资本者,均可托其村中素有信用之殷实住户,向布庄担保,先交机价一半,领取织机与棉纱,从事织布,下余之一半机价,候织出布后,以其所应得之手工扣抵。"②并"由各商购进本国线纸,令织户按斤领线,每集按斤交布,按市价给予手工。"③这就是后来在高阳织布区流行的"撒机制"。

实行"撒机制",使"贫户不用资本而能纺织,各商收布不用担负而有售主,商民一体,风气渐开,民皆鼓舞。"④铁轮机得到迅速推广。一台铁轮机一年可获利 200 吊,比常年一个农业劳动力收入高 10 倍,大利所在,趋之若鹜。大约在 1915 年前后,高阳织布区内的老式木机全部被铁轮机代替。人们都想买织机来织布,有一家购置二三架的,也有几个人合买一架的。1915 年这种平面铁

---

① 《津档》(1903—1911)上,第 222 页。
② 《中国近代手工业史资料》(1840—1949)第 2 卷,第 412 页。
③ 《津档》(1903—1911)上,第 227 页。
④ 《津档》(1903—1911)上,第 227 页。

轮织机在高阳布区约 5600 余架,至 1920 年仅 5 年时间便增至 21000 架,1926 年铁轮机更高达 27632 架①,织工超过 5 万人,每年消费用棉纱 10 万多包,产布 400 多万匹,布匹品种也从单一的窄面布扩展到可仿制各色宽面洋布。

"洋纱铁机的输入,打破了高阳布几百年来缓慢而平稳发展的格局,使高阳布的生产和销售跨进到一个新时代。它不仅使高阳布的生产,由原来的家庭副业性质跃升为织布手工业,而且使其迅猛发展,以致出现了一个高阳布业上空前的繁荣时期。"②高阳商会的积极策划和商界中人的身体力行,逐步把当地织布业引上了工业化和商品化道路,启动了传统产业向近代产业的转型。

从生产力角度来看,铁轮机由于自身的特性,实际上已不再是手工工具,而成为机器,它摆脱了"工人的手工工具所受人体器官的限制,将所有织布工序相互牵连成一个整体",使之不再是人的工具,"而是一个机构的工具。"③虽然铁轮机还是以人力为动力,但这并不能改变问题的实质。高阳织布业已完全脱离了手工业的范畴,变成了乡村工业。这是商会给高阳织布业带来的一个质的飞跃。

科学技术的发展必然引起生产工艺过程的变革,相应地也要求对生产过程进行一种自觉的控制、协调和组织,这就导致了高阳近代织布业生产管理机制的产生。高阳商会始终坚持对商人和织户的引导、鼓励,逐渐形成了一套完善的激励机制。高阳商会在积极引进推广新式织机的同时,高度重视改进工艺,提高布匹质量。

---

① 河北大学地方史研究室、高阳县政协编著:《高阳织布业简史》,第 15—16 页。

② 高河:《高阳织布业概述》,《保定文史资料选辑》第 2 辑,第 167 页。

③ 马克思:《资本论》第 1 卷,人民出版社 1975 年版,第 13 页。

光绪三十二年(1906)高阳商会设立了工艺研究所,旨在讲求工艺,"随时考究",鼓励织工提高产品质量,不断开发新技术与新品种,推动织布业向前发展。具体办法如下:

1. 研究所随时派员下乡调查,如有织工精密,别出心裁者,注册登记,以资鼓励,而期进化。

2. 仿照劝工陈列所品评办法,凡新出布货,送所研究,品评优劣。令各商家收布时"另册存记,注明机户姓名,在名侧填注布质。"每月朔望召集商人各携收布账册到所,会同调查织业员、各商会议员、职业工艺人等,"齐集商会、研究所,讨论各项织工,品评布质,考核经纬用线码数,特别新样,比较优胜,以定等级。"①工艺研究所明定了考验等级(分最优等、优等、中等三种)及其标准,依等给予一两银牌、七钱银牌、五钱银牌的奖励。如"织工精巧,布质洁白匀密,斤两充足,或者特别新样超出异常者,为最优等。"②得五次最优等者,另颁名誉品以示鼓励。

3. 每生产出新的品种,工艺研究所必通过商会将之送往天津考工厂参加考评。光绪三十四年(1908)七月,高阳商会会长韩伟卿特选送新生产的宽面洋布参加直隶工艺总局的第四次招考,被评为正品。奖评语为:"组织既密,价格亦廉。且查原料均系中国土产,用(因)塞漏卮,此为正品。"③劝业道孙多森在批文中写道:"该县织业发达,甲于畿疆,该分会呈品尤复细密平匀,颇堪适用,宜其行销远近,遍受欢迎,合亟褒扬,以昭激劝。"④

4. 组织产品参加各种展览会。宣统元年(1909)十一月,天津

① 《津档》(1903—1911)上,第241页。

② 《津档》(1903—1911)上,第233页。

③ 《津档》(1903—1911)上,第1317页。

④ 宋美云:《高阳土布档案选》,《近代史资料》总74号,第82页。

商会与直隶工艺总局为筹备参加南洋赛会开办劝工展览会,在参赛的 12110 件展品中,高阳商会选送的土布荣获"优等第一金奖。"①此后高阳商会多次携土布参加各种形式的展览会,使"高阳土布"名声远播。

　　正是受惠于这种激励机制,寓管理于激励之中,高阳布才能瞄准市场,不断推陈出新,相继生产出名目繁多、质量上乘的产品,推动高阳织布业连续出现三次兴盛。见表 12:

表 12　高阳织布业发展简表

发展阶段	时间	生产工艺	产品种类	销路
传统织布业	明至清末	土纱木机	窄面土布	主要供应当地消费
第一次兴盛	1915~1920	洋纱铁机	宽面粗白布、细白布、爱国布、电光布、褥面布、被面布、床单布、条子布、袍料、线毯等,打破了高阳织布业只能织白布的局面。	外庄分布全国 11 个省34 个市县。
第二次兴盛	1926~1929	人造丝、提花机引进推广,人造丝浆经法传入	在传统产品外,新增色布、条格布、麻布,仅提花麻布就有葛、绸、缎、绨、罗纺等 5 大类上百个品种。	高阳布的销售市场开始向黄河以南和长江中下游地域扩展,甚至伸延到西南和西北少数民族地区,高阳布商标已遍及全国各地。

①　《津档》(1903—1911)上,第 1318 页。

发展阶段	时间	生产工艺	产品种类	销路
第三次兴盛	1934～1937	染整技术的改进,印花技术的引进与革新	印花麻布的兴盛	高阳布畅销全国,但1937年七·七事变后,高阳布业遭到严重摧残和破坏,从此一落千丈。

资料来源:高河:《七·七事变前的高阳织布业》,《河北文史集粹·经济卷》;《高阳织布业简史》。

生产工艺的不断革新和新产品的研制开发,为高阳布业的蓬勃发展注入了不竭的动力,使高阳布业在激烈的棉布市场竞争中脱颖而出,迭创佳绩,不仅为河北各县望尘莫及,就是与高阳并称为华北乡村工业中心的宝坻、山东潍县也自叹弗如。经过20余年的发展,到20世纪20年代末,高阳织布区变成了一个布匹织造与染轧深加工一体的、产供销一条龙的专业化的商品布生产区域,成为名副其实的"华北土布业的中心区"。著名的经济学家马歇尔说过,在这种区域,"行业的秘密已不成其为秘密了,而是像以往一样到处流传,孩子们在不知不觉中耳濡目染。出色的工艺自然出类拔萃,而工具、工艺和生产组织管理方面的发明和改革的长处不胫而走。……尽管投入这一行业的单笔资本都不大,但在大规模生产同类产品的地区,有时仍获得很高水平"[1]。

高阳织布区正是马歇尔所说的这种经济区域,达到了区域规模经济效应,对于其他地区也起到了示范作用。除高阳织布区外,不少县份也在各地商会的主持或劝导下开始引进铁轮机进行织布

---

[1]　马歇尔:《经济学原理》,伦敦麦克米伦出版社1986年第8版,第225页。

生产。

1908年农工商部调查各地植棉纺织情形,顺德商务分会在牒复中称,顺德府属织布之处多,产棉之处少,如内丘、巨鹿、唐山、任县、南和、平乡等县,向以织布为生计。各县纺织品向系女工手制,所纺之纱精细不匀,织成之布自难精密,视洋布之滑泽柔软相逊甚远。光绪二十八年春,在天津了解到美商胜家公司手摇缝机,日商田村洋行轧棉、弹棉、纺纱、织布等机,甚为捷便,"遂定购三十余架,包送到顺,传授用法;又于郡市择地摆列,布告织纺村民来郡参观,并授以用机各法,以期改良进步,仿效推行。"继而任县、巨鹿以及邻村各属,仿造者有之,贩卖者有之,借兹风气渐开。即如巨鹿、任县、平乡,现在各设实业工厂,仿造木轮机器百余架,均织宽面洋布。①

1913年任丘县商会试办撒机定织改良细布,当地原以洋经土纬之粗布为手工业产品大宗,这种粗布只能作靴帽鞋里各色衣里,商会用撒机方法定织经纬全用洋纱的改良细布,线条加密,布面加宽,专做单夹棉各种衣料。不专设工厂,选择近村织工之工艺纯熟素有信用者,付与洋纱一包,定议织布几匹,每匹织价若干,交布付价,留备京省山西等处分销。任丘商会并提出:"此是商号自购洋纱提倡织工改良,以为将来获利之希望。现时撒机试办,借省设厂经费,而为织布人增添生计。此系撒机人与织布人定议价之交涉,织成布匹不在门市零售,不向全市销卖,实无纳税之余利,未便任包税人借端需索。"②

铁轮机的输入和机纱的推广,使直隶许多州县织布业商品化

---

① 《津档》(1903—1911)上,第1315页。
② 《津档》(1912—1928)3,第2688页。

生产获得了长足发展。小规模的手工织布业,在整个中国都具有相当重要的地位,据方显廷研究,手工织布业所生产的布匹,占中国国内布匹生产总额的五分之四。① 这种情况在生产棉花的直隶尤为突出,纺织土布是河北农家最普遍最主要的副业,有的农闲时兼业,有的则是常年专业从事纺织土布。

据 1928 年《河北省省政统计概要》家庭手工业的统计,从事土布、国布、粗布等纺织业的有 97 个县份,其中 96 个县以棉花、棉纱等基本原料从事纺织土布、国布等。生产布匹完全出售的 33 个县,出售额超过出产 60% 的县份有 87 个县。年产超 10 万匹的共 48 个县,有的县份年产超百万匹。其中高阳县 310 万匹,完县 150 万匹,宝坻 120 万匹,玉田 94 万匹,平山 80 万匹,唐县 80 万匹,曲周 70 万匹,内丘 60 万匹,吴桥 60 万匹,定县 56.2 万匹,任丘 55 万匹,行唐 50 万匹,任县 50 万匹,肥乡 50 万匹,濮阳 50 万匹,藁城 48 万匹,灵寿 42 万匹,威县 40 万匹,东明 40 万匹,广宗 40 万匹。定县织户共计 43500 家,纺线共计 26000 家。宝坻县从事土布生产的共有 9000 家,年产额 120 万匹中 110 万匹由收庄转运售于境外。② 1930 年代,河北曲阳等 43 县,经营纺织业的农户达 80%。③ 平山县邱陵村有农户 130 户,而冬季纺织者竟达 83%④。河北曲周,每年出产土布,值钱达 20 万元以上⑤。

著名的高阳织布区是以高阳为中心,包括清苑县的东南部、任丘县的西部、安新县的南乡和肃宁、蠡县的北部各乡村,面积 4000

---

① 方显廷:《中国之棉纺织业》,商务印书馆 1934 年版,第 275 页。
② 1928 年《民国十七年河北省省政统计概要》。
③ 天津《益世报》1937 年 5 月 29 日。
④ 《中国经济》第 5 卷第 7 期,第 106 页。
⑤ 《农村副业》第 1 卷第 3 号,第 35 页。

平方公里，人口 43 万多。① 1929 年，该区消耗棉纱 320 万磅，人造丝 400 万磅，平面机 24900 架，提花机 4324 架，达到发展的最高峰。据河北省政府统计，1928 年，高阳织布区五县生产土布达 5498035 匹，占河北省土布总产量 23981805 匹的 23%。②

宝坻织布区，1923 年发展到全盛，其土布生产总量的 92% 远销全国 11 个省③。宝坻县土布业"为境内之唯一大量生产，且居华北工业中之重要地位。"④但是在光绪末年以前，乡民织布向用自制之掷梭布机，每机每日可出布 1 匹，即所谓十码水线布，其价每匹约售 1 元 5 角，当时斯业不甚发达，每村业此者不过十之一而已，每年计出布万余件，以新集镇较为发达，每日可织布三十匹，行销北口、赤峰、独石（俗称喇嘛庙）、平泉等地，黄庄较次，所织亦系十码水线布，宽约七寸二三，行销北口及山东德平等地。⑤ 光绪末年以后，至民国四五年，乡民织布渐改用铁轮机，每机每日可织布二匹，该项机器最早购自日本，后织大件者改用天津自制者，织小件者仍用日货。……布商永善堂提倡模仿长三十三尺，宽六寸五，重二斤半之高阳布式样，向各村织布家，定织长三十二三尺宽六寸五，重三斤之布，即所谓永机布，永机布大别有花条布、市布、斜纹布三种。在宝坻织布区，布商将棉纱交与织布家代织，其手工之计算法，"不以现金计算，凡织布一匹，付以棉纱若干缕或若干股，作为酬劳，盖即以有敷余之棉纱易定量之布也。……手工之多少，须

---

① 彭泽益《中国近代手工业史资料》第 3 卷，中华书局 1962 年版，第 754 页。
② 《民国十七年河北省省政统计概要》，《南开统计周报》1933 年 5 月 29 日。
③ 方显廷、毕相辉：《由宝坻手织工业观察工业制度之演变》，南开大学经济学院主编：《工业丛刊》，1936 年 1 月。
④ 《北宁铁路沿线经济调查报告》，第 1075 页。
⑤ 《北宁铁路沿线经济调查报告》，第 1076 页。

视成品之重量与手艺之粗细而定,无一定之标准也。"①民国六年以后,织布业大兴,全县一、四、五、八、九各区操是业者,为数尤多,每村织布家占五分之四,务农者占五分之一,其他各区亦有之,但为数较鲜,全县合计有铁轮机6000架以上,尤以新集镇及县城四郊为最盛,两处每年共产永机布约10万件,销本地价格,每匹2元有奇,销北口价格,每匹2元有余;大尺布约五六万件,销本地价格每匹2元5角,销东省每匹2元8角。土布主要销往东三省、热河、张家口、赤峰、宁夏、绥远等地。②

虽然直隶许多州县织布业商品化生产获得了极大发展,但除高阳、宝坻、饶阳等织布区外,多数地方的棉纺织业在生产关系方面并没有发生本质上的变化,原料、生产工具、制作品都由农家所有,没有产生任何形式的雇佣关系;纺织业仍与农业紧密结合在一起,尚未冲破传统的坚壳,仍是一种农家副业性质的生产。至于生产工具的使用情况,根据民国十七年(1928)《河北省工商统计》记载,当年全省89个有棉纺织业的县中,有13个县全用铁轮机,17个县兼用铁轮机和木机,使用传统木机的县份虽占优势,但效率低下,土布出产不多。

总之,直隶农村的传统织布业在资本主义外力冲击下,形成了多层次分解与多线条发展的格局,或被纳入资本主义生产的轨道,或转型为独立的专业化、集约化商品生产;而占优势地位的是继续保留、恢复与发展普及着传统的生产形式,充分展现了历史的丰富性。

再如彭城陶瓷业。彭城陶瓷业源远流长,是闻名全国的磁州

---

① 《北宁铁路沿线经济调查报告》,第1076页。
② 《北宁铁路沿线经济调查报告》,第1076—1078页。

窑系的主要产地之一。宋代,彭城已成为磁州西部以烧制瓷器闻名遐迩的大镇。元明时期,彭城瓷业不管是官窑还是民窑都得到很大发展,奠定了彭城作为北方瓷都的基础。清康熙至乾隆年间,彭城瓷业空前繁荣,窑场约有 200 余座,窑体也由小改大,产量居全国第一。近代以来,随着外国资本的入侵,洋瓷倾销,彭城瓷业也受到很大影响,许多窑场被迫歇业,艺人纷纷改行,技艺失传。到清末民初,彭城瓷窑减至 130 座,其中开工营业仅数十座,工人约千人,产品仅是一些大路货。①

彭城镇商会创办伊始就着手振兴瓷业,成立瓷业试验场。经商会集议,将瓷行每年演戏用费,由行董与各商筹划,作为瓷业试验场经费,以归有用。② 瓷业试验场的设立,“专为改良土货,扩充瓷业起见。凡瓷行中人,均可按照本厂试验时入内观览,互相比较,详其土地之出产,究其制造之精粗,庶于瓷业界上大有裨益。”提倡在会诸员“各出心裁研究至义”。采买本处外境各种质料,加以研究,预作改良基础。力求精造,以广销路。商会还准备筹集巨款,选派人员赴江西、福建、日本等地考察瓷业,“而资仿效”③。

在彭城商会的整顿下,彭城瓷业有了一定起色,第一次世界大战期间,彭城民窑经过长期萧条后获得迅猛发展。到 1923 年前后,民窑激增到 235 座,其中砂器窑和巧货窑 40 座,缸窑 35 座,碗窑 160 座,年产陶瓷一亿多件,总产值达 150 多万元。直接和间接从事陶瓷生产的各类工人约 9000 人,其中直接烧制陶瓷的工人5000 多人,瓷土矿工 900 多人,运土、运瓷的小车工 3000 多人。

---

① 《邯郸陶瓷志》,1990 年编,第 8 页。
② 《津档》(1903—1911)上,第 197 页。
③ 《津档》(1903—1911)上,第 196—201 页。

到 1929 年前后,连同义井、拔剑一带的砂器窑,彭城瓷窑总数增至近 300 座。①

关于 20 世纪二三十年代彭城的繁荣景象当时有如下记载:"窑场麇集于彭城之四周,窑顶林立,场屋相连,所占地面积纵横约二十余平方里,中间市廛连亘,瓷店林立,每日送瓷运料之人力车,首尾衔接,鱼贯穿插,市无隙地。窑场之中则轴声辘辘,坯器杂列,各部工人尤觉寂静而匆忙。窑场之外,残瓦碎砾(炉渣)堆积如山,常高出地面二十公尺以上。弃缸废笼,壁砌巷排,路之为隘,四郊则矿井相望,运料之人力车及驮运燃料瓷釉之牲畜,络绎于途。彭城纸坊间为成品出境之咽喉。客商往还,尤觉车马凡置。故一至其地者即见尘沙飞扬,煤烟蔽空,而知为一旧式工业之中心也。"《磁县志》对当时盛况描写道:"瓷器产于县境之彭城镇,由宋及今相沿以久,窑场麇集,瓷店森列,所占面积纵横二十余平方里。四郊则矿井相望,废物堆积如山,市中则烟云蔽空,沙尘飞扬扑面,而运送原料、瓷器、燃料以及客商装货的人畜车辆此来彼往,犹有肩毂相摩,街镇巷溢之感,诚吾县唯一之工业重镇也。"②到处呈现出一派繁荣景象。

(四)兴办实业教育,培养新型人才

随着中外往来的不断深入,中国工商业者也开始认识到,商学不兴是商战败北,利源外泄的本由。他们认为,"洋货所以畅销我国之故,不外制造精美。其所以制造精美者,上则政府为之提倡,

---

① 魏宏运主编:《二十世纪三四十年代太行山地区社会调查与研究》,人民出版社 2003 年版,第 379—480 页。

② 《峰峰志》,新华出版社 1996 年版,第 355 页。

不惜巨资;下则商民专心研究,不遗余力,广兴教育,以培养人才。"①并指出"窃查商业实富国之本,人才为商业之要。"所以"商战实以学战,培养商界后进,洵根本之要图也。"②

正是基于这些认识,津冀各地商会把兴办商学、开启商智,列为商会活动的重要内容。鼓励和倡导设立各种实业学堂是各地商会开启商智的首要举措。新政时期逐渐形成了政府、商会和私人共同兴办实业教育的格局。清政府采取的一系列振商措施,有利于兴商学之风的普及。在政府支持和商会倡导下,直隶的实业教育居于全国先列,不少实业家和商人捐资办学,直隶兴办实业教育蔚然成风。各地商会的兴学活动在开启商智、培育专门人才方面发挥了一定作用。其中高阳商会在兴办实业教育方面成效显著,为高阳织布业的持续兴盛注入不竭的动力。关于商会兴办实业教育将在后面章节中专门论述。

(五)居间沟通协调,争取政策支持

清末民国时期,税关厘卡林立,对商家课税极重。如高阳商会为了保护自己一手缔造的事业,与官方进行了大量交涉,力争裁厘减税。光绪三十四年六月,高阳商会总理韩伟卿牒呈天津总商会:"现在纺织得利,日见起色,高阳合属改织宽面洋布,统计日出数百匹,月计万余匹,若不设法疏通销路,一若积聚,大有关碍。商民远近招徕,贩客接踵而至,发往布货以至古北口、张家口、津省、京通。诚恐经过地方各关卡厘税刁难,有碍销路。"高阳商会恳请天津商务总会"据情转详,并咨行税务处,应如何酌定厘税给予凭

照,畅疏销路而保商民。"①对此,农商部批示"咨行税务大臣酌核办理"②。宣统元年二月,高阳商会为提倡土布、广开销路,再次牒呈天津商会禀请划一纳税,改变"土布征税无定"的局面,终于为高阳土布争取到"每匹九丈按五分纳税,每匹五丈按二分五厘纳税"的优惠税率③。再如 1924 年,高阳遭受水灾,棉纱涨价,天津税局也趁机对高阳棉布征收"二五"附加税,这样每块棉纱多缴税款 2.5 元,高阳各商家多缴税金 2 万多元。时任直隶商会联合会会长的张造卿与高阳商会杨木森等人,直接与财政部交涉,坚持高阳为三等县,高阳土布实为土产品,只纳统税与出厂税,不需要再征二五附加税,打赢了这场官司,切实维护了商家利益。

　　玉田县林南仓镇设有席市,每遇集期,由乡民负席入市,商等直接向卖主议价,向来不设牙行。不料好景不长,开始征收席牙捐。玉田商会认为,苇席纯系土产芦苇,乡民妇孺老幼编织成席,贫民赖之以餬口。玉田地处洼下,十年九水,"贫民得免流离者,仅恃此为一线生机。"④全县席市唯林南仓一隅所独有,"实本镇商业之中枢,向来乡民入市售席,借以流通金融,素为本镇所深赖。倘此项牙纪事在必行,而外贩势必裹足不前,不特影响于贫民,且于市面金融殊多阻碍。"玉田县商会据此申述请予撤销席牙捐⑤。

　　在农村发生自然灾害时,商会通过组织商人运销灾区的手工业产品,同时要求税务部门减免灾区输出的手工业品税收,积极支持灾区恢复生产。其中最典型的例子是 1917 年直隶水灾后,商会

---

①　《高阳土布档案选》,《近代史资料》总 74 号,第 80 页。
②　天津档案馆藏:128—2—2261。
③　《高阳土布档案选》,《近代史资料》总 74 号,第 82—83 页。
④　《津档》(1912—1928)4,第 3851 页。
⑤　《津档》(1912—1928)4,第 3852 页。

与督办京畿一带水灾河工善后事宜处合作,实行保息贷纱。1917年 11 月 11 日,督办京畿一带水灾河工善后事宜处致天津总商会函提出:"高阳、河间、献县、肃宁等县均有专以织布为业者,向例织成以后由京津保三处布行收买运售。此次自经巨灾,商务停滞,既无定货之人,即无机织之户……请贵商会谆劝各布行照旧收买机户布匹,如因资本不充,可自向银行借贷,呈由本处酌量保息,并经商请直隶省长、京兆尹、财政部税务处,所有京津保三处布行贩运灾区复业各机户布匹者,由本处随时咨请特给护照一纸,经过关卡一律豁免厘税"①。

直隶商会联合会接到来函后,一面通告各县商会先行传知本境机户不要停业,一面召集会议核议办法,提出"近数年来各县织业之发达,颇有一日千里之观,其机织较多之处实不仅饶阳、高阳、河间、肃宁等县,如安新、任丘、蠡县、清苑、大庄等处亦类皆户有机声。又如迁安县属之造纸业、安新县属之织席业、安平县属之织马尾业,以省区计之,虽不敌机织之广,然在各该县属境内已占全境人口十分之八,似应并入一体维持。"会议并通过保息办法十条。

其主要内容有:督办京畿一带水灾河工善后事宜处为布商借款提供息六厘;凡收买灾区布匹,布商资本不足时,可自行向银行、银号及其他商号借款,或以商会名义向银行、银号及其他商号汇借,均须函由直隶商会联合会核实转请保息;灾区商会如不能自向银行、银号及其他商号汇借者,由直隶商会联合会函请善后事宜处酌核指定银行商借,除保息外,商会负完全偿还责任;布商及商会无论在银行、银号及其他商号借款,一经借妥,呈由直隶商会联合会核准,即函请善后事宜处先将保息照发,以昭信实;借款保息,本

---

① 《津档》(1912—1928)3,第 2577 页。

为灾区机户复业而设,故以布商为限。但如迁安县属之造纸业、安新县属之织席业、安平县属之织马尾业以及其他各县有与机户相等之职业,关系全县人民生计者,亦可呈由直隶商会联合会转请善后事宜处加入此次保息一并维持①。

善后事宜处对此章程作了修正,于 1918 年 1 月 13 日刊发。直隶商会联合会并制定了施行细则,强调此项借款是专为收买灾区所织土布之用,要求各县"召集布商开会共同协议,妥为分配,俾免垄断"。② 到同年 3 月,借款布商共 51 家,贷款总数银 54500 两(折 79025 元),洋 730412 元,合计 809437 元。月息在 9 厘到 1 分 5 厘之间,绝大部分为 1 分或 1 分 2 厘。除保息外,督办京畿一带水灾河工善后事宜处通过天津商会,向灾区高阳、饶阳、保定、天津、任丘、蠡县、宝坻、肃宁等县贷放 2750 包棉纱。③

(六)组织商品赛会,促进产品改良

在"振兴商务,首重劝工"④思想影响下,各地商会大兴劝奖竞争之风,积极组织并鼓励商界踊跃参与商品赛会。1907 年天津商务总会首次举办天后宫劝工会,以求"于比赛之中寓疏通之法"⑤。一月之内,远近客商,闻风趋至,报送货物共 298200 余件,"与未开办劝工会之先,销货顿增多数。各商受益,诚非浅鲜。"⑥1910 年,天津商会又集资 10 万元成立官商合办的直隶赞助品有限公司,征

---

① 《津档》(1912—1928)3,第 2578—2579 页。
② 《津档》(1912—1928)3,第 2582 页。
③ 《津档》(1912—1928)3,第 2591 页。
④ 《津档》(1903—1911)上,第 811 页。
⑤ 《津档》(1903—1911)上,第 809 页。
⑥ 《津档》(1903—1911)上,第 812 页。

集工商普通出品,组织参加了国内举办的南洋劝业会,"凡在工商不能自行赴赛者,由调查员调查明确,报告公司,分别办理,照章运赴南洋比赛。"①如高阳商会报送了 23 种物品赴南洋赛会,其中包括白布、皮袄、毛毡、毛毯、青汁绸等手工业品。② 1906 年清政府制订了《出洋赛会章程》,鼓励华商参加国际商品博览会,以便"用心比赛,取彼之长,补我之短,以图改良之计。"③各地商会积极响应,组织参加了巴达维亚中华货品陈列会。1911 年,在意大利都朗国际博览会上,中国出品获奖达 256 种,其中卓绝奖 4 名,超等奖 58 名,优等奖 79 名,金牌奖 65 名,银牌奖 60 名,铜牌奖 17 名,纪念奖 6 名④。

　　当时各种各样的国货展览会、实业展览会等,一般都委托商会办理劝募出品事务,送交商会组织参展。如天津商会为组织货品参加第一次国货展览会,专门召集工场商董事研究劝导征品办法,送展经费由商会担负。⑤ 同时,天津商会还亲自组织国货展览会,并争取到会期内"所有售出之国货,在三十两以内援案免纳税厘"的优惠⑥。在各种商品赛会、展览会上,各地商会送展的产品仍以农副产品及工艺美术品居多,虽然也多少展出了一些处在起步阶段的机制工业品,体现了中国早期近代化运动所达到的水准。

　　在直隶省第一次工业观摩会(1922)得奖名录中,可以看到大量农村手工业产品,如沧县、青县、玉田、大城、南乐、清丰的白草帽

①　《津档》(1903—1911)上,第 869 页。
②　《津档》(1903—1911)上,第 871—872 页。
③　《商部新订出洋赛会章程》,《东方杂志》第 3 卷第 3 期。
④　《意大利会场之中国出品》,《东方杂志》第 8 卷第 10 期。
⑤　《津档》(1912—1928)3,第 3029 页。
⑥　《津档》(1912—1928)3,第 3050 页。

鞣;安新县的苇席;迁安、宁津、抚宁县的桑条器;青县、景县、滦县、静海、大名、雄县、曲周、冀县、赵县、东光、藁城、怀安等县的粉条和粉皮;博野的甘薯粉;赤县、怀安的马铃薯粉;故城、高邑、山西、清苑、藁城、衡水、冀县的挂面;新安、徐水、定县、容城、唐县、望都、延庆、涞水、元氏、衡水、临榆、大城、临城、邢台、大名的烧酒;昌黎、山海关、曲周的玫瑰露酒;宣化的葡萄酒;博野、昌黎、临城、高邑的芝麻油;任县、宁晋、新乐、故城、博野、静海的花生油;故城、宁津的豆油;完县、宁津、曲周、博野、满城、南通的棉子油;东光、鸡泽和乐亭的罗底。其中最多的是棉纺织品:高阳的白市布、提花被面、白标布、淡青斜纹呢、黑袍料布、提花线呢、元青线呢;博野的洋标布;沧县的粗细被面;赵县的白布;曲周的紫花棉线、被面;滦县的床巾;涿鹿的提花布衣料;乐亭的钱袋;故城的各色线袜;博野的土色布、洋标布、褡裢布、土布;迁安的黑爱国布;新城的白条布;南皮的白土布、紫花宽面布;定县的毛巾、素爱国布;清苑的素袍料;藁城的花格土布;获鹿的花线毯;冀县的黑腿带;广平的紫花布;雄县的干线布;完县的白格条布;玉田的白布、粗线褡裢;临榆的毛巾槟榔布;怀安的各色布;无极的京庄大布;清丰的土布、花被面、棉绸;肃宁的白布;栾城的爱国布;满城的紫花布;昌黎的格布、印花布、紫花布、土布;沙河的线毯衣包;大城、冀县的土布;南和的花被面;怀来的白标布;大名的白粗布;安平的毛巾;交河的方格布;邢台的粗布;平山的手巾;元氏的线腿带等等。其他纺织品则有束鹿的栽绒椅垫;任县的素汴绸;邢台的羊毛毯、顺绸及黑丝腿带;长垣的窗纱、帐料、蓝绸;束鹿的织绒;遵化的栽绒毯;易县的易缎易绉;赞皇的丝腰带;安国的白练绸;磁县的丝带等。[①] 这些农村工业品的参

---

① 《津档》(1912—1928)3,第 3068—3078 页。

展及获奖,无疑对它们的生产和销售都起了促进作用。

物产展览会、国货展览会、商品赛会均把研究缺点,促进改良作为宗旨,"查商品陈列所之设,所以萃全国天产人工各品于一堂,比较其良窳,衡量其优劣,而据以为研究改良扩充销场之地也。"[1]通过举办各种形式的商品赛会,各地优良产品聚集一堂,方便了人们生产经验和技术的切磋交流,有利于中国工艺水平技术的提高。商品赛会为各地商品提供了一个比较与竞争的舞台,对于提高产品知名度、拓宽销路、缓解各种产品的积压,促进更大范围内的商品流通发挥了一定作用。当时人们对各种展览、赛会的认识日渐深刻,"若论及展览之利益,则可以谋销路之扩张,可以促制造之进步,可以增输出之信用,可以杜舶品之混淆,何者供给缺乏可以设法补充,何者生产过剩可以酌加限制。"[2]

商品赛会加深了民众对现代工商业的了解,开通了社会风气,一定程度地促使了传统文化与价值观念的转变。在 20 世纪前的中国,由于长期受重农抑商政策的影响,社会上普遍存在着歧视工商业的观念,这是近代工商业发展的一个巨大障碍。因此,中国举办商品赛会的一个主要任务即在于"引起国民注意实业"[3]。通过对商品赛会的宣传和筹备,重商观念得以深入人心。在商品赛会的活动中,人们目睹了陈列中的先进设备和优良产品,眼界大开,促使了人们加深对工商业的了解,知识水平得以提高,所谓"一日观会,胜于十年就学"[4]。民众观念"经此一番考较,皆幡然改进,

---

① 《津档》(1912—1928)3,第 3025 页。
② 《津档》(1912—1928)3,第 3026 页。
③ 《东方杂志·奏牍》第 7 卷第 7 期。
④ 《东方杂志·奏牍》第 8 卷第 4 期。

致力于实业一门,一扫以前高贵、典雅之习"①。

正是在赛会上,中国"贵义贱利"传统价值观的弊端暴露无遗。因为在"重义理轻艺事"的空泛价值观的指导下,中国不仅难以发展新式机器工业,就连固有的国粹也是每况愈下。从赛会展品比较可以看出,我国工商业已处于"或灭或兴"的危急关头。在日趋激烈的"商战"中,有识之士惊呼,"当此生计竞争时代,吾华实业,不幸而堕后尘,不乘此时疾起直追,则国民生机日蹙,而后来之惨状将不忍言也。"②面对外国机器大工业,要想夺回失去的市场并开辟新的市场,就必须改良工艺,生产出物美价廉的商品,与外国机制品相竞争。"竞争者,实为立国之基础,而挽回国势之要务也","有比较然后有竞争,有竞争然后存进步。"③各种商品赛会所体现的竞争意识已经同封建文化形态有着很大的不相容性,使传统文化中"知足"、"无争"的保守价值观失去了市场。人们在总结经验教训的同时,纷纷指出,美国兴实业,不过百年,日本兴实业,不满 50 年,就有卓越的成就,我们中国具有发展实业的许多有利条件,只要更新观念,从小处着手,下决心学习美国、日本,发挥中国原料丰富、工价低廉的优势,中国实业必然得到发展。民智的开通,对中国经济发展是一个长期的推动力量。

三、乡村工业发展的社会效应

(一)部分地起到了进口替代、挽回利权的作用

在近代城市工业势单力薄的情况下,乡村手工业的调整与发

---

① 《申报》1910 年 11 月 2 日。
② 《津档》(1903—1911)上,第 875 页。
③ 乔志强:《清末民族资产阶级初探》,《山西大学学报》1995 年第 4 期。

展,不同程度的抵制了洋货的倾销,部分地起到了进口替代作用。如前述高阳布区手织业经过工艺改良,迅速成为华北农村英、日洋布的有力竞争者,1906、1907 年,天津进口的英国粗布为 11 万匹,1908 年减少了一半左右,此后直到 1911 年,一直停留在每年 5 万匹的水平上。1906 年自天津进口的日本洋布为 13.62 万匹,到1910 年下降到 2 万匹左右。在当时,日本人便把英日棉布进口下降的原因归之于高阳布业的兴起①。

　　如火柴业,进口火柴曾长期充斥中国市场。清末民初,河北火柴业逐渐发展起来。据统计,津冀地区投资万元以上的火柴厂有10 家,6 家在天津,泊镇、石家庄、清苑、滦县各 1 家。其中,泊镇永华火柴公司建于民国初年,当时该厂占地 12 亩,资金 10 余万元,职工 500 余人,年产火柴 4000 箱,年产值 20 万元。据《中国近代实业通志》记载,1920 年代末永华公司的产量已占河北省火柴总产量的 60%。到 30 年代中期,该厂已拥有主要设备 40 余部,职工最多达 800 余人,年产火柴 1800 余大箱。② 民族火柴业的发展,对于火柴进口起到了一定的替代作用。

　　再如草帽辫业在很长一段时间,中外贸易表现为外国商人从中国廉价收购草帽辫,在国外制成草帽后返销中国,转手之间获取巨额利润。在草帽辫业发展中,一个可喜的变化就是由单纯的原料输出、成品输入向"进口替代"演化,国内一些大中城市纷纷设立帽厂,引进国外先进技术,用机器生产草帽,物美价廉的国产草帽在市场上有力地排挤了进口草帽,并开始向外国出口。在草帽辫集中产区手工制帽厂蓬勃发展,如南乐县 20 年代末 30 年代初

---

① 《通商汇纂》第 45 号,明治 44 年(1911)8 月 5 日。
② 《河北城市发展史》,第 354 页。

有手工制帽厂 5000 家,年产草帽 60 万顶,消耗原料草帽辫 35 万斤,占全县草帽辫产量的 17.5%①;玉田县 20 年代末年产草帽135 万顶②。随着草帽需求量的剧增,城市机器帽厂和乡村手工帽厂蓬勃发展,国产草帽逐渐夺回了国内市场,并积极开拓国际市场。

(二)促进了近代民族工业的发展

中国早期工业化进程中,城乡手工业和民族机器工业长期并存的二元模式久为学术界关注。二元模式中既存在着竞争,也存在着互补,但互补构成两者间关系的主导面③。以直隶农村最主要的棉织业为例分析,这种互补互动主要体现在以下几个方面:

农村手织业的发展促进了机器纺纱业的发展。直隶农村手织业正是由于机纱的输入和铁轮机的推广而获得转机,蓬勃发展;而织布业的发展又构成了一个巨大的机纱市场,为民族机器纺纱业的大发展创造了条件。华北地区的纱厂,自 1909 年安阳广益纱厂开车起,到 1934 年的 25 年间,在天津、唐山、石家庄、宝坻、青岛、济南、安阳、武清、郑州等地共有 23 家纱厂开车生产,其中除青岛4 家日资纱厂外,其余 19 家都是由民族资本开办④。如果没有巨大的农村市场作依靠,华资纱厂是很难发展如此迅速的,同时进口洋纱直线下降,1913 年华北直接进口洋纱 42 万余担,1931 年便下

①　《1929 年河北省工商纪要》,《1931 年河北省实业统计》。
②　《工商半月刊》第 2 卷第 4 期。
③　彭南生:《中国早期工业化进程中的二元模式》,《史学月刊》2001 年第 1期,第 60 页。
④　严中平:《中国棉纺织史稿》,科学出版社 1963 年版,附录一,中国纱厂沿革表。

降到仅145担①。民族机纱业的发展在很大程度上实现了进口替代,而且国产机纱还有少量供出口。

农村手织业的产业改进促进了民族机器制造业的发展。引发农村织布业革命的铁轮机,最初都是从日本引进,由天津田村洋行输入。随着铁轮机在直隶农村的广泛使用,民族机器业也开始涉足足踏布机(铁轮机)市场。天津三条石几家最早的民族机器厂如金聚成铸铁厂、郭天成机器厂、春发泰、双聚公、永利祥、金盛德等都是靠制造织布机起家。其中郭天成机器厂生产的"郭天成牌"织布机,质量与进口织布机无异(该厂曾一度接受日本洋行订货,生产布机,打上日本商标,由洋行充作进口货卖出),价格比日本进口布机低得多,当时进口织机每台售价50元,而郭天成织机每台仅售16—17元,深受广大布商欢迎,行销高阳一带,年产织布机、轧花机一百四五十台,到1929年,天津织布机制造厂达15家,共生产织布机及其附件产品达5383件,销售值达126457元至170187元之间②。各厂除生产织布机外,主要产品还有轧布机、蒸布机、染布机以及弹花、轧花、打包机等。香河土布业所用"原料为棉纱,系天津或上海纱厂所制造者,均在天津购买。……纺织机器初用木机,后渐改用铁轮机,均系天津铁工厂制造。"③可以说,如果没有农村织布业的发展,也就不会有天津机器制造业的繁荣。

农村工业的兴盛,提高了农村的有效需求。农业经营要受土地数量的限制,在一定的生产力水平上,小农家庭完全依靠农

---

①　严中平:《中国棉纺织史稿》,第371页。

②　《史学月刊》2001年第1期,第65页。

③　《北宁铁路沿线经济调查报告》,第1050—1051页。

业要大幅度增加收入是比较困难的,在近代人口对土地形成巨大压力的情况下更是如此,而手工业生产所受的限制相对较少。农民通过家庭手工业生产提高收入的机会远远大于单纯从事农业。只有在家庭收入提高的基础上,农民才有能力消费更多的工业品,使工业品的农村市场不断扩大,从而促进近代民族工业的发展。

(三)增加了农民的收入,提高了农民的生活水平

农村手工业的兴盛,对于增加农民的家庭收入,维持、改善和提高农民的生活水平具有重要意义。虽然农作物种植业依然是农户不可缺少的生产活动,但在农家经济结构中的比例下降。例如,1924 年,宝坻织布区内织户每家依靠织布平均纯所得为 105.11 元,依靠农作物的净收入,佃农平均为 26.38 元,半自耕农为 86.62 元,也就是说,佃农的织布收入占总收入的 80%,半自耕农的织布收入占总收入的55%。①

高阳织布区 1932 年共计50793 人从事织布,据对 344 家织户的统计分析,"平均每家全年收入 152.91 元,织布工资 75.11 元,占 49.12%,自织布匹净利 45.69 元,占 29.82%,两项合计为 120.71 元,占 78.94%,而平均每户耕地净利仅 27.96 元,占 18.29%,副业及其他工艺收入 4.24 元,占 2.77%……织布在高阳织户经济地位上的重要,可见一斑。"②小王果庄是高阳布区一个典型的织布村庄,有 300 来户 1000 多人口,全村有一半以上人

---

① 方显廷、毕相辉:《由宝坻手织工业观察工业制度之演变》,《政治经济学报》第 4 卷第 2 期,第 301 页。
② 吴知:《高阳织布工业的一个研究》,第 140、142 页。

织布,该村织布业发展最兴盛时,全村共有提花机 300 多张,1 个织布工厂,3 个浆麻厂。小王果庄织户的生活水平普遍较高,"七·七事变"前,村里有日本进口的"僧帽牌"自行车 100 多辆,那时自行车在多数农村并不多见。不大的村子里有 3 家杂货铺、3 家肉铺、几家饭馆和 3 家烧鸡店。① 在高阳织布区织户雇工的工资也高于农业雇工,1930 年代初,织棉布雇工的年工资为 40—60 元不等,织人造丝的在 60 元以上,20 年代布业兴盛时,织棉布的雇工年工资可达 60—80 元,而同期农业雇工男性长工的年工资平均为 40 元左右。②

同样是 1932 年,在定县 453 村约 385500 人口中,从事家庭手工业的男女人数达 8 万余人,占总人口的 21%。家庭工业总值达4352496 元,其中棉纺织业生产总值为 2964608 元,纯利润达878341 元,这对于农民经济来说,是一项重要的补充。③

20 世纪初年以来,草帽辫在华北一些地方成为"农家无二之副业","妇女习之,虽足不出户,每月可得五六元至十余元之工资。"④草帽辫业在家庭经济生活中占有重要地位,当时"妇孺不能力作者以此为主业",⑤"寒苦人家即借此以生活。"⑥在重要的草帽辫产区南乐、清丰、观城一带,1920 年时,妇女织编草帽辫收入最高日值 1 元,这种收入水平是农业劳动无论如何也无法达到

---

① 《高阳织布业简史》,第 38—39 页。
② 《近代冀鲁豫乡村》,第 370 页。
③ 张世文:《定县农村工业调查》,四川民族出版社 1991 年版,第 50—62 页。
④ 《农商公报》第 35 期。
⑤ 彭泽益主编:《中国近代手工业史资料》第 2 卷,第 404 页。
⑥ 《工商半月刊》第 1 卷第 11 期。

的。① 直到"七·七事变"前,这一产区草帽辫业一直保持兴盛,技术最好的妇女每天能挣 1 元 5 角钱,可买 2 斗粗粮或 1 斗麦子,据说有不少人以编草帽辫而发家②。

① 《近代冀鲁豫乡村》,第 402 页。
② 《解放日报》1945 年 5 月 24 日,转引自《近代冀鲁豫乡村》,第 402 页。

第五章 商会与农业趋新

面对近代直隶农业的严重困境,各地商会加强与政府合作、积极参与农业改良,采取了融通资金、活跃乡村经济,分担摊派、减轻农民的捐税负担,兴修水利、组织农品展览、开展农村赈济等力所能及的措施,促进了商业性农业的发展,对于缓解传统农业的困境起到了一定作用。

一、近代直隶农业的困境

(一)农业生产技术落后

在近代,直隶农业技术水平总的看来仍是相当落后的,旧式的传统的耕作方式一直占主导地位,在农作上并不包含多少新的"科技含量",而主要是对传统操作"技艺"的继承。有外国学者这样评说:"大部分在 20 世纪初期还使用的技术,中国在 14 世纪的某些地方就已经为人们熟悉。这一点是比较容易证实的。"[1]农业生产工具在晚清时期甚至更晚些时候,还基本上保持着传统面貌,没有普遍而明显的改进。美国学者珀金斯得出这样的研究结论:

---

① [美]珀金斯著,宋海文等译:《中国农业的发展(1368—1968)》,上海译文出版社 1984 年版,第 99—100 页。

"在华北平原,20 世纪使用的绝大部分工具早在北魏时代(公元 5
世纪),甚至在汉朝就已经很驰名。尤其令人吃惊的是,至少在 14
世纪以后,中国任何地方使用的工具都没有什么明显的变化。"①
一个晚清时期在华多年的英国传教士这样记述当时中国几种最常
见的农具以及使用情况:

> 他们最基本的农具是犁,很显然是由祖上传下来的,
> 而且看上去就像是由这个国家的最早的缔造者发明的。
> 在历史的发展进程中,没有人胆敢对农具提出改进建议,
> 他们认为这些东西就像自己的祖先一样神圣,所以一代
> 一代的农民继承了这笨拙的老古董,仿佛它已经成为一
> 种特殊的精神产物,改进它就是对祖先的亵渎。

> 犁的结构很简单,它有犁铧和扶手两部分组成,犁田
> 的人靠扶手来掌握方向。与英国犁比起来,中国的犁要小
> 一些,它仅有二三十磅重,在湿重的土地里是绝对无法使用
> 的。它只适用于松软的沙性土壤,而且不能犁得过深……

> 中国耙在外观上显得过时而陈旧,但它的式样却与
> 英国耙极其相似。除了犁和耙,锄头也是中国农民拥有
> 的重要的农耕工具。在我们使用铁锹的地方锄头也适
> 用,但它更为经久耐用,也更节省劳力。中国农民所从事
> 的大部分艰苦的工作都是由手来完成的……。②

以定县为例,直到 20 世纪二三十年代,依然沿袭着传统的农
具形式,"始终不能有所改进","各地所通用关于整田、种植、收

---

① 《中国农业的发展》(1368—1968),第 68 页。
② [英]麦高温著,朱涛、倪静译:《中国人生活的明与暗》,时事出版社 1998
年版,第 299—300 页。

获、搬运作物、调制谷类以及杂用农具,多属构造简单",皆为手工和畜力使用。①

(二)人口压力与耕地不足

在以农为主的社会里,土地是农民生活资料的主要来源,也是衡量农民生活水平的重要标尺。随着人口的增多与土地的集中,广大农民人均土地面积逐步减少的趋势日趋严重。地狭人众、耕地不足已经成为近代直隶农村长期面对的最大的生态困境。这一局面的造成,与明清以来人口的激增有很大关系。据梁方仲估计,明清时期直隶人口与耕地的增长情况大致如下:

表13　明清时期河北人口、耕地变化表

年代	人口(人)	耕地(亩)
1393	1926595	58249951
1491	3430537	
1502		26971393
1578	4264898	49256844
1661	2857692	45977245
1685	3196866	53433448
1724	3406843	70171418
1749	13933258	
1753	9374217	66162185
1812	27990871	74143471
1851	23455213	72726354

资料来源:梁方仲编著:《中国历代户口、田地、田赋统计》,上海人民出版社1980年版。

---

①　李景汉:《中国农村土地和农业经营问题》,《东方杂志》第33卷第1期,1936年。

　　由上表可见,自 1393—1851 年的 458 年中,总的来说,直隶省人口与耕地均呈增长趋势,但二者增长的比例却相差悬殊。仅以起讫年份记,四个半世纪直隶省人口增长了 11.17 倍,而耕地仅增长了 1.70 倍,两相比较,人口增长速度是耕地增长速度的 6.57 倍。进入近代以后,自 1873—1933 年的 60 年间,直隶耕地面积不但未有增长,反而在 1933 年较 1873 年减少了 2 个百分点,而人口仍在持续增长,以 1873 年为基数,1893 年、1913 年、1933 年分别增长了 12%、22%、40%。这一升一降,进一步加剧了人口与耕地的矛盾,其最突出的表现就是人均耕地面积的逐渐减少。[①] 仍以梁方仲的统计为例,在四百多年的时间内,直隶人均土地急遽下降,从 1393 年的 14.00 亩降至 1851 年的 3.10 亩。虽然据有的学者研究,人均占有土地的实际数量应比表中推算数字稍高,但它仍然反映了人均耕地面积数量逐年减少的趋势。[②]

　　在当时的生产水平下,维持农民最低限度生活所需亩数学术界大多定位于人均 5 亩左右。[③] 按照这一标准来衡量,直隶人均耕地是严重缺乏的。据魏宏运研究,20 世纪 30 年代,冀东地区人均耕地面积只有 2.39 亩,乐亭、迁安、滦县、昌黎等更为严重,乐亭人均耕地不足 1 亩。[④] 再如定县,1851 年人口为 208029 人,总耕地面积 157.9 万余亩,人均 7.59 亩;1871 年,人口为 213319 人,耕地为 157.5 万亩,人均 7.39 亩;1923 年,人口增至 376040 人,耕地

---

　　① 王印焕著:《1911—1937 年冀鲁豫农民离村问题研究》,中国社会出版社 2004 年版,第 21 页。

　　② 王印焕著:《1911—1937 年冀鲁豫农民离村问题研究》,第 22 页。

　　③ 李金铮著:《试析二三十年代定县农民耕地之不足》,《近代中国乡村社会经济探微》,人民出版社 2004 年版,第 135 页。

　　④ 魏宏运:《二十世纪三四十年代冀东农村社会调查与研究》,第 19 页。

依然保持 1871 年的水平,人均降为 4.19 亩;1930 年,人口为
397149 人,总耕地面积略有增长,为 158.8 万亩,人均 4.0 亩;随
后,人口继续缓慢增长,但"县内已经没有能垦而未垦的荒地",人
均耕地持续下降,1934 年只有 3.59 亩。① 本来人口压力对耕地已
构成严重威胁,而土地私有制和土地自由买卖导致的土地集中,更
加剧了农民耕地之不足。

耕地不足严重影响了农民的生活,食粮缺乏即是突出的表现。
在人口压力相对较轻的地方,所产食粮还可满足当地消费,但也仅
此而已,并无备荒的余粮。如高阳所产食粮,"丰收之年尚足敷
用,如遇水旱雹蝗等灾,须由他县输入始能接济。"②面对地狭人众
的人口压力,时人不无忧虑:"地不加广,而人口日增,民生日戚,
有由来矣。以今例昔,其生齿蕃滋固可喜,其物力不给亦可忧。"③
一喜一忧道出了人们的无奈。

(三)超负荷的经济榨取

在农民的各种负担中,赋税最使其苦不堪言。田赋及其附加
税是农民缴税的大宗项目。晚清时的田赋征收仍沿袭清前期的旧
制,一般分为"正额"和"附加"来征收。甲午战争以前的征收额
度,基本上维持在鸦片战争前夕的水平。但是从 19 世纪的最后几
年开始,加派日渐增多。当时有人这样评说:"夫中国贫民,以农
为惟一之职业。虽有永不加赋之祖训,而官吏相沿,巧设名目,十
年以来,田赋之暗增于旧者,已不啻二三倍。故负担此赋之小农,

---

① 李金铮:《试析二三十年代定县农民耕地之不足》,《近代中国乡村社会经
济探微》,第 135 页。
② 民国《高阳县志》卷 1,1933 年铅印。
③ 民国《香河县志》卷 1,1936 年铅印。

前此仅足自给者,今则岁暖而号寒,年丰而啼饥矣。"①

北洋政府时期,田赋征收的额度更是逐年增加,其中田赋附加税尤为繁重。时人评论道,"试观古来聚敛之策,每以田赋为大宗。盖以其施行最善,而手续最简,分之则其数似微,合之则其款极巨,出之者虽难,而取之者甚易也。"②以定县的情况为例,1912—1927 年间,该县田赋的正税税率增加了 63.42%,附加税率虽大多年份相对有所减少,但在 1926、1927 两年陡增到 1912 年的大约四倍半(分别为 459.29% 和 453.25%)③。

1925—1931 年间,战乱频仍,军事特捐等项开支成为河北民众最为沉重的负担。定县 1926—1928 年每两地丁银加征讨赤捐 4.6 元,"视正赋各加至两倍有奇"④。前后共征收讨赤军事特捐各 10.8 万元,1928 年讨赤军事善后特捐 6.3 万元⑤。而支应兵差也是河北农民沉重的负担之一,如 1922 年的直奉战争,据事后调查,直隶各县供给军队粮秣等项共计垫款 76.8 万余元⑥。

与附加税同样扰民的便是漫无节制的摊派。据调查,1932 年一年中固安乡民"担负各种摊款,达十七次之多。名目繁杂,不胜记忆,如春季区团款、春季警款、一次自治款、二次自治款、剿匪支应款、补充枪支款、游击队经费、县总团款、秋季区团款、秋季警款、奖恤金、子弹费、犒军费、乡师款、教育款、区经费、乡团款等,总额

---

① 沧江:《湘乱感言》,《国风报》宣统二年四月初一日,第 9 期。转引自苑书义等著:《近代中国小农经济的变迁》,第 43 页。

② 无妄:《闲评一》,天津《大公报》1914 年 11 月 28 日。

③ 章有义编:《中国近代农业史资料》第 2 辑,第 566 页表。

④ 《定县志》卷 5,1934 年铅印。

⑤ 李景汉:《定县社会概况调查》,上海人民出版社 2005 年版,第 477—478 页。

⑥ 《直奉战役各县垫款之数目》,天津《大公报》1923 年 8 月 29 日。

约十七万二千余元,按全县可耕地亩分配,平均每顷约洋三十四元七角有奇。际此农村艰窘粮价惨落之时,贷款无门,乡民迫于无奈,多出变产一途。"①

(四)天灾人祸的巨大破坏

天灾人祸对农民的生产生活具有突袭性、毁灭性,不仅加重了农村的生态困境,更无情地加剧了广大农民的生存危机。天灾虽是自然现象,但"每一现象,不能因为它是发生于自然界的便作为单纯的自然问题来看。一个自然问题每每通过许多条件,而成为一个社会问题。"②一场旷日持久的灾荒过后,农村社会往往呈现衰败萧条的景象,原来富足的农民也有可能下降到贫困无依的地步。如遇到突如其来的洪水袭击,"贫富贵贱同归于尽,其幸免于浩劫者,亦皆一身之外荡然无存。"③

进入20世纪后,各种自然灾害明显增加,如定县从284—1900年间有据可考的灾荒共发生100次,平均每16年1次;民国以后,1915—1926年发生大小灾荒26次,平均每年有灾2次,灾荒频率大大提高④。多灾并发更加剧了灾害烈度。1928年河北调查各县灾情,所列92县中,同时罹遭兵、蝗、水、雹诸灾的县份,多达三分之一。深县、蔚县、涿县还分别同时遭受"兵旱水雹蝗"、"兵匪旱雹水"、"兵旱雹匪虫"等灾⑤。

①　《何名目之多》,天津《大公报》1933年1月6日。
②　孙晓村:《水利问题与中国农村经济》(1933年),见《孙晓村纪念文集》,中国文史出版社1993年版,第269页。
③　《于主席告水灾三县民众书》,《河北月刊》第2卷第1期牍余,1934年1月。
④　李景汉:《定县社会概况调查》,第696—697页。
⑤　《河北民政汇刊》第3编,公牍,救济,1929年4月。

如在 1917 年水灾中,《大公报》对当时各县灾情进行了如下报道:"易县水灾重,民房被冲者百余间,男女溺毙八口,秋收无望。""安国县水灾重,民房被冲者五万四千八百余间,田禾七百余顷,男女溺毙七十八口,牲畜一百六十余头。""宁河县水灾重,被水灾一百八十七村。""栾城县水灾重,西南各乡受水灾。"①武强县遭遇空前未有之水灾,淫雨连绵,导致大西河决口,"十室之邑九居沦没",东西南北四乡城厢四关共 400 余村庄尽成泽国,民间土毚房屋皆随水倾倒,一草一木靡有孑遗,当时被水惨民扶老携幼叫苦连天。均借柳条所编之簸箩以逃生,而失手落水毙命者更仆难数。米粮缺乏,物价腾昂,流离失所,饿殍累累②。

兵匪灾害是典型的人祸,对农村的破坏丝毫不亚于天灾。清末民国前期的直隶地区,曾是北洋军阀盘踞的大军营,军阀割据引发的军政各界的争执与战乱屡见不鲜,同时催生和助长了匪患。冉光海认为,"近代中国土匪猖獗作乱集中于辛亥革命以后至本世纪 30 年代这段期间。"③盗匪肆无忌惮的烧杀劫掠与绑票勒赎,带给社会的几乎净是损伤与破坏,使广大农户面临着严峻的生存威胁。遭遇一次严重的匪劫,农户便有可能妻离子散、家破人亡,村庄也有可能从此一蹶不振。建筑在各个村庄与农户基础上的农村社会,在匪患的滋扰下,生产与生活秩序势必遭到重大的破坏。据天津《大公报》载,1928 年 9 月,安次李姓一家四口同被撕票④。同年 10 月,吴桥"城南大高家店住户张书峰妻子被绑、竭力营救,费洋一千四百元,终未赎出。张某妻子及同村被绑赵某之母,并其

① 天津《大公报》1917 年 9 月 7 日。
② 天津《大公报》1917 年 10 月 16 日。
③ 冉光海:《中国土匪(1911—1950)》,重庆出版社 1995 年版,第 5 页。
④ 天津《大公报》1928 年 9 月 17 日。

他被绑者,共计六人,同被活埋。"①

罹受匪患的不仅仅是个别家庭,甚至是整个村庄。如1928年7月,约百名匪兵窜至宝坻赵聪庄,欲行绑票,因庄民事先潜避,匪众觅无一人,引起勃然大怒,举火焚庄,延烧一昼夜,以致全村五百余户之房间器物,尽成焦土②。同年阴历8月9日,大股土匪千余人,围攻成安、肥乡交界之张耳庄、任家堡、刘家寨等村,激战两昼夜,被匪攻陷。所有村中住户及临时来此避难人民,概遇残杀,计只张耳庄一村,被害者达三百余人,匪将财物以大车劫去后,更纵火焚烧房舍,瓦砾狼藉,尸骨纵横③。匪徒的残暴性情暴露无遗。

匪患严重影响农民的生产生活,以致出现永清县农民"每当春耕之时,农民成群结队,携带枪械,守望相助,始敢轮流播种,稍一疏忽,即遭匪祸。青纱帐起,则居民皆严闭门户,甚至荷枪登房,终夜巡视,以防匪袭,田禾则任其荒芜,不敢锄芸。农村生活之困难,而已想见也。"④

与匪患相类似,战乱对河北农村造成重大的破坏,战区的耕地、庄稼、房屋被破坏殆尽,溃兵的掠夺、骚扰,无休止的摊派、征发,给广大民众的生命、财产造成巨大威胁。美国学者马若孟指出,"1911—1937年间,没有其他现象对农村造成过像敌对的军事集团互相争夺地盘时造成的这样的动乱和不幸"⑤。一遇战事,农民多弃家而逃,"饥无食,寒无衣,叫苦连天,惨不忍睹"⑥,正是对

---

① 天津《大公报》1928年11月5日。
② 天津《大公报》1928年7月22日。
③ 天津《大公报》1928年10月5日。
④ 《北宁铁路沿线经济调查报告》,第678页。
⑤ [美]马若孟著,史建云译:《中国农民经济》,江苏人民出版社1999年版,第313页。
⑥ 《灵寿县兵灾惨状》,天津《大公报》1928年2月1日。

这种人间悲剧的真实写照。"农民能够对付灾歉和洪水,他们带着他们的家财逃到其他地方,等到灾害过去,然后再回来,但这些军队的掠夺是另一回事,它通常意味着财产和生命的双重损失。"①匪患与战乱不但直接导致了农村的凋敝与衰败,由它所造成的社会动荡与混乱,也严重破坏了人们的正常生产生活环境。

二、加强与政府合作,参与农业改良

以农为本,重视农业的发展是中国历代政府一直奉行的经济政策。近代以来,在一片不绝于耳的振工兴商声中,对农业的改良也在悄然进行着。时人评论道,"农业为工商之母,当工商进行时代,农业更需加意研求,始能辅百业之兴起。"②农业的改良是一项涉及面广、见效缓慢的基础工程,更需要政府与社会力量的共同努力。商会作为当时最有力量的经济社团,在济农兴农问题上,加强与政府合作,积极协助、配合政府推行农业改良。在近代中国,还没有哪个行业像棉业一样,对经济社会、对城市乡村、对机器工业及手工业、对进出口贸易、对农工商贩等诸多方面都产生不同程度的影响。本节对农业的改良主要以棉业改良为例,分析商会的作用及其与政府的关系。

(一)强化组织联络

直隶商会创建的同时,直隶农会也于1907年在袁世凯的劝办下渐次兴起,旨在固结团体,研究实业,凡农田、树艺、蚕桑、纺织、

---

① 《中国农民经济》,第314页。
② 《筹备天津农产会先声》,天津《益世报》1922年4月10日。

森林、水产、山利、海界、畜牧、狩猎及一切应兴革之事,逐渐考求,以期进步日增①。农会并非一般的农民组织,同商会一样,也是以绅商为主体,商会、农会两大民间组织,振兴实业是他们的共同目标。正如时人所言:"商为阳体,农为阴体,阴阳合而生工。……商农并骛,以为工业之萌芽。"②正定商务分会成立后,积极协助农会开设农务试验厂及农器制造厂,改良棉种,"劝各村多种长绒线花",推广植棉,正定一带很快发展成为著名的长绒棉产区③。这与知府李映庚的力倡有极大关系。但在不少地方,商会与农会、甚至农会农政与农业之间联系并不密切。如当时就有县志记载,"清末设立农业专门学校,皆所以重农政也。沿至今日,吾邑有农会及农事试验场,然农是农,政是政,关系尚浅。"④虽是个案,但的确反映了存在的问题,因而引起了政府部门的关注。

1918年5月30日,直隶实业厅为召开农商恳亲会致函天津总商会,对农商涣散的情形不无感慨,"查各省农会商会之设,原以联络农商之感情而促农商业之进步,直省农会、商会各县大半设立,频年以来,虽屡经改组仍未能一律完备,以致农事诸未改良,商业多沿故习,匪独农会与商会不能互相为用,即农会与农会、商会与商会亦不能彼此提携共谋利益。推原其故,或因道路辽远未能声气相求,或因各自为谋,遂致势涣情散视群谋公益之机关等诸无足重轻之列深用慨然。"在我国农业不振、世界商战日剧的时下,农商会的作用未能真正有效地发挥出来,造成"各县虽有农商会之设立,而关于农商请求之件大半皆凭一纸公文往返裁答,虽情谊

---

① 《津档》(1903—1911)上,第304—305页。
② 《津档》(1903—1911)上,第194页。
③ 《津档》(1903—1911)上,第210—211页。
④ 民国《静海县志》,第899页。

尚非隔阂,而于农商会办理之实情以及农商业实在之状况均未能洞见症结"。

为了改变"各县农会与商会势如散沙不相联属"的局面,"合群策群力共谋进行之道",直隶实业厅决定在本省四道区于本年招集各道区属县内所有农会、商会即在各道内开恳亲会一次。参加人员由各县农商会各派会长1人(会长有事故不能赴会者即由该会选派代表1人),其未设立农会或商会或农商会均未立之县即由该县知事选派,以农商素有经验者1人或2人为代表。① 政府部门亲自出面组织农商经济团体的恳亲会,以联络感情研究农商业,足见政府对发挥社团作用的重视。在振兴实业、发展经济方面,农商会与政府是一致的,利益的趋同性成为农商会之间以及农商会与政府之间开展合作的前提,也是直隶商会网络中共生—协作系统运行的基础。各地商会与商界中人通过加强农商会间的联系、甚至直接组织农会、建立棉业公会等,协调各种力量,共同推进农业改良。

如天津总商会会董孙俊卿,系东乡贾家沽道兴业庄村董,对于农业,素极注意。在东乡排地以北,种植美棉26顷,规模颇有可观。因该村居户皆以种棉为业,特发起全村改种美棉,以兴大利,并组成植棉公会一处。随后"以农业发达,必须有团结力,以资提倡",特在该村组办乡农会,其章程仿天津县乡农会。此举天津县劝业所极为嘉许,极愿辅助以观成效。②

杨柳青是津西巨镇,"烟火万家,务农者居大多数。田产千顷,所有权尽属村人。"在该镇绅董与劝业所的劝导下,杨柳青农

---

① 天津《益世报》1918年5月31日。
② 天津《益世报》1922年4月21日、9月17日。

会于 1922 年 12 月成立,"以杨柳青各农户组织之,至附近村庄农户,定期联合。"杨柳青农会,临时会长王之钊,临时副会长石作藩。评议员为安文忠、刘文蔚、石作棫、周恒彬、石作琚、张树铭、董兆荣、周恒龄。会员陶景夒、周恒恺、董兆荣、齐鼎豫、久恩翰、李金泉、王恩樾、刘学瀛。[①] 1923 年 6 月,杨柳青镇商会成立,商会职员构成与农会职员基本上是同一拨人马。商会会长王之钊为农会临时会长,商会特别会董石作藩为农会临时副会长,其他 5 位均为农会评议员[②]。杨柳青镇商会与农会的关系非同一般。

(二) 推广棉业改良

1919 年 9 月,周学熙拟定呈大总统整理棉业计划四条认为,"棉业一项,以言对外,则国际贸易所攸关;以言对内,则群生衣被所依赖",但是由于"栽植之道未尽讲求,纺织之工不尽改良",导致国内"洋纱充斥,舶来棉品花样日新,我国棉业乃每况愈下。"为此,提出四条整理计划,一要统筹全国棉业,分划棉区,扩充种植,设立棉业检查所、纺织劝工场,振兴国货。二组织棉业公会,使农工商三者群策群力,联合倡导棉花改良。三要广设棉业公司,所营业务主要包括,"以相当之方法贷资于植棉家,促其进步";"择产花之所多设轧花打包等厂,便其运售";"设立花栈收花或存放屯积棉货,资其挹注";"联络外国棉业家随时改良棉业进步"等等。四要培养棉业人才,在棉区增设棉业试验场,植棉农户得以就近研究,随时改良,同时试验场的技术人员编发白话植棉浅说,普及选种、分株、杀虫及栽种各种方法。这一整理计划受到高度重视,认

---

① 《杨柳青呈报农会成立》,天津《益世报》1922 年 12 月 31 日。
② 《津档》(1912—1928)1,第 486 页。

为"所陈各端,规划周妥,切实可行,应即力筹振兴,期收成效",并令交财政部、农商部查照①。

1921 年 5 月,直隶整理棉业筹备处为改良棉业起见,在本省委办植棉试验场十处,分别为延庆县东城外、景县孟家头村、西乡马家山寨、宁河县西乡孟家庄、丰润县东门外、滦县曾家湾、沧县张家坟庄、定兴县东北乡辛苦村、故城西北何庄、遵化县东南乡卢家寨②。

南京国民政府建立后,对棉业改良更加重视。1932 年天津商品检验局还特别拟订改良棉业五年计划,第一年创设棉种场;第二年扩充棉种场地至 500 亩;第三年创设轧花厂,附设棉种场内,并开办棉花育种指导区;第四年扩大棉种指导区至 3000 亩;第五年扩大棉种指导区至 5000 亩。同时组织棉业改良委员会,并聘任棉花纺织界及农界知名人士为委员,以"讨论各年事业进行具体计划","审核各年工作成绩","协助推广纯棉良种","协助事业范围之扩大"诸事项。该项计划如能全部完成,足可供应各省细绒良种,不必再向美国购买,从而实现棉种的"进口替代"③。

政府棉业改良计划的实施推广,离不开商会、棉业公会等的配合。天津棉业公会就是由天津商会会董张问泉等 1926 年 10 月联合发起成立的,其目的是收"改良种植,推广纺织,救国内运输之便利,谋海外贸易之扩张"之效。在其简章中规定:棉业公会由纺织纱花各业及种棉农民组织而成,以促进棉业改良推广并挽回利权为宗旨。主要职能包括,研究土宜、购求佳种交各产棉区域改良

---

① 《津档》(1912—1928)2,第 2240—2243 页。
② 《筹办植棉试验场成立》,《益世报》1921 年 5 月 26 日。
③ 天津《益世报》1932 年 7 月 18 日。

种植、以供世界之需要；调查棉花种类、产量、价格、关税数量及纺织工厂情况，按季汇报同业；调查国内外棉花收获丰歉、花纱布销售市况及相关情形，随时报告同业；研究改良轧花、包装及运售之便利；考核国内产棉销纱需要供给之盈虚，得某公共之利益，使获均匀之调剂等等①。

对于河北境内棉田扩增、棉质反日渐退化的现象，天津商品检验局深感忧虑，因为"东北河区域（包括宝坻、丰润、玉田、武清、香河等多县）向为产棉特著之地点，足当本省细绒棉产之中心，倘力谋改良，则不特可促进品质之优良，产额之增加，并能辅助华北纺织业之发达，以期原料自给，堵塞外棉外纱之漏卮"。因此，责成棉花检验处拟定改良计划，由县建设局、棉业公会、农会产物选种交易所、商会及棉业专家会同组织成立东北河棉业改良委员会；在本区棉产最盛的丰润县或武清县设总试验场一处，各产棉县分各设分场一处；各县选择较有知识与种田较多之农户若干户，每户划四五亩，作委托种棉场，以达改良棉种、统一纯种、改良栽培、改良处理、改良销售等目的②。

对于优良品种实业厅下令加以推广。河北省实业厅长史靖寰，以静海县农民所呈送之十五瓣棉花之农产品，形式既奇异，种子极优良，特于日前赠以"出类拔萃"之金字匾额一方，以资奖励。为推广起见，立即下令省立各农物实验场，向静海征集此项棉种，以资广植③。

棉业改良不仅受到农商各界的重视，而且也得到越来越多人

① 《津档》（1912—1928）1，第292—294页。
② 天津《益世报》1933年6月26日。
③ 天津《益世报》1934年11月6日。

士的关注和提倡,如成安县"张延龄先生农部供职有数载,深知农事之关于民生甚深,爰从磁县马头镇及我县北郎堡先后创立棉厂两处,专种美棉,一以营实业,一以提倡风气。实验数载著有成效,又欲推己及人,改良磁成棉业,散放美棉籽种三四年,其收效之速初及磁县,继及成邑。成邑植棉较广之区也,棉花地约占三分之二。"①

在农商各界的积极配合和大力推广下,棉业改良收到明显成效,在传统植棉业的基础上,棉花种植面积、产量、质量以及商品化程度等都有了显著提高。

直隶的植棉业主要是清代发展起来的,早在乾隆年间赵州同冀、深诸州"艺棉者十八九,产既富于东南。"道光《栾城县志·物产志》记载:货物"最著者曰棉花,栾地四千余顷,稼十之四,……棉十之六。晋豫商贾云集,民竭终岁之力,售其佳者以易粟,而自衣其余。"同治《正定县志·方物志》说:"木棉花布之利,不减蚕桑。"但是,当时的棉花主要作为衣被填充物和制作土布的原料,而且产量有限。天津开埠后的40年间,各地棉花并没有成为天津的主要出口商品,天津每年集散的万余担棉花,仅仅用于城市和河北北部地区的生活消费,河北农村生产棉花的剩余部分多经运河运销南方,因价格、运输、品种等因素,棉花生产增长速度不快。

进入20世纪以后的二三十年间,在国内外纺织业迅速发展,世界棉花需求量随之骤增,棉价上涨的刺激下,河北棉花生产在原有基础上,呈现出加速发展的强劲势头。据光绪三十一年(1905)直隶工艺总局《调查直隶各地土产记略目录》、宣统二年(1910

---

① 民国《成安县志》卷6,实业。

年)农工商部《棉花图说》及民初地方志、商会档案等资料的记载，河北大部分州县的棉花商品性生产都是在 20 世纪初年迅速发展起来的。以定州为例，此前农产向推五谷，棉花"种者尚不甚多"，到光宣之际，棉花"销路扩张，棉价陡涨"，于是农家"盛行植棉"①。再如藁城的大量植棉，也始于光绪末年，当时由于清廷禁种罂粟，农民即以原来的罂粟地改种棉花②。到清末之时，"直省产棉区域，以栾城、藁城为最，丰年可以收三千余万斤，歉年可收一千六七百万斤左右。赵州、成安、束鹿次之，清苑、定县、博野、满城、蠡县、祁州、磁州、滦州、武清、平谷、南宫、卢龙、正定、赞皇、无极、邯郸又次之。"③

　　及至民国以后，河北的植棉面积更呈不断扩大的趋势，据许道夫统计，1914 年时已达 4124 千亩，以后几年间虽略有下降，但到 1924—1929 年间，常年数即达 7410 千亩，1931 年时又增至 9265 千亩④，约占全省总耕地面积的 6%。

　　棉花生产的专业化和区域化趋势明显，并形成三大植棉区：西河棉区、御河棉区、东北河棉区。西河棉区即大清河、潴龙河、滹沱河、滏阳河流域的太行山麓平原棉区，耕地集中连片，具有良好的棉花大田生产条件，包括邯郸、成安、永年、曲周、束鹿、获鹿、正定、赵州、栾城、藁城、晋州、深泽、宁晋等 40 余州县，均为产棉重地，棉产最丰。御河棉区即南运河流域的中部平原地区，栽培棉花较多

　　①　民国《定县志》卷 2，舆地志，物产篇。
　　②　曲直生：《河北棉花之出产及贩运》，上海商务印书馆 1931 年版，第 43—44 页。
　　③　农工商部：《棉花图说》卷 3，《中国棉业现情考略》，宣统二年刊。
　　④　许道夫编：《中国近代农业生产及贸易统计资料》，上海人民出版社 1983 年版，第 203 页。

的县为南皮、东光、吴桥、故城、景县、威县、清河等 10 余州县。东北河棉区又称蓟运河棉区,以燕山南麓平原为主,共包括卢龙、滦州、丰润、玉田、香河、宝坻、乐亭、武清等 20 余州县。"此三区域内,农民以棉花为主要农作物,种植面积亦广,出产棉花大批输出销售,其为家庭消费者,如弹絮填塞棉衣棉被及纺线织布等,为量极微,仅占总收获量百分之三、四耳。"①

各区棉花品质不同,用途各异。"西河区所产之棉,名西河粗绒,纤维短而粗硬,长约半英寸,颜色纯白,而富有弹性,故用作垫褥火药或搀入毛纺织物内,颇为适宜,有世界第一之称,其能大量输入日、美诸国之原因亦在此;御河区之棉,颜色洁白,与西河棉相似,然纤维较西河花软而长,平均长度二分之一至八分之五英寸,其最大用途,为纺粗纱或羊毛混织,大半与西河棉相仿,故有时市上列为一类,名之西御河棉;至东北河区所产之棉,则与西河棉及御河棉迥异,乃系美籽,纤维特长,约有一英寸,色白柔韧,用以纺三十二支及四十二支纱最为适宜,天津及唐山各纱厂多采用之;综观三区所产棉花,品质与国内诸大产棉区出品相较,概可列为中等,但以其有特殊功用,故有相当数量之输出。"②

据 1931 年河北省实业厅编《河北省实业统计》记载,全省共有棉田 8725 千亩,年产量为 495179205 斤。年产量超过 100 万斤的县共有 54 个,都集中在上述三大棉区,其中 7 个位于东北河棉区,47 个位于西河棉区和御河棉区。年产量超过 1000 万斤的共19 县,武清、丰润在冀东,余 17 县全部位于京汉与津浦两路之间的西河棉区和御河棉区,而且南宫、冀县、新河、宁晋、赵县、元氏、

---

① 《北宁铁路沿线经济调查报告》,第 1707 页。
② 《北宁铁路沿线经济调查报告》,第 1707—1708 页。

藁城、无极、晋县、束鹿等 10 县的地理位置彼此相邻,连成一片,形成为一个棉花高产地带。一些农民甚至放弃种植粮食,开始进行专业化生产,形成了一个个棉花专业产区。藁城县有些村庄棉田占耕地面积的 70% 以上,永年县西乡等村棉田占 80%,是棉花专业村①。1923 年调查,"正定一带居民类以产棉为主要之职业","农民对于耕作地十分之八皆为植棉之用",使其口粮"不得不仰给于山西及邻近各省矣。"②

棉花生产的发展,使棉花的自给性质迅速减弱,已不仅仅是为满足自己织布穿衣的需要,也不仅仅是以其产品投放市场,但最终主要还是在小范围内满足小生产者生活消费品调剂的需求,而在相当程度上已与新的生产力因素和国内外资本主义市场发生联系,棉花的商品率日见提高。1922 年,刘家瑶在对直隶 30 个县的调查中发现,除清苑、新河、邢台、衡水四县棉花无外运额外,其余都有外运数字,其中蠡县、博野、安国、深泽、藁城、束鹿、冀县、南宫、正定、宁晋、赵县、栾城、无极、定县、徐水、满城、完县、望都、高邑、元氏、丰润等 22 县,外运比例超过 50%,而宁晋、赵县、栾城、元氏、藁城、束鹿、徐水、满城、完县等 9 个县,外运额超过 80%—90%。③ 主要是运销天津、青岛和安阳出口或消费。经初步统计,1930 年华北五省共产棉 377 万担,出口和各地纱厂需要约 265 万担,加之需出售的生活用棉,棉花的商品率近 80%,是华北农产品中商品率最高的。另有 1936 年中央农业实验所的《农情报告》第 10 期对 1935 年全国主要产棉省棉花产量和商品率的统计可资参

---

① 《河北棉花之生产与贩运》,第 52 页。
② 章有义编:《中国近代农业史资料》第 2 辑,三联书店 1957 年版,第 133、134 页。
③ 刘家瑶:《直隶棉业调查录》,1922 年。

考(见表14)：

表14　全国主要产棉省商品率统计表(1935 年)

省名	调查县数	棉花年产量(担)	自用量(担)	自用%	出售量(担)	出售%
陕西	27	59805	25193	42	34612	58
山西	22	31886	11967	38	19919	62
河北	80	197237	73596	37	123641	63
山东	37	94847	26996	28	67851	72
江苏	35	249569	111533	45	138036	55
安徽	21	38012	29187	77	8825	23
河南	55	117425	62815	53	54610	77
湖北	20	102543	40162	39	62381	61
四川	23	27365	17149	63	10219	37
湖南	15	30396	15172	50	15172	50
江西	16	13937	11736	84	2201	16
浙江	22	41830	24795	59	17035	41
总计	373	1004852	450301	45	554502	55

资料来源:中央农业实验所:《农情报告》第 10 期,1936 年。

　　由上表可见,1935 年全国 12 个主要产棉省份中,河北的棉花总产量、自用量、商品量各项指标仅次于江苏,位居第二,其商品率为 63%,高出 12 省平均的 8 个百分点。棉花的生产和加工越来越脱离农民家庭自行消费的范围,纳入了广阔的国内市场。以天津为终点市场,与内地的各级市场相连通,形成一个完善的棉花流通网络系统。20 年代初,天津棉花市场的总集散量达百万担。上市棉花的流向颇值得注意。据黄宗智研究:"河北的棉农则多为民族工业生产。20 年代河北省年产的一、二百万担棉花,只有约10% ~20% 经天津外销,大部分输往日本。其他多半为华资纺织厂所用(天津的华资厂共约200000纱锭,就消耗200000~300000担)。这里民族工业的影响要比外资工业大。"①农产品的商品化与民族工业发展的良性互动显著加强。

(三)技术传授与农事宣讲

进行技术传授,开展农事宣讲,对于农业改良意义重大。1922年,天津总商会会董孙俊卿、孙向陆及天津县劝业所长邓澄波等召集四乡绅士,在召开劝设天津县乡农会筹备会期间,提议"召集乡间有经验乡农若干人,组织一讲习所,彼此互相研究,如害虫一项,如何防预,彼此之经验,汇集成书。"同时派专员四乡农事农政讲演,加强对农业的技术指导。②

1922年直隶第一次劝业会议召开,议决各县设立冬季农民传习所,"专以传习农民,输入新智识为宗旨。"据此,天津县劝业所创办农民冬季传习所,假本城自治讲习所地址,招集市乡能读讲义之农家子弟,以30人为限,聘请教员,"选择农家需要之学科,编辑讲义。"传习所于11月20日正式开班,主要科目有耕作讲义、蚕桑概论、农业团体论、农业经济概论、育苗法、病虫害、驱除预防法等。第二年开办时,学员人数超过30人,科目也作了调整,增加了园艺学、养蜂学、土壤肥料学等。③

1931年8月初,实业部天津商品检验局"为使内地农商了解棉花检验宗旨,醒悟昔日施水搀假之非起见",由棉花检验处组织棉作改良宣传队,编制各项浅显文字及图画等,分赴华北各产棉要

---

① ［美］黄宗智:《华北的小农经济与社会变迁》,中华书局2000年版,第134页。

② 天津《益世报》1922年12月5日、12月12日、12月27日。

③ 《农民传习所教授课程》,天津《益世报》1923年11月23日。

区实地宣传,以谋根本上之改良。宣传内容包括棉花检验的目的、天津商品检验局棉花检验处的工作、美棉种植法浅说、改良棉种法浅说、华北棉商急需醒悟的几件要事、铲除棉花掺假的根本问题等。还有告示一种,原文如下:"华北所产棉花,向为出口大宗,只因掺假搀水,外国行销不通,政府有鉴于此,设局杜绝恶风,凡是运津棉花,检验一秉大公,只要货色纯洁,欢迎人心皆同,买主争着出价,牌面响若金钟,如果贪小掺假,想要出卖无从,就是拆包摊晒,纱厂还说不中,结果赔钱脱售,许多血本亏空,新花现正上市,务各利害相衡,根本铲除积弊,商民得利无穷,倘再执迷不悟,一定惩罚不容。"①这些举措对于推广棉业改良技术,减少施水掺假等行为起到了一定作用。

　　技术落后、墨守成规是造成近代直隶农业困境的重要因素,因此,通过各种形式进行农事的宣讲,传授近代农业知识,指导推广农业技术,虽然不能从根本上扭转近代农业衰败、农村凋敝的局面,但毕竟在一定程度上促进了农业的改良,尤其是商品性农作物如花生、大豆、烟草、小麦等的发展。

　　花生是直隶地区重要的经济作物之一。进入20世纪以后,花生种植呈逐渐扩增之势,商品化程度不断提高。据1905年直隶工艺总局调查,晋州、大名、沧州、南皮、新城、束鹿、武清等州县花生种植较为发达。譬如,晋州"每年约出五六十万斤,外销者三十余万斤";南皮"全境种花生之田二十八顷,每亩约收五六百斤";束鹿"岁出花生约一二百万斤";武清县花生"各村皆有,行销京、津"②。另据滦州商务分会调查,境内"凡沙薄之地多有种者",年

---

① 天津《益世报》1931年8月11日。
② 《津档》(1903—1911)上,第961页。

产花生"百万有奇","销运广东及东三省。"①

　　到1920年代,花生种植更加普遍。有统计资料显示,1900年直隶全境花生种植面积约为800千亩,到1914年该作物的种植面积已翻了一番,增至1658千亩,1924年发展为2550千亩,30年代更增加到3570千亩,比20年代又增加了40%②。二三十年代花生种植面积及产销量的增加趋势,可在民国时期的一些县志中得到进一步印证。如房山县农民种植花生者"极多"③。定县花生与花生油"为本县出口大宗"④。新河县"自美国花生传入后,虽所收较少,而便于收拔,故种者日多"⑤。卢龙花生"每年产额千余万斤之谱,除地方榨油消耗少量外,多运销于津埠"⑥。柏乡县落花生"为果中佳品,产量极大。仁之小者在本境销售,大者运销天津"⑦。望都县属,"近年以来,花生产量日多"⑧。

　　随着国内外市场对花生需求量的扩大和花生价格的提高,河北省花生输出的数量及其商品率也在不断提高。据黄宗智估计,1908年,自河北输出的花生价值约为50万海关两,到1928年,则猛增至1080万两,10年间增加了20倍⑨。同时,花生的商品率也大幅提高。20世纪20年代前后,直隶省的花生,本地消费约

---

　　① 《津档》(1903—1911)上,第995页。
　　② 据许道夫《中国近代农业生产及贸易统计资料》第195页表中数字推算。
　　③ 民国《房山县志》卷2,物产。
　　④ 戴鞍钢、黄苇主编:《中国地方志经济资料汇编》,汉语大词典出版社1999年版,第149页。
　　⑤ 民国《新河县志》,食货门,下编,社会经济。
　　⑥ 民国《卢龙县志》卷9,物产。
　　⑦ 民国《柏乡县志》卷3,物产,特产。
　　⑧ 民国《望都县志》卷1,地理志,物产。
　　⑨ [美]黄宗智:《华北的小农经济与社会变迁》,第128页。

20%，邻地销售约占60%，出口约占20%[1]。也就是说，农民所产花生的80%进入了市场。

除棉花、花生外，其他如大豆、烟叶等农产物在一些地区种植面积也在不断扩大。据统计，1914年河北省大豆种植面积为427.6万市亩，产量340.9万市担，1918年增加到566.8万市亩，产量377.8万市担，1924—1929年间常年种植面积则陡增至903.9万市亩，产量增至1335.2万担。10余年间，种植面积增加了1.1倍，产量增加了2.9倍[2]。再如烟叶，1914年全省种植仅2万亩，1918年增加到17.6万亩，30年代初增至49.2万亩，比民国初年增加了23倍多[3]。经济作物种植专门化趋势的加强，提高了直隶区域农产商品化程度。

受经济作物尤其是棉花、花生专业化生产的排挤，某些地区粮田缩小，供应不足，使生产者须依靠邻近地区生产的食粮和其他生活必需品。"正定、定州、新乐及石家庄附近各县，……年来盛行植棉，其种植面积约占耕地十之七八，以致食粮不足，恒仰给于山西方面也。"[4]除了经济作物排挤粮田外，地狭人稠、土瘠民贫等诸多因素，也会导致农村粮食商品率不断提高。如井陉，由于地处山区，耕地稀少，"每年由东西邻封输入杂粮颇多"[5]；磁州"山多地狭，所产米麦不敷于用，工商口食半由山东、山西、河南贩运。"[6]沧州则属于另种类型，"邑之产麦，为田产十之四，而食麦者不及百

①　许道夫：《中国近代农业生产及贸易统计资料》，第197页。
②　许道夫《中国近代农业生产及贸易统计资料》，第161页。
③　许道夫《中国近代农业生产及贸易统计资料》，第214页。
④　《石家庄之经济状况》，《中外经济周刊》第181号，1926年9月25日。
⑤　民国《井陉县志料》第10编，"风土"。
⑥　《津档》（1903—1911）上，第989页。

一。"①在这里,小麦不是作为"食粮"出售,而是作为经济作物专门为市场而生产,"粜精籴粗",通过市场实现自己的"比较利益"。

城市人口的增加和以粮食为原料的近代工业、手工业的发展,有力地促进了城乡之间、工业和农业之间的粮食贸易。随着近代面粉业的发展,运销京津等大城市的小麦显著增加,大名"每年所获麦秋运销津埠最多,故上河津埠之粮客来大络绎不断。"②交河县泊头镇所产"五谷杂粮","行销天津及运河一带上下"③。据1913年直隶商品陈列所调查,河北有小麦外销的36县中,有13县向天津供应小麦,11县同时向北京和天津供应小麦④。

小麦在河北各地均有种植,而比较集中的种植区在东部平原的中南部即定兴以南的京汉铁路沿线地区和石德铁路以南的整个地区,是河北商品粮的主要产地。根据立法院统计处和国民政府主计处的调查,1924—1929年河北平常年小麦产量在50万担以上的县份有东明58万担、濮阳90万担、清丰71万担、大名172万担、安国62万担、河间98万担、任丘54万担、宛平111万担、武清66万担、宝坻70万担、盐山53万担,共计11县。这11个县年产小麦约905万担,占全省总产量3063万担的30%。11县中,只有宝坻一县位于冀东⑤。

小麦是一种兼具经济作物的农产品,随着小麦商品化程度的提高,小麦作为一种现金作物的作用越来越大,农民的"粜精籴粗"行为也变得越来越普遍和频繁。有的面粉厂甚至直接运粗粮

---

① 民国《沧县志》卷11,事实志,生计。

② 《津档》(1903—1911)上,第1103页。

③ 《津档》(1903—1911)上,第1004页。

④ 麦叔度:《河北省小麦之贩运》,《社会科学杂志》第1卷第1期,第88页。

⑤ 《近代冀鲁豫乡村》,第272—273页。

到产麦区换取小麦,如冀南"沿卫河之龙王庙、大名府一带,为产麦名区;天津面粉厂到此采购小麦、恒载高粱入乡,与之相易。其高粱则来自关外或平绥沿线。故此处麦区,其夏间或种商品作物,或休息地力以增小麦之产,均无不可。"①

据卜凯调查,小麦商品率,河北西部的平乡县小麦售出部分占总产额的 59.2%(1921—1925 年),东部盐山县为 42.3%(1923年)②。1934 年,平汉铁路局对该省沿线调查的结果表明,调查自耕农谷物产销情形 13 处,每一处均有小麦出售,比例最高为定县(90.7%),最低是磁县(41%),13 处平均小麦出售额占生产总数比例为 66%③。粮食商品化程度的提高,也突出反映在集镇贸易和以集结、中转大宗粮食而著称的大镇的出现。据曲周商务分会调查,宣统年间,在城厢集市,粮食是主要商品,"由东关一带至东桥镇,桥跨滏流,舟楫鳞次,商贾猬集,为农为工,此通彼易,以粮食为大宗,煤炭蔬菜次之。麦秋之后,舟运车载,络绎不绝。"④同期高阳商会调查报告指出,高阳县治城内每逢集期,买卖分四街,其中"南街五谷米粮为大宗"⑤。

(四)兴修水利

中国是一个传统的农业大国,总的来说历代政府都很重视兴修水利。直隶地区河网密布,以天津为中心,南有南运河,北有北

---

① 陈伯庄:《平汉沿线农村经济调查》,上海交通大学研究所 1936 年版,第18—19 页。
② [美]卜凯:《中国农家经济》,第 276 页。
③ 《平汉沿线农村经济调查》,附表 9。
④ 《津档》(1903—1911)上,第 990—991 页。
⑤ 《津档》(1903—1911)上,第 986 页。

运河,西去有西河(子牙河)与大清河,东去有东河(蓟运河)等,从四面八方汇流于天津。这些河流遍布河北大部分地区,不仅是沿河地区主要的灌溉水源,同时也是沟通晋冀鲁豫四省的重要通道。

如南运河是河北、河南、山东三省商人来往转运货物必经之路,实为津埠一大关键。进入20世纪初叶,南运各河河水淤浅异常,一切行船,均不能到埠,各项货物自形滞塞,"推原其故,固由雨水愆期,或以上游来源壅塞,亦未可知。"因此,天津商会积极奔走,禀请直督"遴委熟悉河工人员,查勘上游,设法疏通,以资挹注而便转运",这一建议得到直督批准:"所请设法疏通之处,候委邵道国铨迅速前往查勘情形,妥筹禀办"[1]。

1930年代以来,南运河自沧县、青县、静海至天津北大关一段逐步淤狭,久失浚治,"运河淤塞水浅,该处管闸员役竟反其道而行,河水愈浅则该闸转永提而不闭,以致船行该处无不搁浅,往往麇集货船数百只之多"[2]。河北省建设厅致函天津商会筹款,得到天津商会的积极配合。他们请专人拟订《五河治理方案》,指出,"内河之畅塞关系于南北交通、商货输转、农田灌溉、水利民生者至重且要。"河北区域内河包括五大干流,沿河各地引水沟渠纵横交错、互相联贯,"农田资其利润,河流赖以节宣。"干流通畅无淤,蓄泄得宜,则各乡村镇引水沟渠才能尽其水利之用。为了协调好各方面的关系,成立南运河下游疏浚委员会,委员5—11人,由河北省建设厅、天津市政府、南运河河务局、华北水利委员会、天津商会、河北商会联合会推举产生。天津商会派会董出席了南运河下游疏浚委员会议,动员各行商承担疏浚费用。最后决定,费用由政

---

① 《津档》(1903—1911)下,第2197页。
② 《津档》(1928—1937)下,第2274页。

府和各商各自承担一半,沿河各县出人力挑挖运河淤泥。在政府的主持下,商会及各县三方共同制定出台了《南运河整治计划》①。

　　为了修治河道,广兴水利,天津商会还应冯国璋邀请出席研讨根治直隶水患办法②。1914年10月,直隶全省河务筹议处成立,附设于巡按使公署内,"以研究直隶全省河务利病,筹议改良进行各法,以为治河先导。"直隶巡按使委任商会协理卞荫昌为该处议董,"按期集议,共襄河务",天津商会能更多地参与内河管理,为建立完善的交通网络献计献策③。1918年京畿河道善后研究会在京成立,凡京直同乡绅、商、学界,经二人介绍均可成为会员,该会"以研究京畿河道利害,补助行政机关为宗旨。"④1924年天津商会呈请省长每年春旱之时,疏浚各河⑤。这些问题在商会和政府的协同努力下多能较快得以解决。

　　1921年,宁河商会条陈以工赈法疏通水源,避免宁邑积水成泽之患,提议"由芦台东挑河一道,直达海沿、修闸二处,以避海水倒殃。如遇雨水之年,启闸泄水,不受水患。若系旱年,由此引水灌溉,芦台东南六十余村,盐碱不毛之地,皆变为膏腴之田。"该村民人等,雨水之年所吃皆系洼中存水。如遇旱年,则不问可知。从此有河引水,不但溉田,而饮水尤得甜浆之备。由于宁河横贯铁路,芦台车站,由河往来船只,可达车站。以船只运货至站,再装火车,而由火车运输货物,装载船只,开通水旱码头,交通便利,发展商业,莫此为善。"而尤以现时救济灾民,以工代赈之办法,可由

①　《津档》(1928—1937)下,第2274—2284页。
②　《津档》(1912—1928)3,第3206页。
③　《津档》(1912—1928)3,第3207页。
④　《津档》(1912—1928)3,第3210页。
⑤　天津《益世报》1924年11月3日。

被灾之区域,拨民挑挖,与给工资,不特被灾之人民,得受救济之实惠。而将来此河能完全告成,不啻为永久福国利民之计,庶善备焉。"①以工代赈是救济灾民的一种重要形式,不仅有利于救灾,而且本身就是生产活动,在修治河道、筑路等基本建设活动中经常被采用。

直隶商会参与治理内河工程,也得到了政府的肯定和表彰。如在三岔河口裁湾工程中,天津商会积极筹款,受到直隶省长曹锐的通报表彰:"三岔河口裁湾取直工程所有拆房开河以及填垫废河等项公款,已由该会商同议会筹有的款以备开办,具见热心公益提倡有方。"②

有的商会专门把济农一项列入章程。如顺德商会分会鼓励商董投资济农,"顺埠商业以帐局为大,兼济商农。而济农有私济有公济。如农家揭债,以地担保,是为私济。若使农会既立,谋公利之资本,如凿井开渠之类,是为公济。公济官以公款担保,此为守土应尽之义务。若商董义务之大,则为力劝绅富扩充资本。如济农至十万两以外,禀请督宪从优褒奖。"③把凿井开渠,兴修水利作为一项重要职责。

水利的兴修,在一定程度上提高了农民的抗旱能力,改善了农村生产环境。据统计,20世纪以来,河北灌溉面积占耕地面积的比例呈上升趋势,二三十年代尤为明显,1904—1909年为1%,1914—1919年为5%,1924—1929年达到13%,1930年代初期保持在14%。④这自然离不开政府的重视,同时与包括商会在内的

① 天津《益世报》1921年1月16日。
② 《津档》(1912—1928)3,第3213页。
③ 《津档》(1903—1911)上,第194页。
④ [美]珀金斯:《中国农业的发展》,第85页。

各种社会力量的积极支持是密不可分的。

三、规范市场秩序，促进农产品流通

（一）规范市场流通体系

　　规范市场秩序，建立完善的市场体系，货畅其流，是商会的基本经济职能之一。直隶商会成立后，通过自身网络系统的建构与运转，密切了天津商业腹地之间的联系。近代商品流通体系借助星罗棋布的乡村集市和小农商贩，最终完成从口岸城市—市镇—乡村集市—乡村的建构，形成了以通商口岸为中心的近代市场体系。乡村集市作为区域内国内商品流通的最低层次，被纳入以口岸为中心的商品流通结构之中，成为国际商品流通体系的一部分，有力地刺激了商业腹地土产品的商品化，对于打破农村封闭的状况具有一定的积极作用。

　　各地商会积极采取措施，配合政府，统一货币和度量，有意识地开发农村市场、整顿市场秩序、严惩投机奸商，为统一的市场体系的发育建立规范的竞争机制。调查商情农情、互通信息也是商会的一项基本职能。如任丘商务分会简章规定调查"县治商务盛衰之故，有无新出种植制造之商品，按年列表呈报"是其例行职能之一①。正定商务分会定期"派调查员调查邻境禾稼成熟丰歉情形，及银粮价值低昂，以便普告众商。"②各地商会对当地集市庙会情形、物产种类、产额、产地、行规详细调查，为本地区的商人提供当地有关市场交易、物产、习俗等各方面的信息，从而使参加商会

---

① 《津档》（1903—1911）上，第271页。
② 《津档》（1903—1911）上，第213页。

的商人减少了搜寻信息的费用,而没有在会的商人要取得这些信息则要付出高昂的费用,需要花费大量的时间和人力。商会规则中也提供了大量的市场信息,它告诉商人如何在一个地方从事商业活动、如何与地方官吏和人民搞好关系,要求它的成员保证商品的质量和标准,不得掺杂使假,缺斤少两,遵守商业道德,并对市场实行监控。对不实行规则的予以处罚。这样商会组织的内部管理协调部分地替代市场协调,在促使交易成本内在化方面发挥了积极作用①。因此,各种形式的商情农情调查,商会内部信息的经常性沟通与交流,有助于降低交易成本,更好地促进农产品的流通。

　　加强对农产品检验,禁止作伪作弊,是商会整顿农村市场秩序的重要内容。以棉花为例加以说明。

　　中国产棉性质颇佳,向为出口土货一大宗。近年来棉商采买棉花,多因质不干净,以致洋商百般挑剔。"推原其故,实系轧花时或带子粒或掺黄残之货所致"。为此,1915年10月天津商会专门布告,各棉区棉花栈商轧花之时应多用小工,将子粒与黄残拣择尽净,照此整顿,将于棉业大有裨益②。

　　1925年5月全国商会第五次大会在北京召开,直隶商会代表张吟清、张鸣谦等提出议案呈请农商部严禁棉花掺伪颁布检查条例以维棉业而挽利权:"棉花为输出大宗,只以棉商贪图渔利,作伪作弊,影响国际贸易,拟请农商部颁布检查棉花条例,严禁棉花掺水、夹沙、夹泥。"③

---

　　① 刘佛丁、王玉茹:《中国近代的市场发育与经济增长》,北京高等教育出版社1996年版;张东刚:《商会与近代中国的制度安排与变迁》,《南开经济研究》(津),2000年第1期。
　　② 《津档》(1912—1928)2,第2226页。
　　③ 《津档》(1912—1928)1,第633页。

由于种种原因,棉花掺伪始终未能禁绝。1934年4月4日《益世报》以《津市棉业江河日下》为题刊发了天津市棉业同业公会对改进棉业的劝告书,认为要发展国内外的销路,非从改良棉花品质,增加生产入手不可,棉花品质如果精良,销路自然畅旺,价格自然提高,国际贸易自然有信用,但这绝不是二三人所能办到的,需要"棉商棉农棉贩齐心努力统力合作"。对改进棉业提出三条建议:第一,棉花勿高次混杂。棉农在播种的时候千万慎选种籽,棉贩在整理棉花的时候,千万好的坏的,分别清楚,不可混在一起,更不可掺入杂质,棉商在收买货的时候,亦要注意取缔,凡有好坏不分、潮分过大以及混有杂质之货,一概拒绝买卖。第二,棉花勿掺水。关于棉花种植、收获、整理等等事项,非脚踏实地去做不可,要是一味的掺假作伪,欺骗蒙混,只图一时小利,不顾交易信用,最终是害人害己。第三,棉花勿掺杂质。农民在收花时宜留意棉叶,棉商在轧花时千万别掺棉籽,打包时别再加水掺土及一切夹杂物,将一切作伪掺假的不良习惯一律铲除。将来棉质纯净,销路自然畅旺。[①]

棉花检验对于棉花的销售起到了积极作用。据民国修订的《威县志》记载,"花衣在山东济南商埠群推为高等货物。民国十一年由商会创设检查棉业所,到处检查。凡系干白净花,盖以检查紫印。行至十二年,在济南商埠大著信用。各处纱厂及行商对于威县检查印货,不惜重资争相购定,故济南商埠近来为威境农商业务之大销场。"[②]从而促进了威县棉花种植业的发展。

---

① 天津《益世报》1934年4月4日。
② 民国《威县志》卷8,第514页。

（二）发展民船运输业，畅通商路

商会对于河道的修治疏浚，有利于内河民船运输的开发利用。在各地商会的努力下，一度衰落的民船运输得到了恢复和发展。20 世纪初，直隶内河民船运输在天津经济中的作用十分明显，正如《天津志》一书所讲：天津"运销国内外之数以万资的贸易，同其水路有着重大关系"，"天津贸易的大多数，都依此水路进行集散"①。以 1905 年为例，直隶内河民船总运力为 258521 载重吨，各河进出天津的民船总数多达 121024 艘次，运进运出货物251.61 万吨，占各种运输方式运量总和的 58.9%，铁路运输占33.7%，陆路运输只占 7.4%。随着铁路运输的发展，内河民船运输所占比重有所下降。如 1912 年，天津对内贸易总额为12478.74 万海关两，其中铁路运输贸易额为 6615.86 万海关两，占总额的 53%，水路民船运输贸易额为 5436.39 万海关两，占43.6%，公路占 3.4%。可见，民船运输已降到第二位②。到 1921年，民船运输所占比重进一步下降，铁路运输却不断上升。据《天津海关十年报告书（1912—1921）》分析，是"铁路运输业的逐渐扩大损害了航运业"，其中受影响较大的是南运河、北运河和东河，而距铁路线较远的子牙河和大清河，民船运输始终保持兴旺不衰③。1922 年至 1928 年期间，北洋军阀连年战争，铁路常常被破坏，车辆被征用，运输受到很大影响，而"民船载运货物，则系与岁俱增"。铁路运输从 1922 年占进出天津运输总量的 74% 降到

---

① 《二十世纪初的天津概况》，第 83 页。
② 《天津的经济地位》，第 31 页。
③ 《天津历史资料》第 13 期，第 65—66 页。

1928 年的 49%,而民船运输却从 23% 上升到 46%。其中,1926 年曾达到 54%,而铁路运输却降为 43%[1]。

内河民船运输业的发展,促进了农产品的流通,沿岸许多水运港埠也随之兴旺起来。如南运河(卫运河)航线的沧州、泊镇、连镇、龙王庙;子牙河、滏阳河的邯郸、马头、小范、臧桥、刘各庄、沙河桥;大清河的苏桥、胜芳、新镇、史各庄、左各庄、安新、保定等,几乎都随着水运的发展而逐步成为本地区的工商业中心。民国《沧州志》载:"至光绪年河运停止(指漕运),然民船往来有运输货物者,有乘载行旅者,皆以沧为营业中心。"民国《增修磁县县志》在记载滏阳河航线马头镇时,赞滏阳河"河广水稳,航行便利","彭城瓷器与西佐峰峰之煤赖以输出者为数不少,而杂货逆流而上者亦很多,故马头镇沿河两岸厂店林立,商业发达,每届航期,帆樯如林,大有'舸舰迷津'、'舳舻千里'之势",可见其繁盛景象[2]。

(三)缓解小农负担

一个十分有趣的现象是,许多并不在会的商家、不够入会资格的小商小贩、甚至农民、渔民等遇到捐税等问题时往往直接求助于各地商会。各地商会还在力所能及的范围内,积极为他们争取利益。

胜芳商务分会得知有人借口自治抽用灰煤、皮用,欲将贩卖瓜菜者一律抽收用钱的消息后,牒请天津商会禀陈查禁私抽瓜菜用钱,"查瓜菜一项有关民食,且均系肩挑零贩,小本营生。抽用及此,不惟苦累小民,亦且迹近苛敛。"此项名目已于光绪八年县署

①　《天津历史资料》第 5 期,第 68 页。
②　黄希文:《增修磁县县志》(1934 年),第 6 页。

勒石禁止,不得滥行抽收。请天津商会查核,禀恳农工商部宪札饬一律查禁,"以惟(维)商业而利民生。"①

1906年8月,大城县台头村村副郝桂桥等为渔业公司台头分局重征藕捐扣押村正一事,直接向天津商务总会求助。大城县台头等村大半以蒲草、藕田为生,除本境销售外,率皆运赴天津销售。1905年春,渔业公司总局在该村设立分局,专收鱼藕等税,凡在本境卖货者,均按卖进钱数三分纳税;货运天津者,即在天津按钱数纳捐。当经各村正副传知各地户,遵章办理,已历一年。至1906年春,该分局更换委员,包办该处鱼藕等税,并无改章示谕,不料六月间,新藕初成,除在本境卖货照章纳捐外,其余运货天津者,该分局差役拦船勒索,亦令在本境纳捐。村人与之理论,此项捐税,向来花一份不花两份,如必须在本境纳捐,可由本局发给收捐执照,货到天津,不再纳捐,亦无不可。该局差却蛮不讲理,只管本境,不管天津,亦不发给收捐执照。对此村正郝荣曾到天津渔业公司交涉,不仅未能获准,反被该公司以抗捐为名送县关押。为此,村副等联合禀请天津商务总会"转请保释,并求公断"。接函后,天津商务总会立即致函渔业公司进行交涉,指明该商等所禀各情,果与旧章无异,请渔业公司核定,并转饬该分局遵照,对于村正提出"先行"保释②。

该渔业公司实际是当时一种官办的水产中介机构,兼行经纪和征税职能。渔业公司在行使渔业经纪之职时,还通过银钱差价对渔民和鱼贩进行双重盘剥。当时市价每银元折合九六津钱2吊700文,公司付渔民津钱时,每银元折价2吊350文,即渔民每卖

---

① 《津档》(1903—1911)上,第253页。
② 《津档》(1903—1911)下,第1465—1466页。

价值一元的鱼,就要损失 350 文钱。鱼贩付公司的银元则折价 2 吊 300 文,损失 400 文。在买卖都使用铜元的场合,小贩交公司铜元 58 枚,合津钱一吊,公司付渔民 48 枚合一吊。每吊钱公司从中攫取 10 枚铜元的好处。在产鱼区,鱼一出水,该公司即向渔船抽税三分,商家买至街内过秤,又向商人抽税三分。在该公司过秤之鱼,每百斤只有 60 斤上下。由于这些原因,天津县 32 鱼贩于1911 年 11 月联名上禀天津商会请求解决。1912 年 1 月宁河县北塘众鱼贩及渔户以同一理由请求渔业改归商办。这两个申诉均经商会移请劝业道核议①。

甚至卖瓜菜、鸡卵的农民,遇事也会求助于商会。1910 年 10月,天津县白庙村村正张福春、霍家咀村正夏宗虞、柳滩村村正康永泰、于王庄村正周湘、吴家咀村正于良聚、南仓村村正柴梦椿、马家庄村正王竹山、王家庄村正朱钰、刘家园村正刘斌等,为瓜行牙纪纵其夫役肆行截索一事,不是直接求助于官府,而是向天津商会反映,转请县尊查禁,以救民困②。

再如泊镇地当南皮、交河孔道,历年四乡村农或肩担,或提篮,群向泊市贩卖鸡鸭各卵,即将所卖钱文,各易杂货带回。自鸡鸭卵经洋商收买,则环泊四乡男妇老幼咸趋重于此,以谋生活,以故泊镇各项生意,赖此小贩亦日见发达。但是 1919 年 8 月起,商人董祥亭为垄断起见,承办南皮全境鸡鸭卵专行评价,在百货统捐之外抽收牙用,造成小贩裹足不来,纷纷他往,受卵庄歇业影响,各行货物滞销,市面周转不灵,苦力贫民日不聊生③。

①　《津档》(1903—1911)下,第 1535—1537 页。
②　《津档》(1903—1911)下,第 1531—1532 页。
③　《津档》(1912—1928)4,第 3836 页。

为此,泊镇110家商户代表联名具呈天津商会,据情转请省长派员到泊镇实际调查,饬令南皮、交河两县将此项牙行局撤销。半年过后,仍无结果。1920年6月10日,南皮绅商代表145家商户,再次联名公恳撤销鸡卵牙纪,由商直接纳税,以免苛扰而维市面,"鸡卵一项,乃系我南皮一带土产,近为出口大宗,亦应时之要品。盖四乡农民以养鸡为生计者十居八九,向在泊镇为交易场合,而本镇市面借此买卖略觉活动"。董祥亭等设立牙局后,"名为抽收税用,实际把持市面。惟货价涨落不能由客自主,概由伊等指令遵行。现在买卖各商视为畏途,互相观望,裹足不前。不但本镇商业大受影响,即四乡出产各区因畏其苛索,故不敢赴镇售卖,实属蹂躏难堪。"在天津商会的积极交涉下,众绅商陈请取消牙纪、由各商直接纳税的建议虽未获财政厅批准,但财政厅同时批复,如果牙纪董祥亭等实有扰累商民行为,应持确实凭证在县控诉,依法究办①。

另外,商会还分担摊派,这有助于减轻农民的负担,对于农民而言,是一种变相"接济"。政府在农村增加税收的一个主要方式是不定期征税,即"摊款"。"摊款"是一种为应付意外支出而追加税收的常见做法。民国成立后,与清末相比,情况并没有多大改变,甚至更为严重,不止是中央政府,省县级的政府都可能征收"摊款"。摊款的主要征收对象是农民,而在一些商会组织比较发展的县,部分摊款通过商会分摊给了商人。如河北省顺义县,1931年摊款负担的4/5落到了农民头上,其余由商人交纳。到了1940年,摊款的金额是按照商人1/3,农民2/3的比例分摊的。商人负担的部分首先分摊到该县的每个集镇。其中县城顺义镇的份额是

30%，杨各庄、牛栏山、李遂镇和李家桥的份额分别为35%、25%、8%和2%。这些负担都是摊给各镇的商会，再由商会决定每个商人应负担的数额。① 高阳县志记载，民国时期地方公款每年收支不敷五六千元，此不足之数，"每年由商会暨各区临时设法筹垫"②。

频繁的兵差供应往往由商户与农家共同负担，由商家负担部分一般由商会负责统筹，但税款的实际承担者是各个商家店铺。1930年冬季，石门商会支应兵差，"购买桌椅铺板炊具什物等项，计至晋军西退日止，需款八千余元，已由石门各商户共摊款一万元，年前交于商会"。1931年1月，因支应此间驻军给养，"又需洋一万五千元。本月十六日，经第一次执监大会议决，仍援照十九年摊款成案，责成各同业公会、各特别商户，于一星期内，如数摊齐送会，以济急需"③。显然，在商会承担部分摊款的情况下，农民的负担会有一定程度的减轻。

在广大农村，小商小贩、小作坊主、渔民等固定身份就是农民，他们是乡村集镇市场的主体，担负着生产与小范围贩运的双重使命。商会并不只扮演了一个下情上达的角色，而且积极为他们呼吁，力争减免牙杂捐税，分担摊派，在一定程度上减轻了农民的负担，活跃了乡村集镇市场，提高了他们扩大种植园艺作物和发展家庭养殖业的积极性。同时，也进一步扩大了商会在乡村社会的影响。

在经济作物种植扩大的同时，某些地区的水果、蔬菜等园艺作

---

① 《中国农民经济》，第69页。
② 《高阳县志》卷2，行政，1933年铅印。
③ 《各地一石门各商春节支应》，天津《益世报》1931年1月25日。

物的种植，也有所发展。如在天津地区，"农民出产的水果，足以供给本地市场以及对其他口岸输出的需要。桃子和李子多半输出至哈尔滨、牛庄及上海。苹果和葡萄也运往上海市场。"[1]冀东昌黎县农民，过去只限于山边或贫瘠土地，但自20年代水果畅销后，"山间农家恒于农地之内，竞植果树"[2]。农民"已经在肥美的田地上开辟许多新兴的果园，水果的收入足以补偿牺牲种谷物的土地改种水果的损失。"[3]在碣石山一带，各种梨、桃、苹果、葡萄等，"数十里随处种植"，每年有大量果品"行销外省及外国"，仅葡萄一项，每年"进款几数十万，与昌黎梨、桃，并为出产大宗。"[4]任县农民种枣树的很多，每年"收量约50余万斤"，农民自用无多，"近年制为熏枣，由滏阳河运销天津。"[5]宣化县以盛产葡萄著称，所产白葡萄味甘皮薄，"专供上客"；马乳葡萄"价艺昂，销售亦远"；红葡萄"味甘微酸，能耐冬。"京张铁路通车后，"关内人来贩葡萄者甚火，价格愈昂，销路愈广，城内园地有增无减。"[6]涿县果品产量提高也很快，至30年代，每年产桃约15万斤，梨约百万斤，杏约10万斤，枣约200万斤，红果（山里红）约百万斤。[7]泊头鸭梨，产量据1939年《交河县乡土事情调查》估计为5000万斤[8]。大批泊头鸭梨由天津转销出口于香港、日本、东南亚地区，从而奠定了"天津鸭梨"在国际市场上的地位。据1928年《河北省省政统计

---

① 《英文周刊》第一种，第126期，第5页，1923年7月21日出版。
② 《中外经济周刊》211号，第9页，1927年5月14日。
③ 《海关十年报告》（1922—1931）卷1，第328页。
④ 民国《昌黎县志》卷4，物产志。
⑤ 戴鞍钢、黄苇主编：《中国地方志经济资料汇编》，第169页。
⑥ 民国《宣化县新县志》卷4，物产志，植物类。
⑦ 民国《涿县志》第3编，经济，第1卷，实业。
⑧ 《河北城市发展史》，第353页。

概要》,重要的产梨县份还有:献县产梨 8000 万斤,输出 7700 万斤;盐山产梨 5800 万斤,输出 4500 万斤;晋县出产鸭梨 3197 万斤,输出 3140 万斤;肃宁产鸭梨 600 万斤,输出 368 万斤;河间产梨 500 万斤,输出 300 万斤;南皮产梨 300 万斤,输出 200 万斤;枣强产鸭梨 143 万斤,输出 100 万斤;广宗产鸭梨 85.7 万斤,输出 84 万斤;清河产梨 42 万斤,输出 38 万斤;沙河产梨 35 万斤,输出 20 万斤等。其他如大枣、核桃、桃等地方土特产的产量和商品化率都有了较大提高。

随着近代工商业和城市的发展,城镇郊区和附近农村的蔬菜生产也有相应的发展。如在京汉路上的涿县,每年可产蔬菜约3000 余万斤,藕约 15 万斤,荸荠约 3 万斤。① 完县城关所产菜蔬,"可供全县使用"。② 三河县邑北灵山等处,蔬菜占农业收入几达一半,"北平所需葱蒜,恒仰给焉。"③ 万全所产蔬菜,除售卖各乡外,并行销张家口、宣化、张北、怀安等地④。据 20 年代初农商部统计,直隶省瓜类种植面积 74.8 万多亩,各类蔬菜种植面积262.6 万多亩,收获量约为 362178 万斤⑤。一些地方的蔬菜不仅供本地,而且远销外县外省,乃至国外市场。据 1928 年《河北省省政统计概要》,玉田出产白菜 17000 万斤,输出 12000 万斤,商品化率达到 70.6%;静海出产冬菜 1.8 万斤,输出 1.5 万斤,商品化率达到 83.3%;沧县产冬菜 40 万斤,输出 35 万斤,商品化率高达87.5%。再如柏乡大葱年产 300 万斤,输出 200 万斤,商品化率达

---

① 戴鞍钢、黄苇主编:《中国地方志经济资料汇编》,第 169 页。
② 民国《完县新志》卷 15,食货第五。
③ 民国《三河县新志》卷 15,实业篇。
④ 民国《万全县志》卷 2,物产。
⑤ 《中国年鉴》(第一回),商务印书馆 1924 年版。

到66.7%。

　　禽畜饲养本是中国农村古老的自给性副业,商品化程度甚低。进入20世纪,由于社会条件的改变,特别是城市的发展、蛋品加工业的兴起和对外贸易的扩大,一些口岸和城市附近以及铁路沿线地区,禽畜饲养逐渐变为营利性副业,其规模也有所发展。如房山县属,养鸡产蛋,"为人大利,畜者甚多"①。南皮养鸡,肉肥味美,大量行销天津,"蛋则多出口"②。藁城肥猪"多沽于北平"③。涿县所产肥猪,有二分之一运销北京④。张北县,每年向外地出口牛约1500头,羊15000只,猪15000头,鸡63500只,即使本地销售部分不计,商品率也较高。据1928年《河北省省政统计概要》,安次年出产鸡蛋5500万个,输出5000万个;霸县出产8600万个,输出8540万个;涿县出产300万个,输出250万个;清苑每年输出鸡蛋达750万斤,还设厂收买鸡蛋制成蛋青片、蛋黄粉,年产5000箱全部出口到欧美各国;灵寿产蛋60万箱,输出40万箱;邯郸以鸡蛋为原料年产蛋粉7.5万斤。这些虽属零星记载,但大体反映出直隶地区果蔬和禽畜产品的商品化情况。

　　总之,直隶各地商会在推动商业性农业发展的过程中,既有直接的作用,也有间接的影响。商会建立后,积极参与市场的开发与构建,整顿市场秩序,调查商情,交流信息,呈请减免捐税,维护广大商民权益等等,都有利于良好的市场体系的发育,促进农产品的流通。商会协助农会及地方政府进行的改良作物品种、投资济农、

---

　　① 民国《房山县志》,物产,第67页。
　　② 民国《南皮县志》卷5,第38页。
　　③ 民国《续修藁城县志》卷1,第5页。
　　④ 汪敬虞:《中国近代经济史》(1895—1927)中册,人民出版社2000年版,第907—908页。

兴修水利等在一定程度上改善了农业生态环境、推动了农业商品化生产。

　　在推动农业改良、改善农业生态环境、完善市场秩序等方面，直隶商会与政府一直保持着良好的合作关系。一方面，政府的发展计划、改良措施要靠商会等组织来贯彻实施，政府的一些社会职能需要商会来填补，另一方面，商会也需要得到政府的政策支持和各种优惠。可以说，在直隶商会与政府的关系中，合作是一种常态和主流，这是商会虽历经风波，仍始终存在并发挥作用的根本所在。

第六章　商会与乡村公益事业

直隶商会继承了行会、会馆热心慈善的传统,利用自身在地方的影响力,积极发动绅商捐助赈灾、协助戒烟、兴学育才、改善交通、维护地方治安等社会公益事业,与政府形成了良性互动,对直隶社会生活的稳定和社会风气的好转发挥了独特的作用。

一、商会与农村赈济

直隶商会承继和发扬了民间组织热心慈善事业的传统。每遇天灾人祸,各地商会除积极支持原有慈善团体外,还亲自设立慈善机构,发放赈济衣粮,为灾民救济和社会生活的稳定做出了不小的贡献。

1907 年、1908 年水患导致永定河决口,武清、宝坻二县受灾最重。灾情发生后,天津商会约集会董和各善堂堂长协商借拨款两项。会议公推李向辰调查灾情并散发赈济款项,李向辰两次由水路运赴灾区铜元共计 15000 余吊。1908 年商会又组织放赈铜元 19000 吊,棉衣 400 件①。1917 年直隶大水,受灾一百余县,17646 村,灾民达 5611759 人。地方官府,求告商会"大发仁慈,设法筹

---

① 《津档》(1903—1911)下,第 2143 页。

资,广为接济。"①中央特派员熊希龄也希望商会"慨念民胞,续为劝募,擎须众举。"②天津商民迅速组织赈灾,天津绸缎洋布棉纱商"纠合同志办理施助面食一星期,每日各商号施助面食十斤,经商团第五区以及各商号热心同仁亲往灾区施放。"鉴于灾民日增一日,开议续办两星期,改放玉米面条,仍委托商团施助③。商会会董杨晓林、孙星五等以正值伏暑酷热之际,所有赵家场佟家楼竹林村各处难民不免发生疾病,"昨同听差携带一切暑药,前往新车站北营内外窝铺内施给暑药以救性命。"④天津商会会长卞荫昌还提议借给各县织户棉纱,使灾民免于辍业。1918 年直隶水灾后,棉纱各商立即捐助玉米面 18000 斤,商团捐助饼干 8000 斤。天津总商会还承销义赈奖券,转告各分会暨各商号广为劝购⑤。

1920 年是直隶天灾人祸最重的一年,直皖战争加上罕见的大旱使直隶各地灾民剧增。战后,商会组织商家捐助,各商家十分踊跃,很快募集了 13825.79 元,使战后重建家园的工作顺利开展⑥。同时这一年大旱受灾 103 县,受灾人口达 500 万人。各地绅商"本乐善不倦之怀,为博施济众之举",在商会组织下 1920 年共放冬赈 1210783.5 元,粮 5443105 斤,棉衣 42151 件⑦,1921 年又积极发散春赈。通过商会对农村被灾区的放赈,直接帮助解决了灾民的生活。

---

① 《津档》(1912—1928)下,第 3387 页。
② 《津档》(1912—1928)3,第 3391 页。
③ 《津档》(1912—1928)3,第 3404 页。
④ 天津《大公报》1917 年 8 月 13 日。
⑤ 天津《益世报》1918 年 10 月 30 日。
⑥ 《津档》(1912—1928)3,第 3449 页。
⑦ 天津《益世报》1921 年 5 月 26 日。

表15　直隶绅商1921年发散春赈表　　(铜元单位:万枚)

县名	博野	安平	肃宁	威县	平乡
数量	75	30	90	240	150
县名	大名	阜平	新河	南乐	成安
数量	270	45	150	15	150
县名	广宗	鸡泽	曲周	肥乡	广平
数量	120	67.5	225	150	105
县名	长垣	束鹿	巨鹿	蠡县	高阳
数量	22.5	210	1.885	3.2	

资料来源:根据《益世报》1921年5月24日的赈灾资料编制。

商会还协助慈善机构实施赈济,据《大公报》记载,在1917年水灾中,天津红十字会曾致函天津商会联合会:"兹有敝会总会特派查放员蔡吉逢君专放文安,又仁德堂唐郅郑君兼放东光沧县,携带赈物克日前往散放。惟人地生疏恐无以措手,致请贵会费神分转各该县,俟该员抵到时一切住宿调查等事务乞妥为接洽,辅助进行。"[1]由于得到商会的大力协助,保证了施赈活动的顺利进行。

商会热心慈善事业,除自身筹措经费积极赈灾外,还上传下达,向赈抚局反映灾情,请求赈济,并组织绅商及慈善团体募捐。1908年津北乡遭受水灾后,商会立即发布募捐启事,遂致函备济社等慈善团体,期望他们拨款速办急赈,以期接济,而惠灾黎[2]。此次赈灾惠及49000多人[3]。为鼓励商会会员会董赞助社会公

---

[1]　天津《大公报》1917年11月12日。
[2]　《津档》(1912—1928)2,第2147页。
[3]　《津档》(1912—1928)2,第2149页。

益,商会向直隶赈抚局请求对捐助多者予以奖励。1909 年胡维宪
等 17 人,因劝办赈捐,能募巨款而受到戴花翎,授予四品、五品、六
衔名等奖励。各地商会还加强了地方治安,防止匪人扰害灾民,维
护商业。据 1917 年 12 月 31 日《大公报》载:"天津体育社总队长
杜小琴近以灾区过广,时有匪人乘间扰害灾民,实殊不法。昨饬自
卫游行队社员一律夜间各带枪械结队分往灾区梭巡而保治安。"①
天津商团董事近因灾荒难民众广不免流离盗匪,惟恐地方不靖,饬
各团员夜间一律加班分区梭巡以资保卫商业治安。②

　　当然,在赈灾中有些"不实"商人的举动遭到了舆论的批评。
例如 1917 年清苑县遭水灾,红十字会保定会暨清苑绅商特邀剧界
同人演唱义务戏剧以筹款办赈。某公司借机"以售款尽归赈济为
号召"兜售纸烟,"座客感于义愤争相购买",但据说该公司经理竟
想反悔,招致舆论批评,对公司信誉提出质疑:"一时固可谓之得
计,其何以昭大信于将来。若然恐不独与公司名誉有碍,且与营业
上将不免感受多少影响也。"③

　　各地商会除了组织放赈外,还经常组织商人运粮平粜,以平抑
粮价、接济民食。对于参加平粜的商人,商会会为他们向政府有关
部门申请专门的护照,争取各种优惠政策,如沿途免捐税,铁路运
费打折扣,商人在购粮运输过程中遇到困难,商会都会积极出面与
有关部门交涉解决。据不完全统计,日俄战争期间,1904 年 2 月
至 11 月,山东和津直 41 家粮商,共购粮 120112 石,运往冀东八
县、天津、山东龙口、烟台、东北榆关等地,用护照 180 张。④ 1907

① 天津《大公报》1917 年 12 月 31 日。
② 天津《大公报》1917 年 11 月 23 日。
③ 天津《大公报》1917 年 9 月 7 日。
④ 《津档》(1903—1911)下,第 1960—1962 页。

年、1908 两年间,直隶各地连续发生水旱灾害。面对这种情况,除天津商会主动协调组织粮商购进粮食供应京津并宁河、大名、顺德、广平、保定、河间等被灾区外,灾区商会也积极招商购粮平粜。如彭城镇商务分会各会董亲自"筹款购米数百石,出粜平价。"①冀东乐亭,地窄民稠,丰获之年犹待外粮接济,而 1911 年又遭奇灾,造成"市集米粮,其初每斗价值铜元百四十枚者,不日已涨至二百枚之谱。价格昂贵,实自古所未闻。"更严重的是,所存米粮"转瞬囤仓告匮",若"非急谋补救之法,恐来日方长,后患不堪设想矣。"乐亭商会立即招集商家全力凑集巨资,赴奉天及口外承德一带采买杂粮,运回平粜,使贫民无虞冻馁②。1912 年直隶水灾,津埠粮商购粮平粜合计 620880 石。③ 祁州连年歉收,户鲜盖藏,遭遇水灾后,"穷黎更形苦累",绅商各界认为"舍办平粜不足以济民困",在很短时间内筹款津钱二万多,由商界慎选妥人赴山西一带采买粮食,开办平粜④。1917 年水灾后,各粮商赴安徽及东北各省购粮平粜合计粮食 201477 包、面粉 33450 袋、油 316000 斤⑤。石家庄商会以商办平价出售名义在督办赈粜事宜处请领护照若干张,分给各商号向晋运粮来获、石等地,办理平粜事宜,"于获邑民食之维持不无小补。"⑥另据《元氏县志》记载:"民国九年,荒旱成灾,商民叫苦,商会凑集巨款设立平粜局",办理平粜⑦。

　　粮食平粜本是我国历代封建政府重要的社会职能之一。粮食

①　《津档》(1903—1911)上,第 198 页。
②　《津档》(1903—1911)下,第 2043 页。
③　《津档》(1912—1928)2,第 1667 页。
④　《津档》(1912—1928)2,第 1647 页。
⑤　《津档》(1912—1928)2,第 1647 页。
⑥　河北省档案馆藏:获鹿县民国档案汇集:656—1—1241,1920 年 12 月。
⑦　民国《元氏县志》,行政,自治。

的供应状况,直接关系着社会的稳定和政权的根基。为了预防灾歉造成严重的粮食危机,历代政府在其鼎盛时期曾建立了相当完备的仓储制度。由各级地方政府主持的称常平仓,由民间士绅主持的称义仓和社仓。这些库储担负着灾年借粮于民或平抑粮价腾涨的使命。但是晚清时期全国仓储制度遭到严重破坏,救济平粜的社会职能极大弱化。正如1911年直隶赈抚办公处因津埠灾情严重库储乏粮价格翔贵,请直隶布政使司、天津兵备道速饬招商平粜的照会中所言,"虽由官设局平粜,而库储空虚,究属款少力薄。"若不急图补救,一旦民心惶恐,后果将不堪设想。不如招商自备资本,购粮平粜,以济民食,而定人心。① 商会建立后,这种平粜活动开始由商会具体主持和管理,一方面显示了商会广泛的社会职能,也充分暴露了近代政府社会职能的失灵。

由于各地商会和商人在组织粮食平粜活动中扮演了重要角色,逐渐得到各级政府的认可和倚重。1917年9月30日发布的直隶省长第5667号训令要求,"凡被灾县分由各该知事邀会绅商筹集资本,择定地点,酌设平粜局若干处,官厅任保护之责,绅商服转输之劳,其粮商自由贩粮者并须一律保护,和衷共济,切实奉行,庶几粮石不致短缺,灾民可免冻馁。"同时,由省长拟定平粜局简章八条,其中规定:"(一)凡被灾县分应由绅商集资设立平粜局。(二)平粜局成立后,呈请本县知事转呈省长发给运粮护照。(三)凡平粜局运粮,沿途地方官、警察、军队均须妥为保护,倘被劫掠,惟该官吏是问。(四)粮米到局,由本县商会定价呈请县知事布告阖境,其无商会县分,由官绅酌量定之。(五)凡来局籴粮者,均须现款,每次至多不得过若干石,其最高额由商会定之,无商会者,与

———————————

① 《津档》(1903—1911)下,第2015—2016页。

前条同。"①平粜局就其职能而言"全在储备民食","以资救济"②。可以说是仓储制度遭到严重破坏后,由近代政府倡导设立的一种替代机构,只是组织平粜活动的主角已变成了各地商会和商人。

在农村发生自然灾害时,商会通过组织商人运销灾区的手工业产品,同时要求税务部门减免灾区输出的手工业品税收,积极支持灾区恢复生产。其中最典型的例子是1917年直隶水灾后,商会与督办京畿一带水灾河工善后事宜处合作,实行保息贷纱。1917年11月11日,督办京畿一带水灾河工善后事宜处致天津总商会函提出:"高阳、河间、献县、肃宁等县均有专以织布为业者,向例织成以后由京津保三处布行收买运售。此次自经巨灾,商务停滞,既无定货之人,即无机织之户……请贵商会谆劝各布行照旧收买机户布匹,如因资本不充,可自向银行借贷,呈由本处酌量保息,并经商请直隶省长、京兆尹、财政部税务处,所有京津保三处布行贩运灾区复业各机户布匹者,由本处随时咨请特给护照一纸,经过关卡一律豁免厘税"③。

直隶商会联合会接到来函后,一面通告各县商会先行传知本境机户不要停业,一面召集会议核议办法,提出"近数年来各县织业之发达,颇有一日千里之观,其机织较多之处实不仅饶阳、高阳、河间、肃宁等县,如安新、任丘、蠡县、清苑、大庄等处亦类皆户有机声。又如迁安县属之造纸业、安新县属之织席业、安平县属之织马尾业,以省区计之,虽不敌机织之广,然在各该县属境内已占全境人口十分之八,似应并入一体维持。"会议并通过保息办法十条。

① 《津档》(1912—1928)2,第1693—1695页。
② 《津档》(1912—1928)2,第1694页。
③ 《津档》(1912—1928)3,第2577页。

其主要内容有,督办京畿一带水灾河工善后事宜处为布商借款提供息六厘;凡收买灾区布匹,布商资本不足时,可自行向银行、银号及其他商号借款,或以商会名义向银行、银号及其他商号汇借,均须函由直隶商会联合会核实转请保息;灾区商会如不能自向银行、银号及其他商号汇借者,由直隶商会联合会函请善后事宜处酌核指定银行商借,除保息外,商会负完全偿还责任;布商及商会无论在银行、银号及其他商号借款,一经借妥,呈由直隶商会联合会核准,即函请善后事宜处先将保息照发,以昭信实;借款保息,本为灾区机户复业而设,故以布商为限。但如迁安县属之造纸业、安新县属之织席业、安平县属之织马尾业以及其他各县有与机户相等之职业,关系全县人民生计者,亦可呈由直隶商会联合会转请善后事宜处加入此次保息一并维持①。

善后事宜处对此章程作了修正,于1918年1月13日刊发。直隶商会联合会并制定了施行细则,强调此项借款是专为收买灾区所织土布之用,要求各县"召集布商开会公同协议,妥为分配,俾免垄断"。② 到同年3月,借款布商共51家,贷款总数银54500两(折79025元),洋730412元,合计809437元。月息在9厘到1分5厘之间,绝大部分为1分或1分2厘。除保息外,督办京畿一带水灾河工善后事宜处通过天津商会,向灾区高阳、饶阳、保定、天津、任丘、蠡县、宝坻、肃宁等县贷放2750包棉纱。③

商会秉承了民间组织热心赈济灾民的传统。由于其具有很大的影响力,直隶各地的赈灾工作开展比较顺利,在很大程度上弥补

① 《津档》(1912—1928)3,第2578—2579页。
② 《津档》(1912—1928)3,第2582页。
③ 《津档》(1912—1928)3,第2591页。

了清末及民国时期政府赈灾的不力,使广大灾民能够在灾后维持生活和恢复生产。

二、协助政府禁绝烟毒

鸦片问题是困扰近代中国的重大社会问题之一。到 19 世纪二三十年代,直隶已成为北方鸦片走私的孔道和泛滥的重灾区。闽、粤等省洋船每年大约有一百数十只到天津海口,多夹带鸦片。这些鸦片经潮义店、大有店、岭南栈房等"窑口"分销直隶,转售山西、陕西商人或包运到北京等地①。嘉白帮、杭州帮、金衢帮等漕船的旗丁、水手在运粮时常偷运烟土;大批商贩以贩卖洋货为名,夹带烟土烟膏,深入直隶城乡售卖,更不胜枚举。鸦片多源性走私输入,促成顺直地区烟馆林立,吸食人群激增,危及民众健康和财政平衡。1858 年中英签订了《通商章程善后条约》②,规定外国鸦片以"洋药"名义进口中国,每百斤纳税 30 两,标志着鸦片贸易的合法化。从此,进口的鸦片数量急剧增加。外国鸦片大量进口的同时,直隶省土产鸦片的销售及种植情形也日益严重。

外国鸦片进口,邻省鸦片倾销,本省罂粟广泛种植,其结果是鸦片烟毒弥漫。19 世纪末 20 世纪初,面对日益严重的烟毒,国内不少仁人志士奔走呼号,或呼吁政府禁烟,或创办禁烟机构,逐渐掀起了禁烟热潮;同时,西方国家的一些正义人士纷纷指责列强利用鸦片毒害中国的政策,国际上出现了有利于清政府禁烟的形势。

---

① 中国第一历史档案馆:《鸦片战争档案史料》[Z],上海人民出版社 1987 年版,第 351—352 页。

② 王铁崖:《中外旧约章汇编》(1)[Z],三联书店 1957 年版,第 117 页。

在这种条件下,1906 年 9 月 20 日清政府颁布了禁烟上谕:"自鸦片弛禁以来,流毒几遍中国……数十年来日形贫弱,实由于此"。宣布"著定限十年以内,将洋土药之害一律革除净尽。"①正式揭开了清末禁烟运动的序幕,政务处根据诏令议奏禁烟章程十条,其中劝勉绅商广设戒烟善会,禁止烟馆,清查烟店,协助地方官禁绝烟毒,以转移习俗。②

1907 年 7 月直隶在天津设立全省禁烟总局。直督袁世凯因该局"事体重要,公务殷繁",特委"藩、学、臬三司为总办,运司、津海关道、天津道为会办",设驻局总办、会办、提调各 1 人,委派沈桐、丁象震、严震担任③。确定的禁烟宗旨是,"以调查为起手,以专卖为究竟,以发单照为枢纽,以设戒会、施方药为辅佐,行之以渐,持之以恒,庶冀克收效果。"④直隶禁烟局成立后,一面命令天津卫生局、医院等机构筹设戒烟公所、善会,"俾为官民倡导",一面号召各州县联合绅商,多设分所、分会。

清廷颁布禁烟章程后,天津商会即发布通知要求"我商界亟宜首先撤去烟具,力戒吸食,仰副列宪图强之至意。敝会为众商领袖,不惮诰诫之烦,实欲挽此颓风,力祛隐害。"并警告各商自此通知之后,"倘有视若虚文,阳奉阴违,一经发觉,定即从重议罚。"⑤此后,天津商会配合直隶禁烟总局,严禁售卖烟具,对来往直隶省境的土商实行护照管理。

1906 年 12 月,商会总理王贤宾、协理宁世福考虑到"凡食力

①　朱寿朋:《光绪朝东华录》第 5 册[Z],中华书局 1984 年版,第 5570 页。
②　《津档》(1903—1911)下,第 1639 页。
③　《津档》(1903—1911)下,第 1643 页。
④　甘厚慈:《北洋公牍类纂》,文海出版社 1966 年版,第 1857—1858 页。
⑤　《津档》(1903—1911)下,第 1643 页。

商民专恃烟馆惟吸烟之所,一旦烟馆禁绝,瘾食交迫,巨患潜滋,"于是邀集天津名绅、各善堂、商行董事,反复商议,决定在永丰屯黄绅花园内创设天津公立戒烟善会,公定章程十条。规定凡入会戒烟者,须预先赴会中账房挂号,说明年龄大小、吸烟瘾程度,由会中诊断无疾病,再发给凭票,届期照票入会。戒烟以服药调养七日为度,一切饮食由会中筹备,不取分文。入会戒烟者如私自逃走,或戒烟后复吸,则告以保人赔偿药费。戒烟善会认为"戒烟以药为大宗",故请药行绅商程联仲等与众药商商量,"妥筹药料,尤属维持公益,应不遗余力"。至于经费,则统由总理等督同各会堂并各行董事及各善堂绅商,广为筹劝,以期源源接济而垂久远。天津戒烟善会开办后,赴会宿戒者日益踊跃,凡七日一放,随放随收,中无间断①。到1909年,仅3年时间,戒烟者已达2535人,成效仅次于天津官立戒烟医院,而远远超过了省内其他的戒烟机构。

官府的倡导得到了各地的积极响应,直隶各地绅商趁此时机,倡设各种禁烟团体,在城镇中形成一次空前禁绝烟毒的高潮。到1908年年底各地设立戒烟分所、分会达190多处。地方戒烟机构按性质分可为官立、公立(即官督绅办或官绅合办)、民立三种。官立局所多由本地长官创办,经费由官款拨付,依靠乡绅协助工作;公立、民立会社多是有功名的在乡士绅倡办,经费由绅商捐助。这些戒烟会社遍布府厅州县,甚或集镇乡村,构成一个自上至下的禁烟机构网络,将各项禁烟事务纳于其中。②

---

① 《津档》(1903—1911)下,第2173—2177页。
② 参阅肖红松:《清末直隶禁烟运动述论》,《河北大学学报》(哲学社会科学版)2005年第6期。

表16　天津及附近地区戒烟社团与机构的成绩

会名＼人数＼时间	1906	1907	1908	1909
天津公立戒烟善会	180 人	870 人	700 人	785 人
玉田县戒烟局			218 人	
怀来县戒烟会		182 人		
钜鹿县戒烟公所			42 人	
静海县戒烟局			298 人	
元氏县戒烟局			246 人	
人数累计　3521 人	180 人	1052 人	1504 人	785 人

资料来源:《津档》(1903—1911)下,第2179页。

　　各地分会在戒烟方面也颇有作为。如高阳商会的做法就十分有效。该会认为罂粟流毒入人最深,大为民害,遂筹立了戒烟社,随时捐款,炮制戒烟药。并规定富者领药自戒,注明姓名地址,5日一查,按日减药,断瘾后注册,严禁再犯;对于贫者,则拘留社所,按日给药,并供给一日两餐,按期验收成效①。这种几近强制的措施使许多瘾君子改邪归正。根据所发牌照数目核算全省吸烟人数,1907年107352人,1908年74594人,戒断人数达3万多人②。另据陈夔龙报告,到1911年全省已经戒断80200人③。正是由于民间社团积极参与,形成了官绅良性互动,使清末直隶禁烟运动有声有色,令中外瞩目,"直隶省之禁烟,先于他省,故收效较速"④。

　　民国初年,直隶禁烟运动继续保持了清末禁烟的良好态势,也

①　《津档》(1903—1911)上,第221页。
②　《直隶禁烟总局公牍汇要初编》卷2,北洋官报总局1909年。
③　陈夔龙:《庸菴尚书奏议》,文海出版社1970年版,第1731页。
④　圃园:《各省禁烟成绩调查记》,《国风报》1909年(18)。

取得了新的进展。但好景不长,自 1917 年军阀割据与混战后,毒祸再起。军阀们采取各种极其卑劣的手段,"禁"弛交替,只征不禁,遂使烟毒更加泛滥。南京国民政府建立后,烟政几经变化,先是"寓禁于征",实质也是征而不禁。1927 年 9 月,在天津饭庄业不设烟灯将近 30 余年后,出现禁烟局派人谕令饭庄同业各号增设鸦片烟灯①。

1931 年 8 月 23 日《益世报》以《毒氛遍河北》为题报道了河北烟毒泛滥情形:"毒品遍中国,而尤以冀鲁各省为最,盖北方民智未开,无力识别,一旦沾染嗜好,倾家丧身,执迷不悟,殊为可悯,东北边防长官公署,近据密报,谓河北城乡村镇各所在地方,多有依售卖海龙英为营业者,而天津地方,且有大规模之制造厂,危害国民,不堪设想,特于昨日咨请冀省府严密防查,处以极刑,以塞毒犯之胆。"②使商会的努力显得苍白无力。正是由于国家政治长期动荡,号令不一,各级政府见利忘义,各行其是,动摇于禁弛之间,造成烟毒问题绵延百年始终没能根本解决。

三、兴办商学,开启商智

(一)兴办实业教育,培养新型人才

随着中外商务往来的扩大和西方各种经济思潮的涌入,中国工商业者逐步认识到,在中国要发展资本主义,必须培养大量掌握近代经济知识和科学技术的实业人才。他们认为商学不兴是商战败北,利源外泄的本由,"洋货所以畅销我国之故,不外制造精美。

① 《津档》(1912—1928)2,第 2084 页。
② 《毒氛遍河北》,《益世报》1931 年 8 月 23 日。

其所以制造精美者,上则政府为之提倡,不惜巨资;下则商民专心研究,不遗余力,广兴教育,以培养人才。"①并指出"窃查商业实富国之本,人才为商业之要。"所以"商战实以学战,培养商界后进,洵根本之要图也。"②正是基于这些认识,津冀各地商会把兴办商学、开启商智,列为商会活动的重要内容。如天津商会诞生之初,就大力倡导兴办商学。在1905年禀报商部的天津商会试办便宜章程30条中,就有三条直接关于商学的条款:

"第二十七条,商学不讲,率多遇事牵掣。本会拟妥筹经费,设立商务学堂,造就人才,以维商务。第二十八条,商务利弊,本会既有调查之责,遇有紧要消息或恐不易周知,拟招股商专设商务报馆,以便逐日照登。第二十九条,商情不协由于商识不开,本会拟延请畅通商务之人定期演说,准商人随便入听,以资开通而便联络。"③

天津商会的上述商务教育规划,受到商部的赞赏和肯定,认为这三条实为"振兴商务之本"④。各地商会章程中也大都规定了商务教育的条款,连磁州彭城镇商务分会这样的镇设商会也提出要设"半夜学堂,教授农工商子弟"及"设立阅报所"⑤。兴商学、启商智已成为各地商会和商人的共识。广大工商业者认为"商业不兴,由于不智,不智由于无学。是学堂一项,尤为振兴商业要著。"⑥因此鼓励和倡导设立各种实业学堂是各地商会开启商智的

① 《津档》(1903—1911)上,第175—176页。
② 《津档》(1903—1911)上,第86页。
③ 《津档》(1903—1911)上,第48页。
④ 《津档》(1903—1911)上,第49页。
⑤ 《津档》(1903—1911)上,第198、199页。
⑥ 《津档》(1903—1911)上,第174页。

首要举措。

需要指出的是,新政时期逐渐形成了政府、商会和私人共同兴办实业教育的格局。清政府采取的一系列振商措施,有利于兴商学之风的普及。1903 年,清朝学务大臣等奏定学堂章程,其《学务纲要》内称:"通商繁盛之区,宜设商业学堂。"《实业教员讲习所章程》内称"各行省应暂特设一所,养成实业教员。"[1]同年,直督袁世凯委托实业教育家周学熙在天津创设工艺总局,"括全省工学界,以创兴实业为宗旨。除管辖附属津埠各官方学堂、工厂外,凡本省各属之兴办工学皆有提倡保护之责。"[2]周学熙在 1903 年至 1907 年的四年间,先后创办了高等工业学堂、考工厂等 8 所实业学堂或实业实习基地。直隶商会的兴商学活动也得到了政府的支持和赞赏。如天津商会提出的实业教育规划得到了商部的肯定,也得到直督袁世凯的大力支持,"须知商战时代,非力学自强,则智识技能不足抗外力而图内治。"袁世凯札饬天津商会,"天津为北洋巨埠,应设商业学堂,饬总理等筹定经费,条议章程,商承学务处复核呈夺。"[3]

在政府支持和商会倡导下,直隶的实业教育居于全国先列,不少实业家和商人捐资办学,直隶兴办实业教育蔚然成风。如保定商务总会创办了初、中等实业学堂。在总会的示范、引导和影响下,一些县级分会克服困难,设法筹措经费,也创办了实业学堂或补习学堂、阅报所等。彭城商务分会因"彭城所产瓷器疴陋不精,仅供贫民购用,不足以广招徕,今思制造改良,待筹有的款,拟仿照

---

① 《津档》(1903—1911)上,第 171 页。
② 郝庆元:《直隶工艺总局资料选编》,《天津历史资料》第 16 期。
③ 《津档》(1903—1911)上,第 173 页。

醴陵办法设立瓷业学堂徐图进步。"见于彭城"地处僻壤,风气不开,见闻既属浅鲜,知识半多顽固。今拟立一宣讲所,邀请本镇官绅定期演讲,准商民随便入听并购各种新书新报另置一室,作为阅书阅报公所,以益知识而广见闻。"①秦皇岛商务分会光绪三十二年七月八日集议,"就商会房间附设实业补习学堂,甄陶商业资格,由本岛斗称用项下,撙节盈余酌筹常年经费。"此举得到临榆县支持,选派教员授课,嗣因经费不足,商会议定"由本岛粮栈辛力项下每年酌提二成,以资挹注。"②开设的课程有国文、修身、体育、地理、算学、笔札等。③顺德商务分会在会中设有阅报处,凡报中有可宣讲之事,于每月初十、二十日由会中选定数人轮流演说,各商齐集听讲,会外之人亦可随便入听,"藉以启迪商识而便联络。"同时,积极筹措经费,"选派聪慧子弟赴天津学堂学习商务工艺等事"。④

据1922年10月17日《益世报》载:"中华全国商会联合会呈请普设商业学校,培植专门人才。据邢台县呈称,已于民国四年设立乙种商业学校一处,指定土布捐常年经费,内分本科预科两级。民国七年,本科第一班已经毕业,即以预科升为本科,继续招生,认真整顿,成绩颇佳。"又据临榆呈称,"于县立高小学校内,添设乙种商业学生一班,为将来商业专门学校之嚆矢。"⑤随着近代工商业的发展,兴办实业教育、培育新型人才已经引起社会各界的广泛关注。

---

①　天津市档案馆藏:128—2—2233。
②　《津档》(1903—1911)上,第204页。
③　天津市档案馆藏:128—2—2252。
④　天津市档案馆藏:128—2—2240。
⑤　天津《益世报》1922年10月17日。

　　各地商会的兴学活动在开启商智、培育专门人才方面发挥了一定作用。其中高阳商会在兴办实业教育方面成效显著,最具有典型意义。高阳商会的建立者们认识到"商业人才之培养尤不可缓"①。商会成立后,就立即派人赴天津实习工场学习织造,他们学成以后回到高阳,对倡造新式织机、普及织造技术起了积极的推动作用。派出学习可解燃眉之急,并非长久之计。高阳商会和各商号集议后决定利用对商人的抽税和商家的自愿捐输,兴办实业教育,培养高阳布业所急需的专门人才,并于商会院内创设商业夜校,"以各商家学徒为学生,聘公正士绅为教习。"②由于学生日渐增多,商会已容纳不下,1908 年商会在高阳县城东街建立学校,"修筑讲堂五间,教习宿舍三间",将夜校正式改为初等预科学校。③

　　初等预科学校学制本为四年,到 1910 年,40 名学生修业已逾三年,考其成绩,多达高等小学程度,"殊多可造之才"④,并且年龄正合上中等学校。于是,庆丰义领事杨焕文等联名向商会投递说帖,倡议仿照京师第一中学之成例,将原校扩展为中等商业学堂。商会议决后呈文天津商务总会并上呈农工商部,1910 年 2 月得部批准。新校正式定名为高阳甲种商业学校。同时商会购得冯家大院,建筑新校舍,扩大招生规模,专门培养商业管理人员。以"授商业所必需之智识艺能,使将来实能从事商学为宗旨",招收商界子弟,分本、预科,开设大量有关商业知识的课目,并规定"概不收

①　李晓冷等纂:《高阳县志》卷 2,1933 年铅印本。
②　李晓冷等纂:《高阳县志》卷 2,1933 年铅印本。
③　《津档》(1903—1911)上,第 220 页。
④　《津档》(1903—1911)上,第 231 页。

费"①。为解决学校的日常经费,商会开会议决,各商家所收布匹"每土布一匹,认捐京钱六文"②,即以此款项作为学校的日常经费。

甲种商业学校订有完备的章程,管理较为正规。学校设监督一员,总理全校事物;设监学两员,由教师兼任,负责学生纪律;设庶务及会计各一员,主管后勤及财务工作。学生分预科和本科两种,学制均为三年。所设课程包括商品学、经济学、商业簿记、商事法规、中国文学、外国语、商业道德、商业实践、体操等,既突出商学特点,又兼顾基础知识,并且德、智、体、用全面考虑,充分体现了经济发展对新型工商人才的要求。

民国以后,由于连年内战,商业学校一度停办,"校内驻兵,学生星散,门窗什器悉付军人焚火,商教遂以中缀"③。1925年,高阳条格布麻布盛行,急需织染人才。1928年初,商会会长韩位卿、丁芸阁联合商界同仁重整学校,改称"高阳私立职业学校",设织染两科,培养织染专门人才。学校在课程设置上进行了调整,在删减原科目的同时,又增加了提花机操作与维修、印花、染轧等应用学科。此外,学校还自行编印了有关高阳织布业发展演变历史的讲义。前三年为普通科,主要学习基础理论知识,为学习外国先进织染技术还开设英文课。最后一年为专业科,分织专科和染专科,半天上课,下午在学校实习工厂实际操作。实习工厂设置铁轮机、楼子机和供学生实习染色整理工艺的锅炉、染槽、轧光机和各国进口染料。至1937年,该校共培养出毕业生400多人。这些有理

---

①　《津档》(1903—1911)上,第234—238页。
②　《津档》(1903—1911)上,第232页。
③　李晓冷等纂:《高阳县志》卷2,1933年铅印本。

论有实际的新型专门人才先后成为高阳各大商号和各机器染轧厂的骨干力量,为高阳织布业的发展做出了重大贡献,成为高阳布业持续发展的关键因素。他们的作用从同和工厂的发展中可见一斑。

同和工厂始建于1921年。该厂初建时占地15亩,拥有提花机32张,资本8000元。到"七·七事变"前夕,同和成为拥有南、北两厂,固定资产25万元,流动资金十数万元,工人400余人,织染轧兼备,工商并举的大型织染综合企业,堪称高阳织布企业的龙头。同和工厂在短短十数年间之所以发展如此迅速,新型工商人才所起作用至关重要。总经理苏秉璋毕业于高阳甲种商业学校,他思想解放,易于接受新事物,勇于破除陈规陋习。他用现代管理知识管理工厂,并大力引进新设备和人才。1935年10月,应李石曾之邀,苏秉璋与高阳私立职业学校校长李福田南下苏皖考察实业,归来后写成《江南实业参观记》一书,提出兴修高保铁路、建大型火力发电厂以及发展大机器纺织业的设想,其中不乏真知灼见。副总经理兼总设计师苏秉杰毕业于天津高等工业学校染织设计科。在他的主持下,同和产品的花样格式不断翻新,始终保持着强劲的市场竞争力。李相波从天津高等工业学校毕业后,受聘于同和,担任北厂经理。在他的技术指导下,经北厂染轧的布匹,颜色纯正均匀,光泽度强。此外,苏秉璋还特聘由日本留学归来的高阳私立职业学校教师田哲培为技术顾问。田哲培每星期六来厂一次,苏秉璋除向他请教工厂管理、企业进一步发展之规划等问题外,还请他去织造科的花样设计室、染整厂的机染科、厂化验室作技术指导。工厂各科的负责人大都是高阳私立职业学校的毕业生,而且在人事安排上还基本做到了专业对口,用其所学,以做到人尽其才。这样,从上到下,同和工厂实现了管理人员的知识化和专业化,为同和的迅速崛起奠定了基础。①

(二)创办商报,传递商情

报纸作为传递信息的有效载体之一,不仅信息含量大,而且传播速度快。对商人而言,报纸最重要的功能是能传递商情。因而商会认为"振兴实业,首以开通商智为务。而综核得失,尤以报章为要。""盖以商务无报馆不能以图远大",国外富强的原因是"皆先扶植报馆,以开民智。"②他们已认识到创办商报,对促进商业发展,增进工商界人士的文化科学知识以及培养新型管理人才有明显的推动作用,所以天津商会在其章程中明确规定"商务利弊,本会既有调查之责,遇有紧要消息或恐不易周知,拟招殷商专设商务报馆,以便逐日照登。"1905 年 12 月 26 日天津商会总理王贤宾以10000 元起家创办《天津报》,以刘孟扬为主持人,不久停办。商会与巡警局商定由警局投资 5000 元改名为《商报》。《商报》不仅刊登中外商务和市场消息,而且刊登商部各处的报告和特别事宜,并提供各地的商业信息。

《商报》创办不久就受到各地商会的欢迎。保定为直隶的省府所在地,保定商会在复天津商会的信函中称"天津商报早以(已)不胫而走,省城购阅者为数甚多。即敝会亦以此报争睹为快。"③可见,人们喜爱《商报》的程度已超过商部所办《商务官报》。而《商务官报》"即向各行商极力劝导,俾令购阅,无如年年

---

① 参阅冯小红:《高阳模式:中国近代乡村工业化的模式之一》,《中国经济史研究》2005 年第 4 期;河北大学地方史研究室、高阳县政协编著:《高阳织布业简史》,第 131—140 页。

② 《津档》(1903—1911)上,第 154、155 页。

③ 《津档》(1903—1911)上,第 163 页。

公布,总不能尽数销出,现在尚余多份"①。原因就在于天津《商报》面向各个层次的商人,针对性强。加之地方商会主动向津会寄呈重要的函稿,为商人们提供了十分可贵的商业信息。天津《商报》影响不断扩大,至1906年该报每月刊出约1000份。连比利时侨务商务会所也"拟购贵报一份,寄往敝国俾得参考商情。"②商部也与商报建立了经常性的联系,津报馆每月派人到商部领取有关商务报告刊登,商部有特别重要事宜需要立刻宣布,由部随时抄发该报馆刊登,俾得速供阅览③。

后来,《商报》由于陆续购置家具,用款不敷,亏损很大,难以维系。但津会会董筹议,"报馆之成立,实于商会进行诸多辅助,未便轻弃。各会董均愿凑集资本,继续接办。"④《商报》挺过了难关,继续发挥其开通商智,传递商务信息的作用,以至民国初年仍"销路畅远,时闻广为布露。"

1915年8月,在直隶商会联合大会上,张家口商务总会代表提议创办直隶商报,以联络商情,开通商智,剔除商弊,拓殖商权。该报由直隶京兆各县商会出资,每股计10元,销售则以商联会为总发行所,各县商会为分发行所,县商会每销一份可提成。该代表认为这样办报很顺利,"联合会总其成,各商会分其责,条目毕张,互相提挈,进行一致。"商报发行后,无论对商会、联合会还是对商人都有利无弊,"商人难白之隐可揭之于报章,以昭大公","联合会遇有普通文件,可由商报披露,在联合会可免案牍之劳,在各会

---

①　《津档》(1903—1911)上,第163页。
②　《津档》(1903—1911)上,第160页。
③　《津档》(1903—1911)上,第157页。
④　《津档》(1903—1911)上,第165页。

亦可收阅报有益之效。"①联合会即时议决开办费由各县商会承担，经理、编辑、校对人员由联合会职员兼任，办公地点在联合会，不出房租。各县商会只出开办费，以后盈亏与各县商会无涉，概由联合会筹划报纸。拟于9月份就发行。规定各县商会无论推销和拉广告都可以拿三成回扣。为了注重报纸的实用性，还规定各县商会都是报纸的义务通讯员，可以报告当地产品的种类、销售量、畅销地点、市场供应情况及商会的商务活动等。来稿只要属于商事范围一律刊登。商报股本由各商会和联合会会长卞荫昌投入，以后开销由联合会垫付。《直隶商报》开办后，刊登外国商务工艺，金融币制，介绍国内省内工商行情，政府政策，商务组织概况及各种博览会等，开阔了商人的眼界，有助于他们了解外部世界。但是报纸开办后亏损很大，联合会受此牵连，积欠4000多元，限于规定不能向各商会求援，不得已《直隶商报》在满一周年后停刊。

直隶各地商会将报纸作为指导商界的主要舆论阵地，借此引导推动直隶工商业的发展。鉴于当时一般商人没有订阅报纸的习惯，商会为方便会员阅读报纸都设有阅览室，每天准时开放，商人可自由进出。考虑到有些商人识字有限，有的商会还不定期请人宣读和辅导。如顺德商务分会试办商程中称"立会以开通商智为第一要义，具发商报一份，公举数人轮流演说以谋进步改良。"②磁州、彭城镇商务分会因本镇商情顽固，风气不开，在章程第十二条中规定设阅报所，任人观览，以资开通③，并立阅报所章程十条，规定每天上午9点到下午5点开放，里边备有茶水，并备有纸笔供读

①　《津档》(1912—1928)1，第383页。
②　《津档》(1903—1911)上，第193页。
③　《津档》(1903—1911)上，第199页。

者摘录,报纸由专人负责排列整齐,过期报纸也按年月插好标签。彭城镇的阅报所除天津商报外,还选购中外最优各种报纸、新书。其章程还规定不定期邀集官绅将各种报纸新择其最要者,用白话演说①。其他各地商会也大都设立阅报处。

"开启民智",阅报之收效最速。直隶各地商会设立阅报所(处)主要是面向知识缺乏的下层工商业者宣传专业知识,传授商业信息,对于改变社会风气,推动乡村市镇商业的发展起到了一定作用。

(三)设立商业研究所,启发商智

直隶商会在启发商智,联络商情方面除创办商报外,还认识到了商业研究和宣传的重要性。商会认为,"研究之设,足以启发商智,联络商情,仗群策群力,以昭整齐划一之规,商业前途无不藉以发达。"②商会为行政机关而"再加研究所辅而助之,有理有法,则商业日益进步,克臻完善"。也就是把商业研究所作为"联络商情,集思广益,众志成城,为补商业不足,匡商业不逮之机关也。"③天津商会刚成立便附设研究会,不定期地"约集各行商董,研究商情利弊,以达兴革目的。"研究会成立后,在商业规划诸方面进行了大量讨论和研究,并调查了商业兴衰的原因,提出补救商业困难的措施,取得了很大的成效。天津商会设立的商业研究会得到商部和直督袁世凯的肯定,认为商业研究会进行的各项研究"均为切时要图",并希望迅速成立直隶商业研究总所。该所拟将附在

---

① 《津档》(1903—1911)上,第 202 页。
② 《津档》(1903—1911)上,第 315 页。
③ 《津档》(1903—1911)上,第 318—319 页。

天津商会之内,成员由各商务分会选派组成,"依期到所研究诸要端,皆可各抒所见期臻美备。"行董们还拟议"即以一月为期,并于每年三、九月开联合大会。"关于研究所领导人选举办法,既由各行董事公举热心公益熟悉商情者各一员,推为总董,并由总董中投票选举正副议长三员,以票数多寡分别正副以符众望,并说"等到开办大会,再为投票选举总正议长为全省之表率。"①随后,天津商会将筹备情况和设想报商部审核,并附上天津商业研究所章程。商部鉴于各地商会并无成立研究所先例,批复"应俟各处商会拟具禀报本部核夺妥订后,再行开办可也。"②次年5月,天津商会再次禀报商部吁请为振兴商务实业,抵制外货倾销而速立商业研究所,在呈文中天津商会陈明中国商务不兴、利权旁落的现状,详细陈明天津作为北洋商埠设立商业研究所的必要性,商部回复认为"查阅所拟章程,尚属可行,应准试办。"③

　　除天津商务总会设立商业研究所外,其他各地商会也成立商业研究所,如顺德府商会在其章程中称:"立会以开商智为第一要义,应先设商人研究所,每星期一会,研究商理。"④其中,高阳商会创设的工艺研究所颇具特色并成效显著。高阳商会设立工艺研究所的初衷是研究并提高高阳土布的制作工艺,因为"兴学为养才起见,而工艺为利民生计。"只有设立工艺研究所随时考究,鼓励织工才能"有进无退利益延长"而保全生计,高阳工艺研究所仿照天津考工厂品评办法,凡新出布货,送所研究,品评优劣,酌给赏

① 《津档》(1903—1911)上,第316页。
② 《津档》(1903—1911)上,第318页。
③ 《津档》(1903—1911)上,第320页。
④ 《津档》(1903—1911)上,第193页。

格,以资鼓励①。

　　设立实业学堂固然能够开启商智,培养工商人才,但是不少地方尚不具备兴办学堂的条件,而且并非所有的工商业者及其子弟都能够到各类实业学堂学习,所以设立宣讲所和阅报所(处)便成为直隶各地商会推行实业教育开启商智的又一重要举措。设立宣讲所定期或不定期的请懂得商务知识和工艺技术的人宣讲,允许商民随便入所,不仅使广大商民增长知识,而且商民听讲学习期间也可互相切磋、交流,起到联络商情的作用。直隶各地商会大都设立宣讲所,"邀集本镇官绅定期宣讲"。天津商会在试办章程中提出"本会拟延请畅通商务之人定期演说,准商人随便入听,以资开通而便联络。"②

　　在民国初年召开的全国临时工商会议上,来自全国各地的工商代表深感"言商而不修商学,犹航海之无针",一致同意把"振兴商学"一项写进筹组的中华全国商会联合会的章程之内。具体提出四项任务:甲,派遣留学生出国学习商务知识;乙,筹设高等专科商业学校;丙,扩广中等、初等商业学校;丁,推广商业补习学校。但是,另一方面我们也应看到,各地商会成立后,大量的会务活动使商会陷于上下承转、多方应酬的交际中间,以致商会难以真正顾及与近代化至关重要的商学研究和商学建设,导致这些倡议多流于一般号召,并未具体落实施行。

　　各地商会办学的进展情况和办学的成效也是不一样的,其有效可睹的是天津商务总会创办的商业中等学堂、高阳商会设立的中等商业学堂等。一些商会特别是内地商会,由于交通阻隔,消息

---

① 《津档》(1903—1911)上,第231—232页。
② 《津档》(1903—1911)上,第48页。

闭塞,习惯势力很大,对新事物往往持抵制态度,兴办商学之路举步维艰。那时若干地区出现的商业学堂,也多系当时比较开明而又较有财力的绅商独资或集资创办起来的。一旦这些学堂经费无着,便都面临着解散的危险,天津中等商业学堂到1910年9月也面临着同样的困难,如高阳商会设立的中等商业学堂有比较稳定充裕的办学经费,成效显著的情况并不多见。这些星星点点的商业学堂,同当时数以百计的商会相比,虽然微不足道,但直隶各地商会在力所能及的情况下开展的兴办商学、开通商智、联络商情活动,对于增进工商界人士的文化科学知识和资本主义企业经营管理知识,培养新型管理人才,适应对外竞争和发展本国工商业的需要,都产生了不同程度的积极影响。

四、商会与交通的改善

(一)商会与内河航运

直隶具有发展内河航运的优越地理条件,以天津为中心,南有南运河,北有北运河,西去有西河(子牙河)与大清河,东去有东河(蓟运河)等。这些河流遍布直隶大部分地区,从四面八方汇流于天津,同时也是沟通晋冀鲁豫四省的重要通道。由于内河运输受自然环境影响较大,如枯水期长,航行季节短,河道深浅、宽窄、弯曲较多等等,都不利于天津与腹地的联系。因此治理内河,发展内河航运,促进区域商品流通,成为直隶商会和广大商人的一个重要任务。

光绪二十四年(1898),清政府向外国侵略者全面开放了内河内港的航行权,宣布"所有内河,无论华洋商,均准驶小轮船。"[①]外

---

① 《清季外交史料》卷130,第15页。

轮势力开始侵入中国内河航运，为"保内河航路权"，"与外人争衡"，直隶各地绅商积极倡导建立轮运公司，扩商路、保利权。

　　光绪二十九年(1903)年初,河南商人贾润才等人集股白银30万两,禀请直隶总督袁世凯批准,在天津成立了"南运河轮船公司",先在南运河航线天津至德州间从事轮船拖带运输,又置备挖泥机器,疏浚航道,把航线延长到山东临清、入卫河直至河南道口。后来,轮船公司又新购了两艘小轮,增加天津至德州的运输力量①。大清河航线也出现了小轮运输,即保定商人刘济堂创设的"津保轮船公司",该公司成立于1907年,在天津到保定间往返运行。公司以"提倡航业、便利商务"为宗旨,资本金为20万两,并计划再招商股80万两,用来整修航道,购置10艘新轮,扩大载客运货和拖带民船运输②。津保轮船公司在大清河航线上行轮多年,颇受各界欢迎,保定商会称:"小轮最便交通,颇益商业。"③然而,轮船所经州、县衙门,却常以"各河流平时多患淤浅,水闸桥梁不下数十处,行使小轮诸多不便,而河水涨发时轮机鼓荡,又恐于堤防有碍"为由,上告到直隶总督,极力反对行轮④。公司经理刘济堂被迫反复上书直隶总督和天津商会,据理陈述行轮的好处,说明"筹备防险"措施,尽管屡经周折而幸免未遭取缔,但对行轮的限制愈来愈多,经营每况愈下。在官办直隶全省内河行轮局的排挤下,商办的轮运公司全部相继破产关闭。

---

　　① 《河北航运史》,人民交通出版社1988年版,第125页。
　　② 《东方杂志》第4年第10期,光绪三十三年(1907)十月二十五日,第223—224页。
　　③ 《河北航运史》,人民交通出版社1988年版,第126页。
　　④ 《河北航运史》,人民交通出版社1988年版,第126页。

为了发展内河轮运,各地商会和商人也进行了不懈努力。1916 年 10 月 21 日,天津商会针对航道不断恶化和航业发展缓慢的情况,提出由商人集资,共同修河建闸;行轮局续招商股、扩充航业的要求①。但行轮局只同意由商人集资整顿河道,对与商人合营办行轮局却予以拒绝。像这种只让商人出钱修河,不让他们行轮受益的做法,显然是行不通的。1919 年 10 月,商人边守靖提出,行轮局资金少,"既不足发展,更无希望",请求直隶省行政公署允许"集合绅商,广募资本,补公家之不足"②,结果,又一次遭到行轮局的拒绝。1926 年 6 月,献县商人刘锡录向省行政公署提出注册申请,拟建造机木船 2 艘,在"子牙河上游火轮船不能行驶之地点"即行轮局不行驶轮船的航段,从事旅客运输。7 月,行轮局以商民开办行轮局容易引起纠纷为由,再次申明:"全省内河行轮权收归官有,不准商民再办。"把全省各大河流都作为行轮局独有航线,拒绝了献县商人的请求③。民族资本企业在近代中国的发展举步维艰。

(二)商会与近代公路

清朝末年曾对官马大道进行整修,这就是直隶境内近代公路的雏型。中华民国时期,临时大总统孙中山自民国元年起,就积极倡导修建公路,以便利交通发展实业。在著名的经济著作《实业计划》中,孙中山把交通建设作为发展实业的"关键及根本"④,并设想在全国修建 100 万英里的公路。他的主张得到了不少爱国人

---

① 《河北航运史》,人民交通出版社 1988 年版,第 133 页。
② 《河北航运史》,人民交通出版社 1988 年版,第 133 页。
③ 《河北航运史》,人民交通出版社 1988 年版,第 132 页。
④ 《中国交通报》1986 年 11 月 8 日。

士的积极响应。直隶境内,各地商会和商人对筑路修桥、创办汽车运输有着较高的热情。他们或商办、或协助政府官办、以工代赈,整修了一批早期公路,对直隶公路网的形成起到一定的促进作用。

商办公路是由商人投资,报请北洋政府批准自修、自养和自营的公路,一般是利用清末道路稍加拓宽、平整,以利汽车行驶,在当时是一种投资少易获利的新兴实业。在直隶境内早期的商办公路主要有张库公路、京承公路和德南公路。

张库公路(张家口——库伦)是大成张库汽车公司投资整修的,并于民国七年(1918)4月5日开始营运。张库公路营运后,对商界影响很大,各地运输商竞相申请开办营运路线,经交通部批准后,在指定路线上各自修桥筑路,开车营业。民国八年(1919)商人陈仲钧创办了燕京汽车行,沿京热"御道"加以整修后,在北京——承德间经营客货运输业务。民国十四年(1925)运输商人向焕文在京兆尹公署注册后,开办了京热长途汽车公司,出资15万元购置大型汽车20辆,并出工将京承公路再次整修①。

民国八年(1919)商人段阶平等呈报交通部兴办德南长途汽车公司,次年4月经核准并发给长字第三号营业执照。该公司资金总额定为5万元,拿出16500元用于站房建设与修路。先在整修清末州县大道基础上于1921年7月开车营业,经营德县、郑家口、大营、枣强、冀县到南宫的客货运输。到了1923年,公司又租地另筑新路,自德县起,经故城、郑家口、饶阳店、大营、恩察、保安到南宫。新路建成后,由德南长途汽车公司自行管养②。

天津——保定(南线)是在州县大道基础上,由军方派款抓夫

---

① 《道路月刊》第15卷第3号,1925年12月15日版。
② 《河北航运史》,人民交通出版社1988年版,第106页。

整修成军用公路,后又经过官办、商办和工赈筑路等方式多次进行修建,形成了公路。它自天津南行经静海、唐官屯,折向西,再经大城、任丘、高阳到保定。民国九年(1920)直皖战争结束后,张毓濡等呈请直鲁豫巡阅使署批准,设立协通津保长途汽车公司,章程规定:设总公司于天津,分公司于保定。分别设站于静海、大城、任丘、高阳等处,余者仅设停车场,汽车专运输天津—保定间往来客商货物,并特别规定:"本公司不收外国人股本"①,该公司投资对全线加以整修,做土方81000立方米,加固与维修桥梁8座,共用款27500元,于1922年1月竣工。公路开通后,商贾行旅甚多,车辆往来繁忙②。

民国初年大名到邯郸没有公路,县与县之间也只有一些走村过镇的大车道,交通不便。据民国十八年(1929)出版的《大名县志》记载:"民国九年旱灾成荒,大邯之间民不聊生。适有美国侯牧师理定与县知事张鲁恂协商,以工代赈修筑自大至邯汽车路一条,推红十字会会长贝克君主任办理之",1921年通车。同时,修筑城内道路,添设路灯,所需经费一部分由商会补助③。1923年4月,商人吴承泰等呈准设立大邯长途汽车公司,又投资2100元补修了张庄桥洼地及漳河店到沙河段路基,从而取得大邯公路的使用权,经营客货运输业务④。

由于政局多变和频繁的自然灾害,严重影响了直隶地区早期的公路建设。到民国十六年(1927)年底,主要公路仅有30条,总

① 《津档》(1912—1928)3,第3292页。
② 《河北公路史》,《中国公路交通史丛书》,人民日报出版社1987年版,第108页。
③ 《大名县志》卷11,交通,1929年修。
④ 前引《河北公路史》,第111页。

里程长 2023 公里(按 1985 年年底的行政区划统计),约占当时全国公路总里程的 6.6%①。

交通条件的改善,进一步巩固和扩大了天津的商业腹地,密切了天津口岸与腹地的联系,把近代国内市场与国际市场更加紧密地连在一起。

五、商会与地方治安

清末民初,时局动荡、治安混乱。为了维护自身利益,各地商会纷纷成立商团等组织以自保。在商会系统中,商团是一个重要的子系统,它是清末民初商人自行建立的民间准武装组织,基本上处于各地商会的领导之下。

天津商人 1910 年底建立了天津体育社,其章程规定:"本社以招收本埠土著并寄居之士农工商及其子弟,练习操体,强健身体,振作尚武精神为宗旨。"②但官办色彩浓厚,"本社拟请巡警道宪为监督,以示服从"③,所需枪支,由"督宪批定遵领"④,其经费由政府拨给⑤。体育社社长杨敬林(即杨以德)系政府官员,1909 年天津建立北洋警务公所,被任命为警务道台,后升任直隶省警务处处长,兼天津警察厅厅长等多职⑥。

体育社虽系半官方机构,但它与天津商会关系密切。商会积

---

① 前引《河北公路史》,第 119—121 页。

② 天津市档案馆等编:《天津商会档案汇编》(1903—1911)下册,天津人民出版社 1987 年版,第 2395 页。(以下简称《津档》(1903—1911)下)

③ 《津档》(1903—1911)下,第 295 页。

④ 《津档》(1903—1911)下,第 2396 页。

⑤ 《津档》(1912—1928)1,第 370 页。

⑥ 天津市地方史志编修委员会总编辑室编:《天津近代人物录》,第 140 页。

极劝导商界中人入社,使体育社得以发起维持。天津体育社曾致函天津商会称:"本社成立以来,悉赖贵会发起维持,商界任充社员者居其多数,足见执事诸君提倡劝导,无任感佩。"为招收二期社员,天津体育社敦请天津商会"召集各行董开会鼓吹劝导,令各报名入社,庶使商界人尽知,兵实亦国之基础也。"①

体育社梭巡市面以保治安使津埠商民受益匪浅。天津商会曾致函体育社表示感谢:"以近日各省乱事纷乘,津埠人民异常恐慌,幸经贵社诸君排列队伍,不分昼夜,分路梭巡,市面稍获安堵。"因此,当体育社因故未能出巡时,使得"本埠居民,且疑且恐",纷纷请求商会转请体育社"照常出队,以保治安"②。当然体育社也得到了商会的经费支持,天津商会编制的水团经费收支情形册清楚地记录道:"支体育游行队开办经费银洋一百元","支体育社游行队壬子二月份经费银一千三百五十两。"③体育社还与天津商会密切合作,为日后成立商团培养教练,报名社员,均由商会保送,以"能识字暨身体强壮者为合格",并定期由社长面试④。同时,天津体育社也为商团的建立提供了蓝本,因此,天津商团成立后以体育社为总机关,"教习以体育社员择优挑选充任"⑤,操衣也仿照体育社。商团成立后,天津体育社作为一个独立的组织依然存在,同商团一起发挥着其独特的辅助治安功能。

1911 年 11 月天津商会还以传统的"水会"为基础,组建了"水团",由水局董事蓝翎三品衔马云青等统领,由体育社统带训练,

①　《津档》(1903—1911)下,第 2397 页。
②　《津档》(1903—1911)下,第 2398 页。
③　《津档》(1903—1911)下,第 2438 页。
④　《津档》(1903—1911)下,第 2398—2399 页。
⑤　《津档》(1912—1928)1,第 358 页。

经费、军器由政府发放，"昼则梭巡，夜则支更，俾期保卫市面。"①在此前后，直隶商人又成立了类似商团的"绅商保卫局"或"绅商保卫社"，如天津的绅商保卫局，"以防范土匪，保卫城厢治安，补助巡警为宗旨"，由官府颁发关防。经费由"绅商公同捐集，如有不足，请官府补助"，"应用器械参以洋枪刀矛，请官府发给"，其机构"由地方绅商中公举董事四十四人，会议本局事务"，下设会计股、筹款股、招募股等七个职能部门各司其事②。唐山"绅商保卫局"系仿照天津绅商保卫局而设。高阳商会也成立"绅商保卫局"，以"策应巡警，防御土匪。"③

　　1912 年的壬子兵变，使直隶惨遇空前的军匪焚掠，环京津保地区尤为严重，居民涂炭，商业荡然，大受折阅的商界中人更迫切地认识到建立商团"共谋自卫，以全大局"的必要性。是年 3 月，惊魂未定的天津商会在借鉴体育社、水团、绅商保卫局等组织的基础上创立了准武装团体天津商团。为协助维护地方治安，保护企业财产，保定商会于 1917 年组织了"保定商团"，从较大商户的青年店员中抽调了 150 名团丁进行培训，从保定军官学校聘请教练，由保定巡警学堂提供训练场地和枪械设备，训练期满，即分配到城内、西关和南关三个巡防处，负责巡防工作。各县商务分会也纷纷效仿，建立商团商巡以武装自卫。

　　高阳商会就是"因保定兵变土匪乘机焚掠以致人心惶惶，高阳地点尤为山东河间要冲，屡有溃兵过境，土匪日来亦蠢蠢欲动，恐难免无意外之虞。本城巡警暨保卫兵统计仅 40 余名，枪支半系

---

①　《津档》(1903—1911)下，第 2433 页。

②　《津档》(1903—1911)下，第 2462—2463 页。

③　《津档》(1903—1911)下，第 2406 页。

旧式,欲图保全商民财产以维地方治安,惟有设法抽练商勇补助警察以资防维。"另外,"商民尚武精神亦渐行唤起。"因此,1912 年 3 月 23 日,高阳商会设立商团。① 威县"惟九十两年岁荒匪乱,凡营商于无力保卫区域者多行停止。十一年保卫团成立,匪势稍减,商业亦渐复旧观。"②青镇保卫团"已募齐团丁五十名,公举该镇绅士石少坡为团佐,以资训练。石君在青镇对于公益极为热心,故连日督饬团丁分赴各地梭巡,以防匪患,务使地方平靖,以保商民"③。咸水沽保卫团"举李津堂为团佐,招齐团丁六十名,每日训练,已在该镇大街各巷口值岗,辅助警察维持治安,颇为得力。"④独流镇立有保卫社,"添雇勇夫,购备枪械,地面藉以保全。"⑤清河商会"十五年成立商团于油坊镇,专资保护商家,团长由会长兼充。队长一人,团兵十人。"⑥蠡县莘桥商务分会以现在国家多事之秋、警察维持地方或恐兵力单薄,拟组织商团以辅助警力之不逮,现已函请商务总会指示一切进行手续⑦。张北保商团"自民国十七年四月成立至民国二十二年九月裁撤",以保护旅蒙商人往来运输货车为宗旨⑧。

① 天津市档案馆藏:全宗号 128,分类号 2,案卷号 2261。(简称为 128—2—2261,以下同)
② 《威县志》卷 8,崔正春修,民国十八年铅印本。
③ 天津《益世报》1928 年 3 月 21 日。
④ 天津《益世报》1928 年 4 月 26 日。
⑤ 天津市档案馆藏:128—2—3。
⑥ 民国《清河县志》卷 5,第 342—350 页。
⑦ 《大公报》1916 年 6 月 7 日。
⑧ 民国《张北县志》卷 6,政治志,自治。

表 17　直隶各县商会建立商团商巡情况表(1912—1914)

商会名称	立团日期	宗旨及状况	枪支情况
蠡县莘桥商务分会	民国元年二月	宗旨:保全商民财产、防御土匪,维持公安。 莘桥与高阳王家坨属两县连界,情愿联合组织,统计商号三十余家,每铺抽商勇1名,聘义务教员,逐日训练,自购枪械操衣,自备伙食,一切附设商会,于民元年二月二十日附简章呈请立案。	民国五年六月四日函请总会详询购枪支办法及价值,经函复应请由地方官转详省长赐示遵行。
肃宁县商会	民国元年六月	宗旨:增长尚武精神,保全商民财产,防御土匪,维持公安。 每铺出一人,自购枪械,自备伙食,由商会置办操衣延聘义务教员逐日操练,无事各安商业,有事则守望相关,于民国元年六月廿六日附简章呈请立案。	
安平县商务分会	民国元年一月	宗旨:维持地方秩序安宁,俾工商人各安其业,以谋共和国体应有之事业。民国二年一月三十日附简章呈请立案,同年三月十九日直隶省行政公署指令准予立案。	
东光县商务分会	民国元年十二月		民国二年四月廿七日呈请购领步枪50支,手枪2支,归商团用,马枪10支,归商巡用,民政长六月十八日指令马、手枪无余存、步枪可通融移转,应速派员接洽。

商会名称	立团日期	宗旨及状况	枪支情况
滦县商务分会		民国元年八月奉照会筹办民团遵即联络各商倡办商团,以资保卫,惟近年商业衰颓,筹款殊艰,公议由各商号先行筹备购买枪支子弹款项,于民国二年四月呈请订购洋枪60支。	顺直保卫总局五月三日函复,步枪尚可酌拨三四十支,每支带子弹百粒价银行平化宝10两零8钱,希速备文交款购领。
昌平县商务分会		民国二年五月十九日呈报本县城内败类人称为朱九太爷,名其治者,在前清充中区警局董,去岁冬因各商家屡被盗窃呈报该局不但置之不理,反宣言巡警无保护商家之必要,于是各商家将所贴警局之钱,悉纳入商会自行组织商巡,一则可自加保护,再则可作组织商团之基础。	
大名县商务分会	民国二年八月十一日	宗旨:保卫商家之安宁秩序,维持公共利益。定名为大名商团,归大名商会组织,各商号入团者160名,枪械由镇守使发给拟订章程,呈请冀南观察使批准立案。	
芦台商务分会	民国三年一月三日	宗旨:保卫商家之安宁秩序,维持公共利益。民国二年十二月廿七日附简章呈请备案,民国三年一月廿四日奉,直隶民政长批:候令饬宁河县查明具复再行核办。	

商会名称	立团日期	宗旨及状况	枪支情况
石家庄商会		民国九年九月二日函总商会为维持市场安宁,拟重组商团,因民国六年大水将前次商团章程等全行淹没,进行之际诸多困难,请俯赐商团章程及办事细则各一份,俾便取法。	
滦县古冶镇商团			前经领得自来得枪 4 支,仍不敷用,今拟备价再请领自来得枪 4 支,以便防守保卫。
高阳商务分会	民国元年三月	宗旨:保全商民财产以维地方治安。商团事务所附设商务分会内。	

资料来源:《津档》(1912—1928)1,第 483—485 页;《津档》(1903—1911)下,第 2448、2449 页。

　　在清末民初动荡不安的畿辅之地,各地商团发挥着独特的自卫职能,使广大商人的经济利益较前有所保障,这对于保护和维持市面的正常经济往来,促进资本主义工商业的发展,产生了一定的积极作用。商团的诞生,既是商人力量壮大、要求自主命运的又一重要标志,同时也是近代中国时局动荡、市场环境恶劣的反映,使商会承担起本不该承担的维护社会治安的"政府职责",形成了"又一悖论"。

　　综上所述,直隶各地商会继承了行会、会馆热心慈善的传统,利用自身在地方的影响力,积极发动绅商捐助赈灾、协助戒烟、兴学育才、改善交通、维护地方治安等社会公益事业,与政府形成了良性互动,对直隶社会生活的稳定和社会风气的好转发挥了独特的作用。

第七章　商会对乡村社会
影响的多维视角

　　直隶商会在乡村市镇的广泛渗透，在一定程度上改变了乡村传统的政治生态，尤其是商会发展城乡商业、振兴乡村工业以及改良农业等方面的诸多努力，已经融入推动社会变迁的历史合力当中，推动了 20 世纪前半叶直隶乡村社会经济的近代演进。

一、乡村资本主义因素的加速滋生

　　进入 20 世纪以来，随着乡村工业的调适发展以及商业性农业发展的加速，商人资本对于生产和销售的介入逐步增多，促进了农村资本主义因素大量滋生蔓延。

　　从生产关系角度看，在乡村织布业中，资本主义生产方式获得长足发展，其中以高阳织布区最为典型，主要形式有包买制、农民家庭雇工、棉纺织小工厂等。"撒机制"实质上是一种资本主义包买制。在这种制度下，商人将原料直接或通过中间人分发给织布的农户，待织成后收回布匹，付给织户工资，再发放下一生产周期的原料。这实际上是一种商人资本控制下的分散手工工场生产形式。以往，商人的资本是以纯商业资本的形式出现，商人和织户之间是商品买卖关系。实行"撒机制"后，商人的部分资本以购买原料和支付工资的形式进入生产领域而变成产业资本,商人和织户之间的关系也就变成了包买商与工资织户之间的雇佣与被雇佣的关系。这类织户被称为"织茬子"或"织手工",也叫"织定机",以与"撒机制"相对称。"织茬子"的织户一般分布在距城较远的乡村,或缺乏资金买线织布,或路途远买线售布不便,他们愿意从商人那里贷机领线,并按商人规定的式样、规格回家织布,俟交布时领取工资。虽获利有限,但无缺乏原料之虞,也不致赔累。因此,这种形式发展很快。

据吴知在 20 世纪 30 年代对高阳布区的调查,1913 年以前,这一带的工资织户数大约有 1500 余家,占总织户数的 36%[1],至 1932 年,织手工的织户占总织户的 87%,尤其是织平面机的织户,几占 90%[2]。织茬子的手工费,依所织布匹的难度和所需技术高低分别定价。产品的生产虽然仍在织户家中进行,但此时织户的家庭劳动已不再是自给自足的小农劳动,而成为资本主义的家庭劳动,"性质上(已是)完全受商人的监督而雇于商人的"[3]。这里所说的商人已不是传统的旧式商人,而是充当包买主的新兴布商。

高阳织布区的包买商有两种:一种是布线庄,一是染线工厂。布线庄是专营棉纱、布匹的商号。布线庄商号肇建于光绪年间,自从洋纱和铁轮机输入之后,布匹产量和原料消费量,有蒸蒸日上之势,纱布贸易,获利甚厚,于是以贩卖纱布为业的布商,乃应运而生。他们或从外地购入棉纱,或在当地向线庄或其他布线庄购入棉纱,撒机收布后,发交染坊或整理工厂处理,有些较大的布线庄

---

① 吴知:《从一般制度的演进观察高阳的织布工厂》,《政治经济学报》第 3 卷第 1 期。

② 《高阳织布业简史》,第 19 页。

③ 吴知:《乡村织布工业的一个研究》,第 13 页。

则自己附设染整工厂,整理好的布匹在庄内打包后运往外地销售,逐渐成了分发、织造和运销成品的枢纽,成了高阳织布业中的组织者和指挥者。他们的来源不外乎以下四种:"第一是原先贩卖布匹的商号,第二是鉴于纱布贸易的获利而新设的,第三是原营他种商业(如钱粮行,洋杂货铺等)附营纱布的买卖,后因纱布业获利而改为布庄的,第四是外县(如保定、冀州等地)来此设号收布的。"①如1877年开办的德和号,原为一家钱庄,见纱布生意日见兴盛,遂兼营纱布,1912年正式改为专营棉纱布匹的布线庄。1881年开业的庆丰义和1902年开办的蚨丰号,也由经营洋杂货和洋布绸缎到民国初年正式改为布线庄。除旧商号相继改营纱布外,保定、南宫、冀州、祁州、山西等地商人也都纷至沓来,在高阳租地设庄经营纱布。

染线工厂是高阳布区特有的一种包买商。有的是布线庄附设,如杨木森经营的蚨丰染厂,李叔良、李仲良经营的合记,李恩波经营的恩记,苏秉璋的同和工厂,号称"四大名厂";有的是乡村富裕户上升而来的专营染线的染线厂,于留左村就有12家,隶属其织茬子的织户达一二千户②。它们在高阳线市上购入棉纱,染成各色线后撒放给四乡的织户,收回布匹一般出售给布线庄,很少自己运往外地销售。染线工厂从它主要经营代客加工来说,是一种产业资本;从撒机收布而言,又充当了包买商的角色。

厉风在《五十年来商业资本在河北乡村棉织手工业中之发展过程》一文中,对商人资本由流通领域进一步涉入生产领域并控制农家织布业生产与销售的具体过程作了详尽论述,在此基础上

---

① 吴知:《乡村织布工业的一个研究》,第11—12页。
② 《河北文史集粹·经济卷》,第45—46页。

他指出:随着撒机制的确立,"这种从借贷资本变成的新兴商业资本至此已整个完成其事业的基础;不仅原料,并且布匹生产,并且布匹运销,俱已受其一手支配;这一机体一方面是组织起散漫的织户,一方面是组织起生产与市场的关联,二万架布机的梭声是受着几十个商号的号令而缓速其节奏,十九省的消费者从这种新兴商人的手中直接交与所需求的物品。过去不曾有过的商业资本的活动,在一九一二年开始展开其新姿态。'工资'是这种新兴商业制度的主要特征,一方面改变了素日各自独立之织户的地位,一方面成为维系商业资本家与家庭劳动者的关系的锁链,当然其他一方面又成为商业资本家剥削工人之劳力的武器。"①

　　实际上,在高阳织布区,包买商的活动已不限于支配个体生产的小农家庭,他们还与工场手工业或机器大工业发生联系。这不仅指布线庄购买的棉纱是机器纱厂的产品,布线庄收购的棉布通常还要经过染、整、轧平等加工过程才能进入市场,而这些工作都是手工工场或机器工厂完成的,有些包买商在放纱收布的同时,自己开设染整工厂从事布匹加工,在高阳织布区,有相当一部分已使用动力机械。据调查统计,高阳机器染色轧光工厂先后有 19 家②。除了机器染整工厂外,还有大量的手工工场。这些染整工厂(场)多数是布线庄老板自己开设的;有些染整工厂(场)随着市场行情的变化,由单纯的代客加工转为撒机收布。"这种包买商的追加资本不仅是用在购买原料上,其中一部分已真正转化为产业资本,包买商利用包买制将分散的小农家庭与集中的手工工场和机器工厂联系起来,形成了一个相对集中的生产体系。这样的

① 彭泽益编:《中国近代手工业史资料》第2卷,第422页。
② 《高阳织布业简史》,第121页。

包买制已经不是商人资本支配生产,而是商业资本家变成了企业主,企业的性质也属于资本主义生产方式。"①

高阳织布业生产方式的变化,还体现在农村织户家庭雇工的兴盛。据1932年的调查,高阳织布区雇有织工的家庭约占织户总数的40%,织户雇工人数少的一两个,多的可达十数人,以雇佣1至3人的为最多。据说20年代布业兴旺时,有雇工的织户比例占到织户总数的十之六七②。这些织户成分复杂,有的是独立织户(也称织卖货),有的是织手工的工资织户,织机多、雇工多的已成为家庭工厂,虽然织户与雇工的关系还留有农本经济的浓厚色彩,如织户的户主与家庭成员一般都参加劳动,一些织户的雇工同时还要兼作农业劳动等,但已经不同于传统的农本经济,与资本主义的雇佣劳动还有一定区别,或多或少的体现了资本主义生产关系的因素。

除了包买制和农村织户家庭雇工外,高阳织布区还出现过一些城乡织布工厂。1920年代人造丝布兴盛时,高阳织布区有这类织布工厂40家。他们盖房或租赁房舍,置买织机十数张至二三十张不等,根据织机招收雇工。一个工厂少者十几人,多者几十人。工厂设经理(也称掌柜)、会计、监工,工人有规定的工作时间,有几家工厂开始使用电力织布,如许书楷在南沙窝村北开办的益友织布厂,有些织布工厂还自己设庄售货,这种工厂完全摆脱了农村家庭工业的形式,在生产关系和经营管理方式上都属于资本主义企业。

除了高阳织布区外,其他地方资本主义生产关系也有所发展,

---

①　《近代冀鲁豫乡村》,第365—366页。
②　吴知:《乡村织布业的一个研究》,第130页。

如饶阳。饶阳大尹村天祥益钱铺铺东王万峰宣统元年八月独资创立益记织布厂，"招工徒五十人，聘高明工师四人，又派管理齐玉琢往天津各工厂学习参观，购买北洋铁工厂铁轮机四十架"，暂租民房四十八间为厂舍。"试办数月，销路日见畅达。"饶阳商务分会钱行行董李梦祥自行筹金 3 万元，在大尹镇独资创立协成元织布劝业工厂，购置铁轮织机 60 架，木轮织机 540 架，除在镇上设有"办公帐房及存钱室、存布室、办事人员斋舍外"，机厂分设在饶阳、博野、蠡县、献县、肃宁 14 个村庄中，具体分布如下：饶阳北歧河村分厂，机百张；曲间村分厂，机四十张；寺冈村分厂，机三十张；献邑路贾庄分厂，机十张；临河村分厂，机三十张；石家疃村分厂，机二十张；肃邑寺上村分厂，机十张；西南庄村分厂，机三十张；博野县东阳村分厂，机六十张；蠡县仇村分厂，机三十张；七器村分厂，机百张；洪善保村分厂，机三十张；符家左村分厂，机七十张；刘家佐村分厂，机四十张。租用民房，雇佣工徒 600 人，以斤发线，接线收布，计件付工资，"织土布一匹，发给工徒钱一千二百文。织褡裢一匹，发给钱二千文。如有格外优劣之处，当即随时奖罚，以资劝惩。"协成元织布厂虽名为工厂并在农工商部立案注册，观其生产组织形式，实际上是包买制。采取这种形式，"不但节费，更觉活便，易于扩充"，"较多修厂舍者，其收效更速"，机厂分设四乡，同时起到了一种示范作用，"于无形中，风气大开"①。到 1928 年，饶阳县"织洋布的有数十村庄，每村数家至数十家不等。"②这里所说的洋布是指以铁轮和洋纱仿照洋布织成的宽面布。

　　在上述包买制形式下，生产者既被割断了与原料市场的联系，

①　《津档》(1903—1911)上，第 1326—1333 页。
②　《调查报告》第 4 编，转引自《近代冀鲁豫乡村》，第 359 页。

又被剥夺了销售市场上的自主权,变成了为包买主加工产品的工资劳动者,生产的目的仅仅是为了获取工资,实际上成为散处工人。商人为手工业者提供了部分工具以及绝大部分资本,手工业者变成了为商人加工生产的工资劳动者,从生产关系上分析,这时的商业资本已经接近或转化为工业资本,乡村手工业也已经成为资本主义经济体系的一个有机组成部分。部分农村劳动力不再受封建生产关系束缚,而被纳入了资本与雇佣劳动的关系之中。同时,包买主资本虽然介入手工业生产,但其自身并不直接干预生产过程,除散发原料、收回制品外,其主要业务就是组织原料采购和产品销售,尤其以跨区域的产品销售为重点,对近代乡村手工业小生产、大流通格局的形成起了关键作用,巧妙地把农民家庭经济导入市场机制之中,使农民逐渐习惯于商品货币关系。

但是总的来说,资本主义生产关系除了在高阳、宝坻、饶阳等土布业和辛集、邢台等皮毛业以及彭城制瓷业等地方特色产业中得到明显发展外,在直隶广大乡村,传统的生产方式、生产关系依然占主导地位。

二、乡村新型精英阶层的崛起

乡村资本主义生产关系的发展,催生了新型精英阶层的崛起。以高阳织布区为例,随着高阳布业的兴盛,资本主义生产关系得到极大发展,尤其是"撒机制"的盛行,促成了包买商这种新型商人资本的崛起,迅速演化并上升为高阳农村社会的精英阶层与重要社会领导力量。这是自古以来传统乡土中国社会结构所发生的最深刻的变动。尤其值得注意的是,高阳、安新、河间、蠡县等地的一些地主、高利贷者,见纱布生意厚利可图,竞相出资在高阳开设商号,使高阳布线庄商号增长迅速,光绪末年只有三家,至民国初年已达10余家,到1937年"七·七事变"前更多达100余家。这些布线庄资本集中,且多有联号。如安新县南边坞村杨家(杨木森)开办的蚨丰、大丰、元丰、久丰、大亨等;高阳东街李叔良、李仲良兄弟开办的元新、合记、东义丰、西义丰;高阳东街李恩波开办的恩记、福裕;高阳河西村侯家开办的一泉、荣泉、庆泉;高阳北关张造卿开办的德信隆、华信;南宫、冀州人开办的天庆丰、天庆丰仁记、天庆福、天庆全、天庆德、天庆恒、天庆合、庆顺合,号称高阳"八大天"。高阳布线庄中,资金最多的是南边坞杨家的商号,到"七·七事变"前拥有资金200多万元,一般的布线庄,资金均在1万元至2万元之间,最小的商号也有三五千元资金。那些资本雄厚、规模较大的布线庄,在天津、上海、青岛等地设有外庄。这些外庄专门在那里购买棉纱和推销棉布。据统计,1917年高阳各布线庄在华北和西北共设外庄55个,到1932年发展到167个,遍布全国20省79个城市。90%的高阳布正是通过外庄遍销全国和各省腹地①。

　　高阳布商的影响力已远远超越了地域限制,在全省、全国甚至海外都备受关注。如高阳商会创始人之一的张造卿,经商起家,在高阳县城经营德信隆布庄、一信煤厂、华信手工染坊等,曾当选为直隶商会联合会会长;杨木森,是一传奇式人物,推布车出身,高阳商会创始人之一,为振兴高阳布业,他提倡改造织机,用洋纱机织宽面布,并大胆创新,曾被选为全国总商会副会长,在商界引发了一场震动。一个三等小县商会代表却登上令人垂涎的全国总商会

---

　　① 高河:《"七·七"事变前的高阳织布业》,《河北文史集粹·经济卷》,第35—38页。

副会长的"宝座",在当时虽然备受非议,但是从中折射出高阳新兴商人强大的经济实力和强烈的政治参与意识。

彭城镇商务分会对于推动瓷业的改良与发展不遗余力,经过近20年的努力,到二三十年代,彭城瓷业再度兴旺,呈现出集中经营、规模化发展的趋势,全镇近半数的窑场为肖家、王家、冯家、吴家、李家、柳家等十余家大窑主所有,成为彭城瓷业中的"新贵"①。

辛集皮毛业的兴盛,造就了一大批高度发展的皮毛资本家,据"七·七事变"前统计,大皮庄的活动资本一般在50万元大洋以上,中等皮庄的活动资本一般在20万元大洋以上,小皮庄一般在10万元上下。在全镇百余家皮庄中,全聚皮庄、袁记皮庄、聚泰皮庄3家即垄断了皮毛业的60%以上。1926年,上述3家皮庄拥有的店员都在1000人以上,活动资本在50万元大洋以上,在全国各地广设附属皮庄或分号。聚泰皮庄甚至直接把生意做到东京、大阪,其掌柜李长谦成为红极一时的"李东洋"。②

近代乡村商人阶层的崛起,改变了乡村的政治生态,使传统的士绅体制进一步瓦解。而颇具经济能量的新型商人阶层的崛起和地方商会,在很大程度上承接了传统士绅的职能,并加以扩展和强化,这在投身慈善公益事业、热心兴办教育、尽力沟通和谐政府与广大商民的关系方面,表现尤为突出。

三、乡村市镇的勃兴

19世纪末到20世纪二三十年代,在直隶广大农村,随着农副

---

① 《20世纪三四十年代太行山地区社会调查与研究》,第480页。
② 《河北城市发展史》,第400页。

产品商品化程度的提高和农村手工业的发展,农村市镇勃然而兴。市镇是城乡原料作物的加工中心与技术处理中心,是乡村农副产品与手工业品的交换中心,是大中城市与广大农村进行经济文化交流的中介,千千万万分散经营的农民主要就是通过这些星罗棋布的市镇而被融入全国乃至世界市场经济大潮之中的。

　　据从翰香先生研究整理,民国时期直隶农村地区比较重要的市镇有586个,地域分布如表18:

表18　民国时期直隶农村地区主要市镇统计表

县名	集镇数	县名	集镇数	县名	集镇数	县名	集镇数	县名	集镇数
大兴	5	宛平	5	通	5	三河	8	武清	3
宝坻	4	蓟	4	香河	6	霸	8	固安	3
永清	4	安次	4	涿	5	良乡	2	房山	4
昌平	7	顺义	5	密云	2	怀柔	1	平谷	1
天津	12	青	13	沧	11	盐山	4	庆云	7
南皮	2	静海	7	河间	4	献	6	肃宁	6
任丘	8	阜城	4	交河	4	宁津	8	景	4
吴桥	2	故城	1	东光	4	卢龙	10	迁安	12
抚宁	5	昌黎	11	滦	4	乐亭	5	临榆	4
遵化	4	兴隆	1	丰润	9	玉田	4	文安	3
大城	1	新镇		宁河	8	清苑	4	满城	4
徐水	5	定兴	4	新城	5	唐	1	博野	4
望都		容城	3	完	7	蠡	4	雄	3
安国	1	安新	4	束鹿	4	高阳	4	正定	4
获鹿	1	井陉	4	阜平		栾城	4	行唐	4
灵寿	2	平山	2	元氏	4	赞皇		晋	9
无极	4	藁城	2	新乐		易	6	涞水	3

县名	集镇数	县名	集镇数	县名	集镇数	县名	集镇数	县名	集镇数
涞源	2	定	4	曲阳	4	深泽	4	深	4
武强	2	饶阳	4	安平	2	大名	4	南乐	2
清丰	2	东明	4	濮阳	4	长垣	11	邢台	8
沙河	8	南和	5	平乡	4	广宗	5	巨鹿	5
尧山	4	内丘	4	任	5	永年	10	曲周	4
肥乡	7	鸡泽	2	广平	5	邯郸	5	成安	5
威	4	清河	1	磁	2	冀	4	衡水	4
南宫	6	新河	7	枣强	5	武邑	9	赵	5
柏乡	4	隆平	4	临城	6	高邑	4	宁晋	8

资料来源:河北省各县集镇表,主要根据河北省民政厅编:《河北省各县概况一览》
　　　　(1934年版)一书中有关资料整理编制而成。见从翰香主编:《近代冀鲁豫
　　　　乡村》,第123—124页。

　　据上表,直隶124县可统计的比较重要的市镇共计586个,平均每县约拥有4.7处,同乾隆《大清一统志》所载全地区共有105个集镇的数量相比,增长了近五倍。当然,乡镇市镇的分布并不平衡。据学者研究,直隶地区的市镇密度为每千平方公里4.6个,其中集镇密度为10—33镇/每千平方公里的有32县,4.6—9.9镇/每千平方公里的41县。在集镇密度最高和次高两类73县中,有57县分布在冀中京汉、津浦两路及其中间地带,沿京汉铁路东侧地区所占比例最高。这一区域正是冀地商品棉、商品粮等经济作物的主要产区,也是直隶农村手工业较为发达的地区。可见农业和农村手工业的发展,为市镇的勃兴提供了丰富的物质基础,没有农村经济的振兴也就没有乡村市镇的勃兴①。

_____

　　①　从翰香:《近代冀鲁豫乡村》,第123—138页。

　　晚清民国时期直隶农村市镇经济发展的趋势之一,是部分市镇的职能日益专业化,有的凭借特别有利的经济环境发展成为工商并茂的都市型大镇如辛集;有的凭借接近产地和良好的销售渠道以及较大的销售市场等有利条件,发展成为以大批量集散农产品为特色并具备地域性市场功能之商业贸易型集镇,获鹿县石门是商品粮集散中心;有的凭借优越的地理位置和交通运输条件发展成为以中转贸易为特色的水陆交通运输枢纽型集镇,如获鹿县石门镇;有的凭借有较丰富的原材料来源和良好的产品销售市场,发展成为以成批生产和大宗集散手工业产品为特色的手工业型集镇,这类集镇在城乡更具普遍意义,如高阳织布区仁丘县青塔镇、蠡县辛桥镇、清苑县大庄镇、宝坻县新集镇等均以生产集散土布为主要职能;清丰县辛庄镇、青县兴济镇均以草帽辫业著称;以陶瓷业著称的磁县彭城镇等不一而足①。

　　在直隶内地,以大宗集散棉花而发达起来的集镇更为普遍,成为棉花的主要产地市场,在西河流域,束鹿县的旧城镇、位伯镇和辛集镇,赵县的县城、沙河店、大安镇,宁晋的换马店镇,藁城县的梅花镇、丽阳,深泽县的乘马镇,定县的清风店镇,栾城县县城,正定县县城,获鹿县的石门镇,永年县的临洺关,邯郸县火车站等地皆闻名遐迩②。如石门镇在京汉、正太铁路通车后,很快发展成为冀西一带和山西棉区的较大市场,与周围的若干集市联网,每年集散少则三四十万担,多则60万担的棉花,据1924年统计,仅铁路运输就达305000余担③。

---

　　①　《近代冀鲁豫乡村》,第141—183页。

　　②　《近代冀鲁豫乡村》,第147页。

　　③　张利民:《试论近代华北棉花流通系统》,《中国社会经济史研究》1990年第1期。

关于晚清民国时期直隶地区乡村市镇的发展状况,从翰香曾摘选 16 个"中心市镇"进行过典型剖析①。在此基础上,我们编制了直隶地区 16 个乡间中心市镇商况及设立商会情况一览表(见表 19):

表 19　直隶地区 16 个乡间中心市镇商况及设立商会情况一览表

名(所在县)	商况	商会组成情况				
		立会时间	会董数	入会行号		备考
				行业数	商号数	
辛集(束鹿)	居民 2532 户,12708 人,其中商号 500 家,有"直隶第一镇"之称,商业繁盛,交通、商况均冠于全县。居民大半从事皮革、羊毛、棉花行栈,富庶之家甚多。中国银行、河北省银行均在此设置办事处。县城 950 户,2640 人。	宣统元年十月	23			
泊头(交河)	大运河沿岸名镇,津浦铁路在此设站,水陆交通要冲,商业为全县之冠。街市沿运河两岸而立,殷实商号不下千余家。	宣统二年三月	15	10	100	民国十八年一月成为交河县商会所在地
胜芳(文安)	居民 11000 户(约 5 万余人),地当大清河汇入三角淀处,交通便利。县城 5700 余人。	宣统元年正月	6	333	167	

---

①　《近代冀鲁豫乡村》,第 199—202 页。

名(所在县)	商况	商会组成情况				
		立会时间	会董数	入会行号		备考
				行业数	商号数	
新集(宝坻)	位于洵河南岸,地当三河、香河、宝坻、蠡县往来枢纽,水陆交通发达,号称京东第一大镇,街长3华里,织布业发达。	宝坻县商会宣统三年九月成立				
白沟(新城容城)	居民380户,2000人。位于拒马河东岸,为重要水路码头。拒马河乃平汉铁路线与平津市场联系的重要水路通道。该镇倚河而立,本地区运销天津的货物,均在此集散,而河北省银行亦在此设分行。镇内建有小型火力发电厂,有电灯,田舍稀少,当时人誉之为"文明城市"。	民国七年三月	2			先设分事务所,民国元年成为新容商会所在地
石门(获鹿)	京汉铁路建成前,此处为一小村庄。平汉铁路通车并与正(定)太(原)铁路在此接轨后,该镇交通运输条件骤然改观,一举成为以中转贸易为职能的大镇。内外贸易空前繁盛,人口急增,1913年大小商号为200户(约万人),1926年为40000人,大小商号2000家。	宣统三年七月				

名(所在县)	商况	商会组成情况				
		立会时间	会董数	入会行号		备考
				行业数	商号数	
龙王庙(大名)	居民 600 户,3000 人,为县内大镇,位于县城南卫河东岸,航船上通道口镇,下及天津。市街傍卫河岸,为县内物产输出之要津及民船停泊辐辏之地,主要出口货有棉花、花生、草帽辫、杂粮等。县城17000 人。	大名县商会成立于宣统二年				
牛栏山(顺义)	居民 863 户,4844 人,居京北五县之适中,当京热通道之要冲,又有白河水运之便,直达通州、天津。镇四关商业兴盛,市面繁盛,冠于全县。商号百家。	民国十七年				
独流(静海)	居民 3800 户(约15000—19000 人),东临运河,西南有子牙河,系一棉花市场,收花转运天津。	宣统二年三月二十日	4	21	99	
连镇(吴桥)	西临运河,津浦铁路线在此设站,水陆交通便利,为本地区杂粮、棉花等大宗出口物资集散中心。商业繁盛,凌驾县城之上。在该镇集散之棉花,在天津市场上统称为"连镇棉"。	民国元年成立吴桥县商会				

名(所在县)	商况	商会组成情况				备考
		立会时间	会董数	入会行号		
				行业数	商号数	
尹村(饶阳)	居民2000人,"为河北省次于高阳之棉布产地",并"织口袋、钱褡、褡套及各种棉制物",其商业兴盛,超过县城。产品远销天津、北京、汉口、山西、张家口、东北、蒙古以及河北各地。	宣统元年成立饶阳县商会				
砖河(定)	为县境内土布重要集散地。定县土布业异常发达,年产布约175万余匹,运销内蒙、察哈尔、山西、陕西、绥远一带,其中砖河镇年销售额即达65万匹,县城年销售额为60万匹。	定县商会民国三年四月成立				
彭城(磁)	为河北省第一产瓷地。瓷窑建在该镇四周乡间,缸窑30余座,每年产瓷约值30余万元。镇民十分之八九赖瓷业生活。其产品以碗类及巧货类为大宗,行销山西、山东、河南及本省各县,以供乡农及中等社会(阶层)使用。	光绪三十三年四月二十五日	12	18	164	
兴济(青)	县南运河东岸大镇,为麦秆草帽重要产地和粮食集散市场。秋间,上市粮食车辆动辄数千,为卫河上下游集市所仅见。	民国十八年九月				青县商会所在地

名(所在县)	商况	商会组成情况				
		立会时间	会董数	入会行号		备考
				行业数	商号数	
鄚州(任丘)	县城北40华里处,为境内大镇。庙会规模盛大。每年农历三四月间,商贾云集,凡绸缎、药材、玩具、书籍以及铁器、木器种类悉备。三月为经营批发业务期,四月十五至廿五日为零售期。	宣统三年五月十八日				任丘县商会所在地
林仓(玉田)	县城西南25华里。商业为全县之冠,以席、布为巨产。席产本境,布来自宝坻县。经本地输出热河及东北	民国八年四月	7			分事务所

资料来源:从翰香:《近代冀鲁豫乡村》,第123—138页;《津档》(1903—1911)上,《津档》(1912—1928)1。

　　在乡村市镇的崛起过程中,直隶商会扮演了一个重要角色。如前所述,各地商会协助政府改良农作物特别是棉花的品种,促进产品的商品化发展;引进技术,改良工艺,推广新式生产工具,推动传统产业的近代改进,促进乡村手工业的发展,为农村市镇勃兴提供了重要经济前提。建立和规范银市,整顿金融秩序,融通资金,吸引农村资金向市镇工商业的流动,活跃城乡经济,为市镇的繁荣注入活力,对于推动农村资本主义生产关系的滋生有一定作用。商会与广大工商业者一道进行捐税抗争,积极争取减免捐税,加强对乡村集镇市场的管理,调处商事纠纷,成立商团,保商护商等诸多措施,在一定程度上改善了乡村市镇的社会环境。

乡村市镇作为城乡联系的纽带，在集散和组织农产品和手工产品流通中起着主导作用。工商市镇的勃兴，不仅标志着直隶地区农村经济开始振兴，而且意味着以口岸城市为核心的新的地区性市场体系已发育成形。

商业腹地是口岸城市进出口商品的货源基地和销售市场，商业腹地的宽广与否是口岸城市吸附能力和商品集散功能强弱的主要标志，它是构成统一的市场体系的基本要素之一。

鸦片战争前，天津已经发展成为一个封建商业城市，以内河水运为纽带，形成了一定的腹地区域。连结天津的主要河道包括南运河、子牙河、大清河、永定河、北运河。南运河是天津连结山东的主要河道，从临清以上连通卫河，沟通河南北部地区；从天津溯子牙河可直达献县，其支流滹沱河可西溯正定；永定河直抵固安；北运河则连通通县、北京；海河直通大沽，除了沟通天津与东南沿海的海运航道外，与京东的滦河水系遥相呼应。这些河流恰好覆盖了整个华北平原，这一区域可看作天津传统的商业腹地。

天津开埠以后，城市性质发生变化，由内贸型城市变为进出口贸易枢纽。从1860年到1895年，其进出口贸易额翻了两番，人口增长一倍。天津传统的内河水运网的利用率不断提高，运输量不断加大，但是受交通运输的制约，天津商业腹地基本保持在传统腹地的范围之内。20世纪以后，交通运输出现巨大变革，它改变了天津与腹地商品流通以内河为主的运输方式，建立了以铁路为主、内河为辅、公路为补充的近代化运输方式，使华北传统的水路交通通过铁路联成一气，极大地推动了天津商业腹地的扩大。

20世纪初，据1908年日本天津驻屯军司令部编写的《天津志》估计，天津的势力范围横亘于黄河左岸以北的本部六省及蒙古、新疆和"满洲"，有九个区域。天津的腹地有782867平方公里,占全国总面积的 8.13%,人口 67137835 人。① 到 20 世纪 20 年代,天津的腹地和交叉腹地大致包括了河北、山西、宁夏、青海、甘肃和蒙古的全部,山东、河南、陕西、新疆和东三省的部分地区,总面积达 200 多万平方公里,占全国国土面积的 1/4 以上,涉及人口一亿多,比 20 世纪初的天津腹地扩大了一倍,包括了我国北方的大部分地区,成为全国第二大经济区域。②

直隶商会市镇网络的建构完成以及对于农村市场的开发与整顿,规范和繁荣了乡村贸易,激活了乡村市镇,促进了近代市场体系的发育和完善,成为口岸与腹地的联系加强的软组织,为 20 世纪前半叶直隶区域社会经济的发展创造了有利条件。近代农村市场是乡村农副产品与手工业品主要的交易场所,作为完整的近代市场体系链条上的基础性环节,既是外地输入商品和本地互通有无产品的终端市场,又是本地农副产品与手工业品运销输出的起点市场。正是这些密布乡间的集、镇、庙会把无数的农民、广大的农村与近代国内市场以至国际市场紧密地连在一起,进一步巩固和扩大了天津的商业腹地,密切了天津口岸与腹地的联系。近代直隶地区的城乡关系的发展演变,在很大程度上受到口岸—腹地关系的制约和影响③。

---

① 《二十世纪初的天津概况》,第 269 页。
② 《近代天津城市史》,第 452 页。
③ 关于天津港口与腹地的关系,可以参阅复旦大学樊如森的博士学位论文:《天津港口贸易与腹地外向型经济发展(1860—1937)》(未刊稿),2004 年 11 月。

第八章　结　论

从20世纪初到抗日战争爆发前的30多年中，直隶商会不仅在大中城市普遍建立，而且在乡村市镇广泛扩展，将触角延伸到社会生活的各个领域，以其自身独特优势为乡村经济社会的近代演变注入了新质，同时也呈现出鲜明的特色。

首先，直隶商会网络建构与运行具有明显的口岸—腹地特征。

在直隶商会网络中，天津商会长期处于领袖地位，成为直隶地区互不统属的各地商会主动依归的核心。各地商会呈文的上呈、批复，往往经由天津商会审核呈转，认为不适宜的条款，提出修正意见，个别的则直接驳回；各地商会的组织构成、入会商号清册、历年集议理结事由表、收支四柱清册等均需呈报天津商会备案；全省性商会活动如商情调查、组织赛会，遇到重大政治经济事件时，往往由它组织协调，联络各地商会，共谋行止；政府有关商界的政策法令往往由它转达，以通官商之邮；应地方商会之邀，有时会直接参与一些重大案件的调查处理。

天津商会在直隶商会体系中的盟主角色是由天津的经济政治地位决定的。到20世纪初，天津已成为华北的商业中心和对外贸易的枢纽，具有强大的经济实力；作为北洋重镇和北洋"新政"的中心，在直隶的政治地位不断提高，是华北近代化程度最高的城市，而且以天津为中心的水陆交通便捷，天津对直隶乃至华北广大腹地有着强大的吸附和辐射功能。

随着直隶乡村市镇商会的广泛建立以及对于农村市场的开发与整顿,在促进近代乡村市场体系的发育和完善的同时,把无数的农民、广大的农村与近代国内市场以至国际市场紧密地连在一起,进一步巩固和扩大了天津的商业腹地,密切了天津口岸与腹地的联系。因此,直隶商会网络的建构与运行,在很大程度上受到口岸—腹地关系的制约和影响,可以称之为区域商会运行的口岸—腹地模式。

其次,在直隶商会与政府的关系中,合作表现为一种常态和主流。

作为清末"新政"的重要举措之一,中国近代商会的出现更多地体现为政府主导的制度安排。中央政府的敦促与地方政府的劝导在直隶商会创建初期起到了直接的催生作用,有些商会甚至是由地方政府一手创办的,振兴实业一度成为政府与商人的共同愿望。

直隶商会建立后,在多数情况下与政府保持着比较理性的合作关系。一方面,政府的发展计划、改良措施要靠商会等组织来具体实施,政府的一些社会职能尤其是社会公益需要商会来填补,另一方面,商会也需要得到政府的政策支持和各种优惠。当然,抗争之后的屈从也是一种合作,这种情况时有发生,这既反映了直隶商会生性软弱的一面,但仍不失为一种明哲保身的妥协。长期的时局动荡和日益恶化的社会环境,造就了直隶商会的温和性格,在直隶商会与政府的关系中,合作或抗争—合作成为一种常态和主流,很少发生激烈对抗。

再次,商会在直隶乡村经济社会的近代演进中起到了助推作用,商会经济初现端倪。

　　商会在推动乡村社会近代变迁中,既有直接的作用,也有间接的影响。直隶商会在乡村市镇的广泛渗透,尤其是商会发展城乡商业、振兴乡村工业以及改良农业的努力,已经融入乡村社会近代演进的历史合力当中,加速了乡村资本主义因素的滋生,促进了乡村市镇的勃兴,催生了一批乡村新型精英阶层,成为 20 世纪前半叶直隶乡村社会经济变迁的又一"助推器",在有些地方甚至成为乡村经济发展的总策划师,使商会经济初现端倪。

　　总之,商会经济是指以商会组织为纽带,通过有效的制度设计与协调管理,以优化资源配置实现规模经济效应,提高社会经济发展水平的一种经济运行形态和区域经济发展模式。商会经济形态在有些地方已经产生,甚至形成规模经济,如磁州彭城镇商会对瓷业的改良,高阳商会对土布的提倡,顺德、辛集、张家口商会对当地皮毛业的振兴,大名商会等对草帽辫业的整顿改良等,均属此类。各地商会从发展地方优势特色物产入手,改善投资环境、倡导技术革新、兴办实业教育、争取政策支持、组织商品赛会,推动农村传统产业的改造与转型,在一定区域内形成某种产业或几种相关产业的专业化生产。其中,高阳土布业的发展最为典型,有学者把它概括为"高阳模式",也就是一种以大城市为依托,以农村为基地,以改造传统产业为出发点,以家庭工业和小工厂起步,以培养新型工商人才为持续动力,面向市场的区域专业化的乡村工业化模式。这是一种适合当时农村实际情况的产业改造方案①。

　　但是,对于直隶广大乡村商会经济的发展水平不应估计过高,各地商会在地方经济发展中所发挥的作用并不平衡,商会作用的

---

　　①　冯小红:《高阳模式:中国近代乡村工业化的模式之一》,《中国经济史研究》2005 年 4 期,第 140—146 页。

大小与各地商会经济的发展状况是基本一致的。1937年爆发的日本全面侵华战争,无情地打断了各地商会经济的发育发展,连被国外叹为奇迹的高阳土布业也就此中落。

今天,我们对直隶商会与乡村社会经济进行研究,揭示商会在乡村社会经济变迁中扮演的角色,目的是为当今市场经济条件下发挥商会作用、推进新农村建设提供有益的借鉴:

比如,互信合作,在推进新农村建设中实现商会与政府双赢。

整合政府与非政府组织的资源和力量,加强两者之间的合作与协调,是现代社会发展的特点与趋势。商会作为一种重要的民间组织,其发展要接近体制,而不是形成对体制的压力。政府对商会应适度授权,在此基础上来扩大商会对市场和企业自主管理范围,强化其管理和服务的权威性,使商会的市场化管理与政府的行政管理能达到有序分工和良性互动。

政府要引导商会组织,积极参加到当地经济的大开发中来,出台更加开放合理的政策,鼓励商会企业的资金、技术、管理、人才,投入到新农村建设中来;商会要发扬中华民族扶危救困、慈善济民的传统美德,积极参与农村公益事业、扶贫工程和慈善事业,在推进新农村建设中实现双赢。

又如,因地制宜,选择适当的产业,大力培育和发展商会经济。

商会通过自己的组织网络和广大会员,能够给当地经济建设带来大量的开发建设资金,将自己的成功理念和管理模式引入当地经济的发展建设中来,为区域经济的发展和新农村建设注入新的活力,大力培育和发展商会经济,增强区域经济自主发展的能力。

在发展商会经济时,要立足农村人口众多,人均耕地严重不足,存在大量剩余劳动力,平均文化素质偏低的实际,因地制宜,充分利用本地传统产业,走传统产业改造的道路,在不断的改造中逐渐实现产业的升级与转型。

再如,优势互补,充分利用城市资源,走城乡一体工业化道路。

中国的现代化属于后发外生型现代化,在经济领域呈现出城市现代产业与农村传统产业并存的二元结构,而且将长期存在。在这种情况下,广大农村可以发挥自身原料资源丰富、劳动力充裕、价格低廉、市场潜力大等优势,借势商会内部以及商会之间业已形成的民间网络优势,通过各种方式与城市携手,充分利用城市的资金、技术、设备和人才资源发展乡村工业,加强经济组织间的合作,形成城乡一体、二元优势互补格局,走出一条中国特色农业现代化和农村城镇化道路。

附　录

直隶商会与乡村小农经济变迁

　　近 20 年来,中国商会史的研究已经取得了丰硕的成果。纵观现有研究成果,多集中于上海、苏州、天津等大城市商会,而对中小城市尤其是乡村集镇基层商会鲜有涉及。本文试图以直隶商会为个案,透视在直隶乡村小农经济变迁中,直隶商会所扮演的角色及其社会影响。

一

　　从 20 世纪初始,直隶区域商业性农业在原有基础上有了新的发展,突出表现在农村经济作物的迅速扩展和粮食作物商品率的显著提高,并由此推动了农业区域分工和社会分工的发展。
　　进入 20 世纪以后的二三十年间,直隶棉花生产呈现出加速发展的强劲势头,棉花生产的专业化和区域化趋势明显,并形成三大植棉区:西河棉区、御河棉区、东北河棉区。棉花生产的发展,使棉花的自给性质迅速减弱,在相当程度上已与新的生产力因素和国内外资本主义市场发生联系,棉花的商品率日见提高。据 20 年代前调查,西河和御河棉区每年产棉约 78 万担,其中有 66 万担运销天津、青岛和安阳出口或消费,约占其总产量的 84%。经初步统

计,1930 年华北五省共产棉 377 万担,出口和各地纱厂需要约 265
万担,加之需出售的生活用棉,棉花的商品率近 80%,是华北农产
品中商品率最高的。

　　花生是直隶地区又一重要的经济作物。尤其是进入 20 世纪
以后,花生种植更呈逐渐扩增之势,商品化程度不断提高。有统计
资料显示,1900 年直隶全境花生种植面积约为 800 千亩,到 1914
年该作物的种植面积已翻了一番,增至 1658 千亩,1924 年发展为
2550 千亩,商品率则年平均为 80%。

　　除了前述棉花、花生外,大豆、烟草、药材以至果品等经济作物
在进入 20 世纪最初的二三十年内,种植规模及商品化程度也明显
提高。

　　经济作物种植面积扩大必然导致粮食作物种植面积相对减
少,加重地区间粮食生产的不平衡性,势必引起"各种农业区域之
间、各种农业部门之间和各种农产品之间的相互交换。"①同时,伴
随着城市化加速发展而来的非农业人口的大量增加以及与粮食有
关的近代工业的兴起和手工业的发展,都促进了粮食需求量的增
长和商品化程度的提高。

　　小麦在直隶各地均有种植,而比较集中的种植区在东部平原
的中南部即定兴以南的京汉铁路沿线地区和石德铁路以南的整个
地区,是直隶商品粮的主要产地。据卜凯调查,小麦商品率,直隶
西部的平乡县小麦售出部分占总产额的 59.2%(1921—1925
年),东部盐山县为 42.3%(1923 年)。② 1934 年,平汉铁路局对
该省沿线调查的结果表明,调查自耕农谷物产销情形 13 处,每一

---

　　① 《列宁全集》第 3 卷,人民出版社 1984 年版,第 275 页。
　　② 〔美〕卜凯:《中国农家经济》,商务印书馆 1937 年版,第 276 页。

处均有小麦出售,比例最高为定县(90.7%),最低是磁县(41%),
13 处平均小麦出售额占生产总数比例为 66%。①

粮食商品化程度的提高,也突出反映在集镇贸易和以集结、中
转大宗粮食而著称的大镇的出现。据曲周商务分会调查,宣统年
间,在城厢集市,粮食是主要商品,"由东关一带至东桥镇,桥跨溚
流,舟楫鳞次,商贾猬集,为农为工,此通彼易,以粮食为大宗,煤炭
蔬菜次之。麦秋之后,舟运车载,络绎不绝。"②同期高阳商会调查
报告指出:高阳县治城内每逢集期,买卖分四街,其中"南街五谷
米粮为大宗"。③

直隶商业性农业的加速发展是由多种因素促成的,直隶商会
在其中也发挥了积极作用。

（一）参与改良作物品种,推动农业集约化生产

直隶商会创建的同时,直隶农会也于 1907 年在袁世凯的劝办
下渐次兴起,旨在固结团体,研究实业,凡农田、树艺、蚕桑、纺织、
森林、水产、山利、海界、畜牧、狩猎及一切应兴革之事,逐渐考求,
以期进步日增。④ 农会并非一般的农民组织,同商会一样,也是以
绅商为主体,商会、农会两大民间组织,以振兴实业为共同目标,相
互协作,共谋行止,在直隶经济、政治生活中发挥着重要作用。正
如时人所言:"商为阳体,农为阴体,阴阳合而生工。……商农并

---

① 从翰香等:《近代冀鲁豫乡村》,中国社会科学出版社 1993 年版,第 278
页。
② 《津档》(1903—1911)上,第 990—991 页。
③ 《津档》(1903—1911)上,第 986 页。
④ 《津档》(1903—1911)上,第 304—305 页。

鹜,以为工业之萌芽。"①有的商会专门把济农一项列入章程。如顺德商务分会鼓励商董投资济农,"顺埠商业以帐局为大,兼济商农。而济农有私济有公济。如农家揭债,以地担保,是为私济。若使农会既立,谋公利之资本,如凿井开渠之类,是为公济。公济官以公款担保,此为守土应尽之义务。若商董义务之大,则为力劝绅富扩充资本。如济农至十万两以外,禀请督宪从优褒奖。"②正定商务分会成立后,积极协助农会开设农务试验厂及农器制造厂,改良棉种,"劝各村多种长绒线花",推广植棉,正定一带很快发展成为直隶著名的长绒棉产区。③

(二)规范市场秩序,促进农产品流通

规范市场秩序,建立完善的市场体系,货畅其流,是商会的基本经济职能之一。直隶商会成立后,通过参与华北近代交通网络的构建,把更广阔的地区纳入天津商业腹地,有力地刺激了商业腹地土产品的商品化。直隶各地商会积极采取措施,统一货币、度量衡、整顿市场秩序、严惩投机奸商,为统一的市场体系的发育建立规范的竞争机制。据民国修订的《威县志》记载:"民国十一年由商会创设检查棉业所,到处检查。凡系干白净花,盖以检查紫印。行至十二年,在济南商埠大著信用。各处纱厂及行商对于威县检查印货,不惜重资争相购定,故济南商埠近来为威境农商业务之大销场。"从而促进了威县棉花种植业的发展。

---

① 《津档》(1903—1911)上,第 194 页。
② 《津档》(1903—1911)上,第 194 页。
③ 《津档》(1903—1911)上,第 210—211 页。

（三）设立银市，融通资金，活跃乡村经济

为了稳定市面，融通资金，活跃城乡经济，许多商会内附设银市，定期开市，以公交易而维市面，每月银市次数各地不等。以迁安为例，迁安银市始自清末，由数家大商号自发组织民办银市，办理借贷业务，从中抽取一定的手续金。迁安商会成立后，为加强对银市的统一管理，商会召集各大小商号经理共同议定银市章程，银市地址设在商会院内。银市的交易范围，由最初的只搞资金借贷逐渐扩大到可以进行小米、大布、红辛纸等交易。当时农村放账的利率稍低于城镇，故农村老财多通过迁安商号，间接到银市放账。在迁安银市鼎盛时期，借贷往来多则数万，少则数千元；大布交易多时达万匹；红辛纸万八千件；粮食千八百石。商会会长亲临银市巡视，了解市场动态，调解争执。迁安银市，在初、中期对繁荣迁安城乡经济、融通资金，缓解城乡小工商业资金不足，发挥过一定的促进作用，但后期发展为有码无物的买空卖空，积极作用丧失殆尽。①

（四）调查商情，互通信息，降低交易成本

调查商情，互通信息是商会的一项基本职能。如任丘商务分会简章规定调查"县治商务盛衰之故，有无新出种植制造之商品，按年列表呈报"是其例行职能之一。② 正定商务分会定期"派调查员调查邻境禾稼成熟丰歉情形，及银粮价值低昂，以便普告众

---

① 《河北文史集粹·经济卷》，河北人民出版社1993年版，第244—245页。
② 《津档》(1903—1911)上，第271页。

商。"①直境各地商会对当地集市庙会情形、物产种类、产额、产地、行规详细调查报告。这就为本地区的商人提供了当地有关市场交易、物产、习俗等各方面的信息,从而使参加商会的商人减少了搜寻信息的费用,而没有在会的商人要取得这些信息则要付出高昂的费用,需要花费大量的时间和人力。

商会规则中也提供了大量的市场信息,它告诉商人如何在一个地方从事商业活动、如何与地方官吏和人民搞好关系,要求它的成员保证商品的质量和标准,不得掺杂使假,缺斤少两,遵守商业道德,并对市场实行监控。对不实行规则的予以处罚。这样商会组织的内部管理协调部分地替代市场协调,在促使交易成本内在化方面发挥了积极作用。②

(五)因地制宜,发展传统商品

直境各地商会在注重发展近代工商业的同时,还因地制宜,不断创新,大力发展传统商品。保定酱业历史悠久,清朝末年,保定有酱园20户,大缸1万口,从业人员160人,年产面酱160万斤,酱菜200万斤,除供应本市外,有少量产品供应附近郊县。1919年以后,由酱业巨子陈赓畲、赵仲芸、方绍棠等人先后主持保定商会工作近10年,各业均有较快的恢复和发展,尤其是传统酱业发展更快。至1924年,酱园发展到40多户,大缸2万口,从业人员300多人,年产面酱达320万斤,酱菜400万斤,翻了一番,而且花样品种增加到80余种,质量提高,形成了具有独特风味的保定酱菜,驰名中外。

① 《津档》(1903—1911)上,第213页。
② 刘佛丁,王玉茹:《中国近代的市场发育与经济增长》,高等教育出版社1996年版;张东刚:《商会与近代中国的制度安排与变迁》,《南开经济研究》(津)2000年第1期。

酱业主要原料为蔬菜、粮食(小麦、小米、黄豆等),酱业的发展有力地带动了商业性农业的发展,如东郊区蔡庄一带产的春不老、紫萝卜、荸荠萝卜;西郊区崔闸、郝庄产的大萝卜;罗候村产的甘露、银条;清苑县毕庄、路庄、聂庄产的柿青椒;南大园产的莴笋、苤蓝、小萝卜;满城县殿庄产的紫皮六瓣大蒜等,都是各酱园订购的产品,成为保定酱园的优质菜料产地。①

总之,直境各地商会在推动商业性农业发展的过程中,既有直接的作用,也有间接的影响。商会建立后,积极参与市场管理,整顿市场秩序,调查商情,交流信息,呈请减免捐税,维护广大商民权益等等,都有利于良好的市场体系的发育,促进农产品的流通。商会协助农会及地方政府进行的改良作物品种、投资济农、凿井开渠等在一定程度上改善了农业生态环境、推动了农业集约化生产。

二

在近代直隶所有农村手工业中,棉纺织业最为重要。它不仅在直隶农村经济中有着举足轻重的地位,在近代中国的棉纺织业中也占有一席之地。在北方相继崛起的三大棉布集中产区(高阳、宝坻、潍县)中直隶居其二,高阳织布业持续发展的时间最长,在产业结构、生产关系等方面的变化也最为典型,被吴半农先生称之为"华北土布业的中心区"。②

20世纪初,洋布开始广泛行销华北各地。土布无论从价格上

① 《河北文史集粹·经济卷》,河北人民出版社1993年版。
② 吴半农:《河北乡村视察印象记》,《中国农村经济论文集》,中华书局1935年版。

还是从质量上都无法与洋布相抗衡。因此,高阳出产的窄面土布销路渐被侵夺,"出售不利,民间渐至失业",①织业大受打击。

在洋布倾销、利源外溢、农村传统织布业面临灭顶之灾的危急关头,高阳商界中被当地人称为"能人"的安新商人杨木森、武安商人李条庵、高阳商人李香阁、韩捷三、韩伟卿、张兴汉(字造卿)等人,立志团结商人,振兴工艺,扩充中货,共挽利权。经策划,于1906年8月呈准立案成立高阳商会,他们大力提倡纺织,积极引入先进织机技术,研究改良,不断创新,使高阳由一个小而穷的三等县变成了闻名中外的织布工业区。在高阳织布业改组勃兴的过程中,高阳商会充当了当地农村经济近代化总设计师的角色,创造了中国近代农村织布业史上的奇迹。

(一)提倡纺织,研究改良,推动织布业的产业改进

高阳商会成立后,首先"提倡纺织,研究改良土布。"会员们认识到土布不敌洋布、出售不利的原因,主要在于生产设备落后、工艺不精、布质粗糙。因此,商会甫一成立,立即派人往天津各工厂调查纺织工艺,结果认为"惟人力木轮机大可仿行",于是购回数台,在本地"选择良工巧匠仿造,分发织布各村,提倡改织宽面土布,推行日广",到1908年3月,"机器约有数千架,日出土布数千匹。"②使用木轮机以后,所织"宽面洋布,较前所织之布工精数倍,销售日见起色。"③但是高阳商会经过"悉心考查",发现"究竟木机力短,布质不及外洋精密"。于是商会再次派人赴天津调查,结

---

① 《津档》(1903—1911)上,第225页。

② 《津档》(1903—1911)上,第220页。

③ 宋美云:《高阳土布档案选》总第74号,第77页。

果认为日本产铁轮机"灵巧式样,梭杼便利"。[1]　随即"派人赴天津日商田村洋行,学习织布。"[2]并集资向日商洋行购买铁轮机数架,"劝导商民改用铁轮机,并劝设工厂,以期推广各种土布,精益求精,布质与外洋相仿。"[3]

在建立织布工厂组织生产的尝试失败后,商会迅速调整思路,"联合各布庄筹集资金,向天津购买大批织机,规定贷机并领纱布之办法。凡熟悉织布新法而无资本者,均可托其村中素有信用之殷实住户,向布庄担保,先交机价一半,领取织机与棉纱,从事织布,下余之一半机价,候织出布后,以其所应得之手工扣抵。"[4]并"由各商购进本国线纰,令织户按斤领线,每集按斤交布,按市价给予手工。"[5]这就是后来在高阳织布区流行的"撒机制"。

实行"撒机制",使"贫户不用资本而能纺织,各商收布不用担负而有售主,商民一体,风气渐开,民皆鼓舞。"[6]铁轮机得到迅速推广。"洋纱铁机的输入,打破了高阳布几百年来缓慢而平稳发展的格局,使高阳布的生产和销售跨进到一个新时代。它不仅使高阳布的生产,由原来的家庭副业性质跃升为织布手工业,而且使其迅猛发展,以至出现了一个高阳布业上空前的繁荣时期。"[7]高阳商会的积极策划和商界中人的身体力行,逐步把当地织布业引

---

① 《高阳土布档案选·近代史资料》总第 74 号,第 222—225 页。

② 彭泽益:《中国近代手工业史资料》(1840—1949)第 2 卷,三联书店 1957 年版,第 412—413 页。

③ 《津档》(1903—1911)上,第 225 页。

④ 彭泽益:《中国近代手工业史资料》(1840—1949)第 2 卷,三联书店 1957 年版,第 412 页。

⑤ 《津档》(1903—1911)上,第 227 页。

⑥ 《津档》(1903—1911)上,第 220 页。

⑦ 高河:《高阳织布业概述》,《保定文史资料选辑》第 2 辑,第 167 页。

上了工业化和商品化道路,启动了传统产业向近代产业的转型,直隶乡村经济在生产力和生产关系方面发生了质的变化。

从生产力角度来看,铁轮机由于自身的特性,实际上已不再是手工工具,而成为机器,它摆脱了"工人的手工工具所受人体器官的限制,将所有织布工序相互牵连成一个整体",使之不再是人的工具,"而是一个机构的工具。"①高阳织布业已完全脱离了手工业的范畴,变成了乡村工业。这是商会给高阳织布业带来的一个质的飞跃。

从生产关系角度看,"撒机制"实质上是一种资本主义包买制。在这种制度下,商人将原料直接或通过中间人分发给织布的农户,待织成后收回布匹,付给织户工资,再发放下一生产周期的原料。"这种从借贷资本变成的新兴商业资本至此已整个完成其事业的基础;不仅原料,并且布匹生产,布匹运销,俱已受其一手支配;这一机体一方面是组织起散漫的织户,一方面是组织起生产与市场的关联,二万架布机的梭声是受着几十个商号的号令而缓速其节奏,十九省的消费者从这种新兴商人的手中直接交与所需求的物品。过去不曾有过的商业资本的活动,在一九一二年顷开始展开其新姿态。'工资'是这种新兴商业制度的主要特征,一方面改变了素日各自独立之织户的地位,一方面成为维系商业资本家与家庭劳动者的关系的锁链,当然其他一方面又成为商业资本家剥削工人之劳力的武器。"②

(二)完善激励机制,瞄准市场,推陈出新

科学技术的发展必然引起生产工艺过程的变革,相应地也要

①　马克思:《资本论》第1卷,人民出版社1975年版,第13页。
②　《中国近代手工业史资料(1840—1949)》第2卷,第422页。

求对生产过程进行一种自觉的控制、协调和组织,这就导致了高阳近代织布业生产管理机制的产生。高阳商会始终坚持对商人和织户的引导、鼓励,逐渐形成了一套完善的激励机制。

高阳商会在积极引进推广新式织机的同时,高度重视改进工艺,提高布匹质量。光绪三十二年(1906)高阳商会设立了工艺研究所,旨在讲求工艺,"随时考究",鼓励织工提高产品质量,不断开发新技术与新品种,推动织布业向前发展。具体办法如下:

1. 研究所随时派员下乡调查,如有织工精密,别出心裁者,注册登记,以资鼓励,而期进化。

2. 仿照劝工陈列所品评办法,凡新出布货,送所研究,品评优劣。令各商家收布时"另册存记,注明机户姓名,在名侧填注布质。"每月朔望召集商人各携收布账册到所,会同调查织业员、各商会议员、职业工艺人等,"齐集商会、研究所,讨论各项织工,品评布质,考核经纬用线码数,特别新样,比较优胜,以定等级。"①每生产出新的品种,工艺研究所必通过商会将之送往天津考工厂参加考评。

3. 组织产品参加各种展览会。宣统元年(1909)十一月,天津商会与直隶工艺总局为筹备参加南洋赛会开办劝工展览会,在参赛的 12110 件展品中,高阳商会选送的土布荣获"优等第一金奖。"②此后高阳商会多次携土布参加各种形式的展览会,使"高阳土布"名声远播。

正是受惠于这种激励机制,寓管理于激劝之中,高阳布才能瞄准市场,不断推陈出新,相继生产出名目繁多、质量上乘的产品,推

---

① 《津档》(1903—1911)上,第 241 页。
② 《津档》(1903—1911)上,第 1318 页。

动高阳织布业连续出现三次兴盛。

(三)力争裁厘减税,开拓市场

清末民国时期,税关厘卡林立,对商家课税极重。高阳商会为了保护自己一手缔造的事业,与官方进行了大量交涉,力争裁厘减税。光绪三十四年六月,高阳商会总理韩伟卿牒呈天津总商会:"现在纺织得利,日见起色,高阳合属改织宽面洋布,统计日出数百匹,月计万余匹,若不设法疏通销路,一若积聚,大有关碍。商民远近招徕,贩客接踵而至,发往布货以至古北口、张家口、津省、京通。诚恐经过地方各关卡厘税刁难,有碍销路。"并恳请天津商务总会"据情转详,并咨行税务处,应如何酌定厘税给予凭照,畅疏销路而保商民。"①宣统元年二月,高阳商会为提倡土布、广开销路,再次牒呈天津商会禀请划一纳税,改变"土布征税无定"的局面,终于为高阳土布争取到"每匹九丈按五分纳税,每匹五丈按二分五厘纳税"的优惠税率。②

税厘的减免,降低了高阳土布的运销费用,极大地增强了产品的市场竞争力,销路不断扩展,甚至远销海外。高阳土布的畅销在一定程度上起到了"进口替代"的作用。1906 年自天津入口的日本洋布为 13.62 万匹,而到 1910 年却突降到 2 万匹左右,当时日本人便把日本洋布对中国华北出口量的下降归因于高阳织布业的兴起。③

---

① 《高阳土布档案选》,《近代史资料》总第 74 号,第 80 页。
② 《高阳土布档案选》,《近代史资料》总第 74 号,第 82—83 页。
③ 《通商汇纂》第 45 号,明治 44 年,第 13 页。

（四）兴办实业教育，培养新型人才

经营新式的工商业，需要掌握新型工商业知识的人才。高阳商会不仅致力于改良生产工艺和开拓市场，促使高阳布业兴起，而且从一开始就同时致力于新型人才的培养。

商会成立后，就立即派人赴天津实习工场学习织造，他们学成以后回到高阳，对倡造新式织机、普及织造技术起了积极的推动作用。派出学习可解燃眉之急，并非长久之计。高阳商会和各商号集议后决定利用对商人的抽税和商家的自愿捐输，兴办实业教育，培养高阳布业所急需的专门人才，并于商会院内创设商业夜校，"以各商家学徒为学生，聘公正士绅为教习。"由于学生日渐增多，商会已容纳不下，1908 年商会在高阳县城东街建立学校，"修筑讲堂五间，教习宿舍三间"，将夜校正式改为初等预科学校。1910 年 2 月，报农工商部批准，仿京师私立第一中学成例，初等预科学校扩展为中等商业学堂，同时商会购得冯家大院，建筑新校舍，扩大招生规模，专门培养商业管理人员。

学校课程的设置：前三年为普通科，主要学习基础理论知识，为学习外国先进织染技术还开设英文课。最后一年为专业科，分织专科和染专科，半天上课，下午在学校实习工厂实际操作。实习工厂设置铁轮机、楼子机和供学生实习染色整理工艺的锅炉、染槽、轧光机和各国进口染料。至 1937 年，该校共培养出毕业生400 多人。这些有理论有实际的新型专门人才先后成为高阳各大商号和各机器染轧厂的骨干力量，为高阳织布业的发展做出了重大贡献。

兴学育才，意在久远，高阳商会为商界培养了一批又一批具有较高文化素质并掌握新型工商业知识的人才，促进了商人队伍整体素质的近代化,成为高阳布业持续发展的关键因素。

三

在各地商会的劝导推动下,清末民初以来,直隶区域乡村经济发生了一些明显的变化,主要表现为商品生产(农产品和手工业品)的增长,生产技术的改进和资本主义生产关系的发展。这些变化对社会经济、政治诸方面都产生了巨大的影响。

（一）乡村手工业的调适与勃兴,在一定程度上起到了进口替代、挽回利权的作用

近代中国,国门洞开,洋货充斥,利权外溢。振兴商务、发展实业、挽回利权,是当时政商绅学各界的共同愿望,也是各地商会立会的根本宗旨。如磁州商人禀请速立商会文中申明:"务祈内弊剔除,外情洞悉,使利权不致旁落,商业日形茂盛,是则职商等立会之本意也。"[1]高阳商会始终把"改良土布、提倡工艺与振兴实业、畅行中货、共挽利权"连在一起。[2]

在近代城市工业势单力薄的情况下,乡村手工业的调整与发展,不同程度地抵制了洋货的倾销,部分地起到进口替代作用。如前述高阳布区手织业经过工艺改良,迅速成为华北农村英、日洋布的有力竞争者,1906、1907年,天津进口的英国粗布为11万匹,1908年减少了一半左右,此后直到1911年,一直停留在每年5万匹的水平上。1906年自天津进口的日本洋布为13.62万匹,到

---

① 《津档》(1903—1911)上,第196—197页。
② 《津档》(1903—1911)上,第229页。

1910 年下降到 2 万匹左右。在当时,日本人便把英日棉布进口下降的原因归之于高阳布业的兴起。① 再如草帽辫业在很长一段时间,中外贸易表现为外国商人从中国廉价收购草帽辫,在国外制成草帽后输往中国,转手之间获取巨额利润。民国以来,随着草帽需求量的巨增,城市机器帽厂和乡村手工帽厂蓬勃发展,国产草帽逐渐夺回了国内市场,并积极开拓国际市场。

(二) 乡村经济的兴盛,促进了近代民族工业的发展

商品性农业的发展,为民族工业尤其是近代轻工业的发展提供了充足的原料。直隶地区商品性农业的发展为天津、唐山、保定、石家庄、邯郸等城市的机器面粉业、机器纺纱业的发展创造了有利条件。

中国早期工业化进程中,城乡手工业和民族机器工业长期并存的二元模式久为"学术界关注"。二元模式中既存在着竞争,也存在着互补,但互补构成两者间关系的主导面。② 以直隶农村最主要的棉织业为例分析,这种互补互动主要体现在以下几个方面:

农村手织业的发展促进了机器纺纱业的发展。直隶地区农村手织业正是由于机纱的输入和铁轮机的推广而获得转机,蓬勃发展;而织布业的发展又构成了一个巨大的机纱市场,为民族机器纺纱业的大发展创造了条件。华北地区的纱厂,自 1909 年安阳广益纱厂开车起,到 1934 年的 25 年间,在天津、唐山、石家庄、宝坻、青岛、济南、安阳、武清、郑州等地共有 23 家纱厂开车生产,其中除青

---

① 《通商汇纂》:第 45 号,明治 44 年,1911 年 8 月 5 日。
② 彭南生:《中国早期工业化进程中的二元模式》,《史学月刊》2001 年第 1 期,第 60 页。

岛4家日资纱厂外,其余19家都是由民族资本开办。[1]如果没有巨大的农村市场作依靠,华资纱厂是很难发展如此迅速的,同时进口洋纱直线下降,1913年华北直接进口洋纱42万余担,1931年便下降到仅145担。[2]民族机纱业的发展在很大程度上实现了进口替代,而且国产机纱还有少量供出口。

农村手织业的产业改进促进了民族机器制造业的发展。引发农村织布业革命的铁轮机,最初都是从日本引进,由天津田村洋行输入。随着铁轮机在直隶农村的广泛使用,民族机器业也开始涉足足踏布机(铁轮机)市场。天津三条石几家最早的民族机器厂如金聚成铸铁厂、郭天成机器厂、春发泰、双聚公、永利祥、金盛德等都是靠制造织布机起家。到1929年,天津织布机制造厂达15家,共生产织布机及其附件产品达5383件,销售值达126457元至170187元之间。[3]各厂除生产织布机外,主要产品还有轧布机、蒸布机、染布机以及弹花、轧花、打包机等。可以说,如果没有农村织布业的发展,也就不会有天津机器制造业的繁荣。

此外,农村手工业的兴盛,增加了农民的收入,提高了农村的有效需求,使工业品的农村市场不断扩大,从而有力地促进了民族工业的发展。

(三)乡村中资本主义生产关系的发展,促进了农村新型精英阶层的崛起

以高阳织布区为例,随着高阳布业的兴盛,资本主义生产关系

---

[1]　严中平:《中国棉纺织史稿》,科学出版社1963年版,附录1。
[2]　《中国棉纺织史稿》,第371页。
[3]　彭南生:《中国早期工业化进程中的二元模式》,《史学月刊》2001年第1期,第65页。

得到极大发展,尤其是"撒机制"的盛行,促成了包买商这种新型商人资本的崛起,迅速演化并上升为高阳农村社会的精英阶层与重要社会领导力量。这是自古以来传统乡土中国社会结构所发生的最深刻的变动。高阳布商的影响力已远远超越了地域限制,在全省、全国甚至海外都备受关注。如高阳商会创始人之一的张造卿,经商起家,在高阳县城经营德信隆布庄、一信煤厂、华信手工染坊等,曾当选为直隶商会联合会会长;杨木森,是一传奇式人物,推布车出身,高阳商会创始人之一,为振兴高阳布业,他提倡改造织机,用洋纱机织宽面布,并大胆创新,曾被选为全国总商会副会长。一个三等小县商会代表却登上令人垂涎的全国总商会副会长的"宝座",在商界引发了一场震动。

(四)农村经济的兴盛及其专业化发展,在一定程度上促进了农村集镇的勃兴

从 19 世纪末到 20 世纪二三十年代,在直隶广大农村,随着农副产品商品化程度的提高和农村手工业的发展,农村市镇勃然而兴。市镇是城乡原料作物的加工中心与技术处理中心,是乡村农副产品与手工业品的交换中心,是大中城市与广大农村进行经济文化交流的中介,千千万万分散经营的农民主要就是通过这些星罗棋布的市镇而被融入全国乃至世界市场经济大潮之中的。

据从翰香先生研究整理,民国时期直隶农村地区可统计的 124 县中比较重要的市镇有 586 个[1],平均每县约拥有 4.7 处,同乾隆《大清一统志》所载全地区共有 105 个集镇的数量相比,增长了近 5 倍。

---

[1] 《近代冀鲁豫乡村》,第 123—124 页。

研究表明,直隶地区的市镇密度为每千平方公里4.6个,其中集镇密度为10—33镇/每千平方公里的有32县,4.6—9.9镇/每千平方公里的41县。在集镇密度最高和次高两类73县中,有57县分布在冀中京汉、津浦两路及其中间地带,沿京汉铁路东侧地区所占比例最高。这一区域正是冀地商品棉、商品粮等经济作物的主要产区,也是直隶农村手工业较为发达的地区。可见农业和农村手工业的发展,为市镇的勃兴提供了丰富的物质基础,没有农村经济的振兴也就没有乡村市镇的勃兴。①

市镇作为城乡联系的纽带,在集散和组织农产品和手工产品流通中起着主导作用。工商市镇的勃兴,不仅标志着直隶地区农村经济开始振兴,而且意味着以口岸城市为核心的新的地区性市场体系已发育成形。

---

① 《近代冀鲁豫乡村》,第123—138页。

北洋时期直隶商会的捐税抗争

北洋军阀统治时期,烽火连绵,政局飘摇,社会动荡,中央权威丧失殆尽。直隶作为北洋集团的大本营和畿辅重地,自然成为各派军阀争夺的焦点,兵连祸结,为害最重。为了筹措巨额的军费开支,军阀政府在举借外债的同时,对内更是横征暴敛,再加上连年的自然灾害,直隶地区哀鸿遍野,众商疲累。面对北洋政府和直隶地方当局的杂捐苛税,肆意摊派,直隶商会同广大商民进行了形形色色的捐税抗争。

一、抗争方式多样化

1. 联合抗争,互相声援

广大商民一再续写的苦难经历使他们真实地感受到团结的重要性和命运的休戚相关。在民国初年的捐税抗争中,直隶各地商会之间以至直隶商会同全国各省商会之间函电交驰、协调行动,声势浩大。

反对滥设统税局是直隶各界联合抵抗的范例之一。1922 年 3 月 1 日,直隶省长公署发布公告,在临榆、唐山、沧县、获鹿四处增设稽征统税局,"自设局之日起,凡商民运输货物,无论水路、陆路,均须赴统税局交纳税款"①。布告一出,立即引起四县商民的

---

① 《津档》(1912—1928)4,第 3656 页。

强烈反对,并迅速波及全省。沧县、临榆、唐山首先登报声明,一致反对设局。3月4日获鹿县商会分别呈文县公署、统税局及天津商会,历数该县不宜设统税局四条理由,转请省长收回成命。3月17日,沧县商会呈文陈述该县商民反对征收统税情形,希望"将此种统税根本撤销,以苏民困,而恤商艰"。但是都被回绝。

直隶政府的强硬态度和肆意诬蔑引起全省商民的更大愤怒。6月19日,直隶各县商会代表汇集京师共组联合会,一致反对滥设统税局。6月30日,直隶各县商会、农会、劝业所、教育会等各界代表210人联名上书大总统、国务院总理,吁请裁撤统税局,其中包括70个商会、26县劝学所、25县劝业所、11县农会、12所学校、9县财政所、2县教育会、2县棉业会以及乐亭县的讨论会、工艺局、高阳县工商代表3人、获鹿县公民代表2人,共计161个单位。获鹿县代表最为广泛,包括商会、劝学所、劝业所、农会、高小学校、财政所、教育会、公民代表①。在这次斗争中,各地商会扮演了重要角色,态度鲜明,联袂请愿,发誓与非法恶税、造祸长官一决生死,极大地感染了社会各界,形成了声势浩大的反对增设统税局的斗争。

1923年8月,直隶全省印花税处以"杜绝商贾由外贩来折扣私售"印花票为由,拟将印花税票加盖县戳,以便稽查而资识别,定于9月1日起,全省一律实行。规定"自加盖县戳之日起,如境内有销售未盖县戳之印花,皆以私售论";"若查出在实行加戳定期以后贴用未盖县戳者,概作无效"。其实际用意是通过垄断税票发行,"极力推广销路",完成"派定销数"②。此动议一经出台,

---

① 《津档》(1912—1928)3,第3708—3714页。
② 《津档》(1912—1928)3,第3868—3869页。

立即遭到直隶各县镇商会的联合抵制,天津商会更是居间协调,积极抗争,印花税票加盖县戳终未能实行。

2. 利用报纸传媒制造舆论压力

如在反对增设统税局的斗争中,沧县、临榆、唐山三县登报声明,全体否认①。在同一事件中,直隶商会联络各界赴京直接向政府请愿,引起强烈反响。

3. 罢工罢市,以示抗议

1913年3月,商民刘龙誉等禀准设立直隶药材行捐经理处,先在保定设立,并分设祁州、天津、张家口,买卖主均按二分抽用,充作直隶饷需。通告一出,津祁各药商联络驻津十四帮向天津商会投递说帖,恳请力争撤销。天津商会迅即致电保定、张家口、祁州商会予以协助,"以厚势力",共同筹商对策。并于3月23日"呈请民政长查核俯准,将药材行捐经理处立予取消"②。经省议会三次开议后予以否认,但是直隶都督不但不予撤销,而且声称财政部厘定税则草案已将牙捐划入国家税之范围,坚持抽收。祁州药商率先罢市。10月12日,十四帮药材商代表李序东、华仪斋、张春泉等6人联名发布天津药业停市声明,同时联合天津阖郡59行商人发表通电,陈请大总统、国务院、众议院、工商部"立饬取消,并乞五日内赐电,以保市面,而安人心"。实际上是全津商民下的最后通牒③。在强大的压力下,省公署当晚下令撤销药材行捐经理处,斗争取得阶段性胜利。

1926年8月,直隶成立茶捐总局。8月6日开征直隶军事善

---

① 《津档》(1912—1928)3,第3965页。

② 《津档》(1912—1928)4,第3796—3797页。

③ 《津档》(1912—1928)4,第3804页。

后茶叶特捐,13 日茶商罢市,21 日茶捐总局被迫取消。

1927 年 1 月,成立直隶全省特种物品用户捐事务所,订于 3 月 7 日实行特捐,遭到商民联名反对,各有关行业相继罢工,4 月 14 日被迫暂停①。

4. 重视以法维权,以法抗税

以法律为武器,维护商民的合法权益,在清末的捐税抗争中已初露端倪。民国以来,这一趋势更加明显,反对以政令变更印花税法,维护法律尊严。1912 年 10 月 24 日,临时大总统公布《印花税法令》以及《印花税法》,于 1913 年正式实施,即民二印花税法。袁氏自立造法机关,将两院公决有效之印花税法,擅行变更,强制施行②。如《印花税法》第一条第一类原规定十元以上贴用印花一分或二分,第二类未满百元者贴用印花二分。但财政部于 1914 呈准凡在十元以下者无论第一类、第二类均须一律贴用印花一分③。继袁世凯而起的北洋军阀政府依旧走在独裁的道路上,段祺瑞政府"仍以袁氏变更之印花税法为归宿"④,遭到全国商民的强烈抗议。处于抗税最前沿的天津商会在各省商会的声援下,4 月 13 日上书大总统、国务院、财政部及参众两院,呈请"回复原始公决公布之印花税法,并将请准窒碍免贴之条一律回访,以维立法尊严,而维国家大信"⑤。4 月 23 日,天津商会致函各省商会,希望联合上书请愿,以壮声威。各地商会纷纷致函声明支持天津商会上书请愿抵制加征印花税,仅民国 6 年 5 月就接到声援函电 13 封。军

---

①　《津档》(1912—1928)4,第 4159 页。

②　《津档》(1912—1928)4,第 3897 页。

③　《津档》(1912—1928)4,第 3904 页。

④　《津档》(1912—1928)4,第 3897 页。

⑤　《津档》(1912—1928)4,第 3897 页。

阀政府对于商会的上书请愿置若罔闻,不但拒绝恢复原案,而且财政部于 1920 年发布命令,将凭折及账簿每年贴用的印花税由原规定的二分改为每年贴用印花一角①。广大商民认为,该项命令未经立法机关批准,显系违法,誓不承认。但是政府依然我行我素,不断加征,商会和商界中人手中的法律武器在强权面前苍白无力。民国初年的各地商会抵制加征印花税的斗争从未停止,但收效甚微。1916 年 9 月,中国烟酒联合会在抗议政府烟酒公卖请减华商捐税的请愿书中,也试图拿起法律武器,同非法恶税抗争,"我国现行烟酒税则以及公卖章程,先后均以命令颁布,未经国会通过",都是不合法的,应"一律废止"②。

　　总之,在北洋时期的捐税抗争中,直隶商会及广大商民更加重视法律的作用,一再尝试拿起法律武器来维护自身的合法权益,"权利"、"义务"、"平等"、"共和"、"国会"、"议院"、"立法"等诸多新词为他们所熟悉。当然,在北洋军阀专制统治下,国会形同虚设,法律更是一纸空文,试图用理说服军阀们放下屠刀,网开一面,无异于与虎谋皮。但是,值得肯定的是,直隶商会的依法抗税表明了广大商民建立完善的法制社会的善良愿望,说明他们的法律意识明显提高。

二、力争关税自主,捍卫国家主权

　　鸦片战争以后,中国的关税自主权丧失殆尽,且税率极低,国门洞开,洋货充斥;而西方国家却采取保护关税政策,对进口货物

---

① 《津档》(1912—1928)4,第 3904 页。
② 《津档》(1912—1928)4,第 3926 页。

课以高额的保护税。中国在国际竞争中处于劣势地位①。

　　1921 年 11 月 12 日至 1922 年 2 月 6 日，太平洋会议在华盛顿召开。直隶商会同各省商会一道，纷纷发表通电、声明，支持中国政府通过谈判收回中国关税主权，为中国代表团声援助威。如 1922 年 1 月 4 日，天津商会会董张品题等，痛陈协定关税之弊，吁请自定关税以维国权。但弱国无外交，强权再次战胜了公理。中国这次关税自主的争取，仅在华盛顿会议之初的四项原则中获得"尊重中国之主权与独立暨领土与行政之完整"的空头许诺。

　　中国人民争取关税自主权的决心愈挫愈奋，斗争并没有就此结束。1925 年北京关税特别会议召开前夕，中华全国商会联合会决定在北京先期召开全国商会联合会临时大会，专为讨论关税会议一切事件。1925 年 10 月 23 日，全国商会关税问题临时大会通电各商会知照本地商店一律悬挂国旗，以示庆祝关税自主，对北京关税会议施加压力。在布告中对各商民提出了进一步要求："于悬挂国旗之外，另纸写明标语'力争关税自主，反对关税协定'字样，粘贴门首。"强调"事关爱国，万勿忽视。"②10 月 31 日，全国商联关税问题临时大会向段祺瑞政府、关税特别会议、各部院等发表通电，申明力争关税完全自主。直隶商联会也于 11 月 15 日向全国商联会、各省商联会、总商会通电痛陈不平等条约桎梏中国实业，应收回关税主权。与此同时，各省商会和各界人士也发表宣言，力争关税自主权。广东外交代表团、北京国民外交代表团、沪案救济会、北京大学教职员沪案救援会、民治主义同志会还联合拟

　　① 郭庠林、张立英著：《近代中国市场经济研究》，上海财经大学出版社 1999 年版，第 207—208 页。

　　② 《津档》（1912—1928）3，第 3498 页。

订《我们对于关税会议的宣言》,这一宣言喊出了中国人民压抑几十年的心声,是这一时期争取关税自主权的一篇有力檄文,代表了当时国人在关税自主权问题上认识的最高水平。

由于与会各国谁都不肯放弃在中国的关税特权,因而会议没有解决任何实质性问题。这种结果立即引起了中国人民的反对,各地群众纷纷举行了要求关税自主的示威游行,一时形成了反帝、反军阀的爱国运动。不久段祺瑞政府倒台,关税会议也无果而终。但是收回关税主权、反对协定关税的斗争已形成了一股势不可挡的潮流。

直隶商会与近代棉业发展

棉业在近代中国具有特殊重要的地位,不仅关系国际贸易,而且与民生日用休戚相关,历届政府都很重视棉业的改良与发展。直隶商会作为当时最有力量的经济社团,在济农兴农问题上,以挽回利权相号召,采取措施规范棉业市场,配合政府推行棉业改良,收到了良好的效果,成为近代推动棉业改良与发展的一支重要力量。

一、以挽回利权、促进棉业改良相号召

在近代中国农业发展中,棉业始终具有特殊重要的地位。具体而言,对外与国际贸易悠关;对内则群生衣被所依赖。但是,由于"栽植之道未尽讲求,纺织之工不尽改良",导致国内洋纱充斥,舶来棉品花样日新,我国棉业乃每况愈下。① 天津商会会董联名在发起天津棉业公会宣言书中痛切指出,纱布为"金钱溢出之一大漏卮",论区域与美相埒,论产棉则仅及美五分之一。虽为产棉之邦,几等不棉之国。而论人口占世界第一,论纱锭则仅及世界百分之一。欧美日各国对于棉花种植、纱布纺织、贸易无不精心研

---

① 《津档》(1912—1928)2,第2240页。

究,而且有棉业组织"眼光四瞩"、"指导翼助"。反观中国棉业界,"平时则各自为谋,难阻则束手无策,无远大之眼光,乏共同之辅助"①,结果造成,"以云种植,则土壤之肥硗,籽种之良窳,漫无考查。以云纺织,则纱料之精粗,机械之构造,瞠乎莫及,欲求发达岂不戞戞其难哉! 夫喜新厌故与见小遗大,人所恒情。在服棉者既不肯舍洋货而购著土布,而业棉者狃于习惯,不能力图改良,甚或弃其植棉旧业而专事运输外货以渔利。倘长此以往,而无根本之挽救,势将以富于产棉之邦而等如不棉之国,其为损失利权宁可计耶!"②可见,棉业改良势在必行。

为了促进棉业发展,各地商会与商界中人通过加强农商会间的联系甚至直接组织农会、建立棉业公会等,协调各种力量,配合政府推行棉业改良。如天津总商会会董孙俊卿,系东乡贾家沽道兴业庄村董,对于农业,素极注意。在东乡排地以北,种植美棉二十六顷,规模颇有可观。因该村居户皆以种棉为业,特发起全村改种美棉,以兴大利,并组成植棉公会一处③。随后"以农业发达,必须有团结力,以资提倡",特在该村组办乡农会,其章程仿天津县乡农会。此举天津县劝业所极为嘉许,极愿辅助以观成效。④

1926 年 10 月,天津商会会董张问泉等联合发起成立了天津棉业公会,其目的是收"改良种植,推广纺织,求国内运输之便利,谋海外贸易之扩张"之效。棉业公会由纺织纱花各业及种棉农民组织而成,以促进棉业改良推广并挽回利权为宗旨。主要职能包括:1. 研究土宜、购求佳种交各产棉区域改良种植、以供世界之需

① 《津档》(1912—1928)1,第 292 页。
② 《津档》(1912—1928)2,第 2240 页。
③ 《棉植公会请予备案》,《益世报》1922 年 4 月 21 日。
④ 天津《益世报》1922 年 9 月 17 日。

要;2. 调查棉花种类、产量、价格、关税数量及纺织工厂情况,按季汇报同业;3. 调查国内外棉花收获丰歉、花纱布销售市况及相关情形,随时报告同业;4. 研究改良轧花、包装及运售之便利;考核国内产棉销纱需要供给之盈虚,得谋公共之利益,使获均匀之调剂等等①。

二、协助政府推广棉业改良技术

　　1919 年 9 月,周学熙拟定呈大总统整理棉业计划提出四条建议:1. 统筹全国棉业,分划棉区,扩充种植,设立棉业检查所、纺织劝工场,振兴国货。2. 组织棉业公会,使农工商三者群策群力,联合倡导棉花改良。3. 广设棉业公司,所营业务主要包括,"以相当之方法贷资于植棉家,促其进步";"择产花之所多设轧花打包等厂,便其运售";"设立花栈收花或存放屯积棉货,资其挹注";"联络外国棉业家随时改良棉业进步"等等。4. 培养棉业人才,在棉区增设棉业试验场,植棉农户得以就近研究,随时改良,同时试验场的技术人员编发白话植棉浅说,普及选种、分株、杀虫及栽种各种方法。这一整理计划受到高度重视,认为"所陈各端,规划周妥,切实可行,应即力筹振兴,期收成效",并令交财政部、农商部查照。为使这一计划"切实次第举行,以符名实",整理棉业筹备处特致函天津商会"赞助一切,邀集各纱厂、棉号绅商按照原呈所拟公会公司颁发早日成立,俾裕民生,而扩利源"②。

　　南京国民政府建立后,对棉业改良更加重视。1932 年天津商

---

① 《津档》(1912—1928)1,第 292—294 页。
② 《津档》(1912—1928)2,第 2240—2243 页。

品检验局还特别拟定改良棉业五年计划,第一年创设棉种场;第二年扩充棉种场地至 500 亩;第三年创设轧花厂,附设棉种场内,并开办棉花育种指导区;第四年扩大棉种指导区至 3000 亩;第五年扩大棉种指导区至 5000 亩。同时组织棉业改良委员会,并聘任棉花纺织界及农界知名人士为委员,以"讨论各年事业进行具体计划","审核各年工作成绩","协助推广纯棉良种","协助事业范围之扩大"诸事项。该项计划如能全部完成,足可供应各省细绒良种,不必再向美国购买,从而实现棉种的"进口替代"①。

棉业改良不仅受到农商各界的重视,而且也得到越来越多人士的关注和提倡,如成安县"张延龄先生农部供职有数载,深知农事之关于民生甚深,爰从磁县马头镇及我县北郎堡先后创立棉厂两处,专种美棉,一以营实业,一以提倡风气。实验数载著有成效,又欲推己及人,改良磁成棉业,散放美棉籽种三四年,其收效之速初及磁县,继及成邑。成邑植棉较广之区也,棉花地约占三分之二。"②

技术落后、墨守成规是造成近代直隶农业发展困境的重要因素,因此,技术的传授对于包括棉业在内的农业改良具有重要意义。1922 年,天津总商会会董孙俊卿、孙向陆及天津县劝业所长邓澄波等召集四乡绅士,在召开劝设天津县乡农会筹备会期间,提议"召集乡间有经验乡农若干人,组织一讲习所,彼此互相研究,如害虫一项,如何防预,彼此之经验,汇集成书。"同时派专员四乡农事农政讲演,加强对农业的技术指导。③ 同年,直隶第一次劝业

---

① 天津《益世报》1932 年 7 月 18 日。
② 民国《成安县志》卷6,实业,民国二十年(1931)铅印本。
③ 天津《益世报》1922 年 12 月 5 日、12 月 12 日、12 月 27 日。

会议召开，议决各县设立冬季农民传习所，"专以传习农民，输入新智识为宗旨。"据此，天津县劝业所创办农民冬季传习所，假本城自治讲习所地址，招集市乡能读讲义之农家子弟，以 30 人为限，聘请教员，"选择农家需要之学科，编辑讲义。"传习所于 11 月 20 日正式开班，主要科目有耕作讲义、蚕桑概论、农业团体论、农业经济概论、育苗法、病虫害、驱除预防法等。第二年开办时，学员人数超过 30 人，科目也作了调整，增加了园艺学、养蜂学、土壤肥料学等。①

三、规范棉花流通市场

中国产棉性质颇佳，然却常因质不干净而使外商百般挑剔，"推原其故，实系轧花时或带子粒或掺黄残之货所致"。为此，天津商会于 1915 年 10 月专门布告，要求各棉区棉花栈商轧花之时应多用小工，将子粒与黄残拣择尽净②。

1925 年 5 月，全国商会第五次大会在北京召开。为提高棉花质量，规范棉花流通市场，直隶商会代表张吟清、张鸣谦等又提出议案，呈请农商部严禁棉花搀伪并颁布检查条例以维棉业而挽利权："棉花为输出大宗，只以棉商贪图渔利，作伪作弊，影响国际贸易，拟请农商部颁布检查棉花条例，严禁棉花搀水、夹沙、夹泥。"③

此外，"为使内地农商了解棉花检验宗旨，醒悟昔日施水搀假之非起见"，实业部天津商品检验局棉花检验处还组织棉作物改

---

① 《农民传习所教授课程》，天津《益世报》1923 年 11 月 23 日。
② 《津档》(1912—1928)2，第 2226 页。
③ 《津档》(1912—1928)1，第 633 页。

良宣传队,编制各项浅显文字及图画等,分赴华北各产棉要区实地宣传,以谋根本上之改良。宣传内容包括棉花检验的目的、天津商品检验局棉花检验处的工作、美棉种植法浅说、改良棉种法浅说、华北棉商急须醒悟的几件要事、铲除棉花掺假的根本问题等。

　　为禁止棉花挽伪问题,1934 年 4 月 4 日《益世报》以《津市棉业江河日下》为题刊发了天津市棉业同业公会对改进棉业的劝告书,并对改进棉业提出三条建议:1. 棉花勿高次混杂。棉农在播种的时候千万慎选种籽,棉贩在整理棉花的时候,千万好的坏的,分别清楚,不可混在一起,更不可掺入杂质,棉商在收买货的时候,亦要注意取缔,凡有好坏不分,潮分过大,以及混有杂质之货,一概拒绝买卖。2. 棉花勿掺水。关于棉花种植、收获、整理等等事项,非脚踏实地去作不可,要是一味的掺假作伪,欺骗蒙混,只图一时小利,不顾交易信用,最终是害人害己。3. 棉花勿掺杂质。农民在收花时宜留意棉叶,棉商在轧花时千万别掺棉籽;打包时别再加水掺土及一切夹杂物,将一切作伪挽假的不良习惯一律铲除。将来棉质纯净,销路自然畅旺。[①]

　　为了维护广大商人的合法权益,进一步规范市场,直隶商会对不合理的捐税进行抗争。这以吴桥重征穰税案最为典型。吴桥境内于、梁二集地方,素产棉花。吴桥商务分会令商人购买轧棉机器制造成穰,行销外埠,使棉业渐有起色。1911 年春,新县令迎喜到任后,河间人张栋臣贿通县署包办全县税务。按旧章每买籽棉百斤,纳正税京钱 100 文,牙用 200 文,提取牙用 72 文补助学堂经费,此项取自牙用,于正税无干,有案可稽。棉穰纳税,实无其例。因为此项物产出自农家,商人具贩买自市上,买花之时已经纳税。

---

①　天津《益世报》1934 年 4 月 4 日。

但张栋臣包办税务后,于 9 月 22 日张贴告示:"无论商民人等兴贩自收,必须棉穰纳税,违者即以漏税从重罚办,并不准行销外境。"①张栋臣手执县谕,极力威吓,勒令纳税,一时间,吴桥人心惶惶,积货不销,银钱吃紧,市面竭蹶。迫于压力已交重税商人永聚厚钱铺、柘镇和庆公号等纷纷投书吴桥商会求援。吴桥商务分会当即秉请县尊废除此举,但是县署"假息不闻,禀请批示,延搁不批。"吴桥商务分会不得不求助于天津商会。天津商会及时"据情移请劝业道饬禁,以恤商艰。"②在天津商会的禀请下,劝业道札饬河间府"即日派员前往查禁,以纾商困而顺舆情"③。但事情进展并不顺利,调查员抵达吴桥后,居住署内,并未到商会查问原因。由于张栋臣上下其手,县署企图以牙纪浮收捐税结案,绕过"穰税应免与否"这一关键问题。但吴桥商会并不甘心,随即呈请县议事会开临时会议解决此案,得到的答复令人欣喜:"此案已经开会公议豁免穰子税用,呈请县尊转详遵办。"④但是县署以"据情转请列宪批示遵办"相拖延。吴桥商会于是再次求助于天津商务总会。由于得到天津商会的有力支持,此案以商民胜利、穰税免征而告终,包税人张栋臣被先行撤退,择日秉公讯断。

四、棉业改良的成效与影响

1. 在农商各界的积极配合和大力推广下,棉业改良收到明显成效,在传统植棉业的基础上,棉花种植面积、产量、质量以及商品

---

① 《津档》(1903—1911)下,第 1389 页。
② 《津档》(1903—1911)下,第 1390 页。
③ 《津档》(1903—1911)下,第 1390 页。
④ 《津档》(1903—1911)下,第 1391 页。

化程度等都有了显著提高。

　　据光绪三十一年(1905)直隶工艺总局《调查直隶各地土产记略目录》、宣统二年(1910)农工商部《棉花图说》及民初地方志、商会档案等资料的记载,河北大部分州县的棉花商品性生产都是在20世纪初年迅速发展起来的。以定州为例,此前农产向推五谷,棉花"种者尚不甚多",到光宣之际,棉花"销路扩张,棉价陡涨",于是农家"盛行植棉"①。再如藁城的大量植棉也始于光绪末年,当时由于清廷禁种罂粟,农民即以原来的罂粟地改种棉花②。到清末之时,"直省产棉区域,以滦城、藁城为最,丰年可以收三千余万斤,歉年可收一千六七百万斤左右。赵州、成安、束鹿次之,清苑、定县、博野、满城、蠡县、祁州、磁州、滦州、武清、平谷、南宫、卢龙、正定、赞皇、无极、邯郸又次之。"③

　　及至民国以后,河北的植棉面积更呈不断扩大的趋势,据许道夫统计,1914年时已达4124千亩,以后几年间虽略有下降,但到1924—1929年间,常年数即达7410千亩,1931年时又增至9265千亩④,约占全省总耕地面积的6%。

　　2. 棉花生产的专业化和区域化趋势明显,并形成三大植棉区:西河棉区、御河棉区、东北河棉区。西河棉区即大清河、潴龙河、滹沱河、滏阳河流域的太行山麓平原棉区,耕地集中连片,具有良好的棉花大田生产条件,包括邯郸、成安、永年、曲周、束鹿、获

---

　　①　民国《定县志》卷2,舆地志,物产篇,民国二十三年(1934)刻本。
　　②　曲直生:《河北棉花之出产及贩运》,上海商务印书馆1931年版,第43—44页。
　　③　农工商部:《棉花图说》卷3,《中国棉业现情考略》,宣统二年(1910)刊。
　　④　许道夫编:《中国近代农业生产及贸易统计资料》,上海人民出版社1983年版,第203页。

鹿、正定、赵州、滦城、藁城、晋州、深泽、宁晋等 40 余州县,均为产棉重地,棉产最丰。御河棉区即南运河流域的中部平原地区,栽培棉花较多的县为南皮、东光、吴桥、故城、景县、威县、清河等 10 余州县。东北河棉区又称蓟运河棉区,以燕山南麓平原为主,共包括卢龙、滦州、丰润、玉田、香河、宝坻、乐亭、武清等 20 余州县。"此三区域内,农民以棉花为主要农作物,种植面积亦广,出产棉花大批输出销售,其为家庭消费者,如弹絮填塞棉衣棉被及纺线织布等,为量极微,仅占总收获量百分之三四耳。"①

据 1931 年河北省实业厅编《河北省实业统计》记载,全省共有棉田 8725 千亩,年产量为 495179205 斤。年产量超过 100 万斤的县共有 54 个,都集中在上述三大棉区,其中 7 个位于东北河棉区,47 个位于西河棉区和御河棉区。年产量超过 1000 万斤的共19 县,武清、丰润在冀东,余 17 县全部位于京汉与津浦两路之间的西河棉区和御河棉区,而且南宫、冀县、新河、宁晋、赵县、元氏、藁城、无极、晋县、束鹿等 10 县的地理位置彼此相邻,连成一片,形成为一个棉花高产地带。一些农民甚至放弃种植粮食,开始进行专业化生产,形成了一个个棉花专业产区。藁城县有些村庄棉田占耕地面积的 70% 以上,永年县西乡等村棉田占 80%,是棉花专业村②。1923 年调查,"正定一带居民类以产棉为主要之职业","农民对于耕作地十分之八皆为植棉之用",使其口粮"不得不仰给于山西及邻近各省矣。"③

　　① 北宁铁路局编:《北宁铁路沿线经济调查报告》,文海出版社有限公司印行,第 1707 页。
　　② 曲直生:《河北棉花之生产与贩运》,商务印书馆 1931 年版,第 52 页。
　　③ 章有义编:《中国近代农业史资料》第 2 辑,三联书店 1957 年版,第 133、134 页。

3. 棉花生产的发展,使棉花的自给性质迅速减弱,已不仅仅是为满足自己织布穿衣的需要,也不仅仅是以其产品投放市场,但最终主要还是在小范围内满足小生产者生活消费品调剂的需求,而在相当程度上已与新的生产力因素和国内外资本主义市场发生联系,棉花的商品率日见提高。1922 年,刘家璠在对直隶 30 个县的调查中发现,除清苑、新河、邢台、衡水四县棉花无外运额外,其余都有外运数字,其中蠡县、博野、安国、深泽、藁城、束鹿、冀县、南宫、正定、宁晋、赵县、滦城、无极、定县、徐水、满城、完县、望都、高邑、元氏、丰润等 21 县,外运比例超过 50%,而宁晋、赵县、栾城、元氏、藁城、束鹿、徐水、满城、完县等 9 个县,外运额超过 80%—90%。① 主要是运销天津、青岛和安阳出口或消费。

4. 棉的生产和加工越来越脱离农民家庭自行消费的范围,纳入了广阔的国内市场。以天津为终点市场,与内地的各级市场相连通,形成一个完善的棉花流通网络系统。20 年代初,天津棉花市场的总集散量达百万担。上市棉花的流向颇值得注意。据黄宗智研究:"河北的棉农则多为民族工业生产。20 年代河北省年产的一二百万担棉花,只有约 10%—20% 经天津外销,大部分输往日本。其他多半为华资纺织厂所用(天津的华资厂共约 200000 纱锭,消耗棉花 200000—300000 担)。这里民族工业的影响要比外资工业大。"②农产品的商品化与民族工业发展的良性互动显著加强。

---

① 李正华:《乡村集市与近代社会——二十世纪前半期华北乡村集市研究》,当代中国出版社 1998 年版,第 84 页。

② [美]黄宗智:《华北的小农经济与社会变迁》,中华书局 2000 年版,第 134 页。

直隶商会的法制活动

　　直隶商会是直隶地区包括天津商会在内的各地商会的统称，正式诞生于清末"新政"，到民国初年基本完成省域内组织的建构整合，成为直隶地区最有力量的资产阶级社团。学术界关于直隶商会的研究成果多集中在天津商会，对于天津以外的直隶各地商会，尤其是把直隶商会作为一个整体的研究尚有待于深入。本文选取直隶商会的法制活动加以梳理分析，从一个侧面透视直隶商会在促进直隶地区近代工商业发展中的作用。

一

　　完善的经济法律制度在经济发展和社会生活中具有重要作用。为维护自身的合法权益，直隶商会积极参与了清末民初的商事立法，并开展了大规模的商事调查，对近代商事法律制度安排产生了重要影响。

(一)联合起来，积极参与商事立法活动

　　商会参与经济法规制定活动始于1907年。是年夏，预备立宪公会致书上海总商会倡议首定商法草案后，上海商会随即发起召开大会讨论商法草案。在上海筹备立宪公会的推动下，11 月 19

日,第一次全国商会立法讨论会在上海愚园举行。

　　直隶各地商会积极响应上海商会的召集,天津总商会代表李克卿、张家口商会贾子詠等参加大会并积极参与活动,以求"以本国之惯习,参各国之法典,成一中国商法",保护商人的利益。与会代表讨论了商法草案的拟定程序和草案内容,议决了各商会报举商法草案议员事宜,商法编订次第,商法草案禀部立案问题等。这次大会议定商法的一个重要原则就是由商民自订法律,不难看出商人政治意识的觉醒。本次大会另一个重要议题就是成立全国华商联合会,因为"商与商集合而成商会,其在今日明效大验","若会与会联合而成大会,效力之大,必有十百于今日商会者",如此,"则权利之请愿,实业之发达,力厚而事易举。"而对"外力之侵侮,官吏之压制,合谋而势不孤。"①只有联合起来才能对政府施加更大的影响,以使政府的决策有利于工商业的发展。无论自订商法还是议决成立全国华商联合会,最大的宗旨还是谋求商人的公共利益。

　　这次会议虽仅历时两天,但其意义十分重大,与会代表一致认识到商人参与商法制定的重要意义:一在于制定商法是国家宪政建设的一个重要组成部分;二在于改变华商无商法的状况,提高对外的"商战"能力,改善对内的商务关系;三在于维护商人参与商法制定的权利,提高商人参与"商政"的地位;四在于促进和完善商法建设,提高商人的立法观念。

　　随后各地商会便积极协助预备立宪公会商法编辑所进行商法编纂事务,到1908年12月和1909年12月,《公司法》及《商法总则》草案先后定稿。在1909年12月19日召开的第二次商法讨论

---

　　①　《津档》(1903—1911)上,第292页。

会上,与会代表对此做了进一步的推敲修改后一致通过,并为清政府农工商部所采纳。这也是清末商会对政府制定工商法规影响比较明显的一次。后因辛亥革命爆发未及颁布,但为中华民国成立后的经济法制建设做了准备。

中华民国成立后,随着资产阶级共和制度的一度确立,商会参与经济法规制定的活动益发活跃。1912 年 12 月,中华全国商会联合会宣告成立,更为商会参与经济立法提供了组织保障。该会在 1914—1925 年间所举行的 9 次全国商会代表大会,几乎每次都有经济法制建设的议题,前三次更是以经济法规修订问题为主题。

为了妥善处理商务纠纷,用法律维护商民的合法权益,1915 年 6 月 9 日,天津商会全体股员力请速立商会判断事务处,以尽"保商保民"之责任。在实际运作中,津埠商界发现 1913 年 1 月 28 日政府颁行的《商事公断处章程》与天津地方商事习惯及商会名誉有不符之处,津商会十四会董于 1918 年 4 月陈请修订《商事公断处章程》,并提出了修改意见。在章程中明确规定"公断处于商人间商事之争议,立于仲裁地位,以息讼和解为主旨"[1]。

同时为了确保商权,商界中人也不遗余力,努力捍卫商会的独立地位。1914 年由于《商会法》改变商会行文程式,使之隶属于行政部门,降低了商会的地位,因而激起了全国商会的不满,他们通过函电往来,联合力争,最终迫使农工商部收回成命,从而维护了商会的独立地位。

(二)调查商事,为政府工商决策提供信息参考

直隶商会把调查工商业状况、编定商情统计表、调查各地商事

---

① 《津档》(1912—1928)1,第 327 页。

习惯引为自己的重要职责,定期调查各地商业发展情况。调查主要包括三类:1. 各业调查,内容包括各业盛衰之故及贸易之大小,出产销路之处所。由商会所定表式交各业会董详悉考询,按表填报;2. 特别调查,主要内容是直隶全省的商业状况,各埠商情及进出口货物,物产如何等;3. 寻常调查,内容包括商人申述之事,商部及本地官府饬查各事等。如天津总商会为此设立考察处,考察的内容包括①:

一考察出入货物多寡之故;

二考察货物销路衰旺之理;

三考察本省新出种植;

四考察本省制造品类;

五考察各件分门别类总其成书,至年终送文牍处列表报部。

上述调查,不仅能满足商人的商业信息需求,也使政府能够真正了解工商业的发展状况。因此工商部要求各地商会将贸易之盈亏,制造之精粗,销畅之迟速以及一切关系公司利弊改良等事,调查呈报以资考核,以便为工商部提供决策信息。

"新政"时期,为配合制定商法,直隶商会进行了大规模的商事商情调查。天津、秦皇岛、滦州、顺德、南宫、交河县等地的商会深知制定商法事关商人社会地位和切身利益,认为"凡欲实行保商之政,非将各行业详细调查,编列商册,不足以便稽查,而周保护"②。当时调查集中在直隶各县的庙会情形。在各地商会的共同努力下,最后由天津商会将当时各县庙会设立的目的、集市情形、物产种类、产额、产地和商事习惯等编辑成册报到工商部。各

---

① 《津档》(1903—1911)上,第 56 页。

② 《津档》(1903—1911)上,第 1008 页。

地商会对于商事调查相当认真,调查情况细致,凡大小各宗商业由各商董造册,复行挨次查对明确,以昭核实,装订成册上报工商部,以备商部修律之采择,而保商人之权利①。

　　直隶各地商会的这些商事调查为政府的决策提供了可靠的依据,并且调查本身也使工商界人士更加明了直隶省的工商业状况,便于确定实业发展方向。

二

　　在传统中国社会,商事纠纷的审理主要操之于地方官衙门之手,各级衙门视商事纠纷为钱债细故,经常是敷衍延宕,经年不理,有时则惰情违理,胡断乱判任意收审管辖,使商人"往往因债务涉讼,迁延受累,商务前途大受影响。"②商人对此强烈不满,但也无可奈何。清末"新政"后,虽然设立了各级审判厅,但是各地法庭"仍多疲玩,于民事积压尤甚。"③在这种情况下,广大商人迫切盼望能有一个真正维护自己切身利益,并且熟谙有关商务各个方面情况的机构和组织,出面受理商事纠纷。商会自然成为商人自己解决商事纠纷理想的选择。

(一)直隶商会理案职能的确立

　　直隶各地商会在设立时就纷纷将商事裁判纳入自己的职责范围。保定商会设立后,把受理商事纠纷,保护商人利益,写进章程

---

① 《津档》(1903—1911)上,第1008页。
② 《津档》(1912—1928)2,第2029页。
③ 《津档》(1903—1911)上,第1029页。

并设立了商务裁判所①。天津商会中有些成员虽然认为"官府不能办结之事商会焉能处理也",但也在商会设立评议处,选任评议员,处理商事纠纷。获鹿县在商会章程把"因关系人之请求调处工商业者争议"作为商会职务之一,积极"筹设商事公断处",设立商事公断处之前,"如有因工商之缪辖或债务声请由会评议者,得暂照商事公断处章程及细则办理。如评议后两造允服,即令具结完案,设有不服,仍听其自赴法庭起诉,本会不再干预。"②

石家庄商会在简章中把"平讼"列为专条:"本会于商事公断处未设以前,遇有银钱缪辖事件,情愿在本会评议者,应由会长副会长邀集会董秉公理论,持平议结,以恤商艰,而除讼累。如评断后两造仍未服输,应听由两造自赴法院起诉。"③

武清县黄花店镇商务分会一针见血地指出,以往"商家银钱纠葛因此兴讼,往往旷日持久不能了销。计所争之数不敌所费之数,实为商害。"因此,日后"凡商家与商家有争执事件,应援照部章第十五款,由总理邀集会董秉公理论,从众公断,两造倘有不服,再行禀县核办。"④

直隶各地商会内部评议处、商事裁判所或商事公断处等机构根据政府的相关法律而设置,其理案职能得到了政府的认可。直隶商会的商事裁判以仲裁息讼为目的,实际上已经具有民间法庭的性质,诚如时论所评,过去的商会"有评论曲直之权,无裁判商号诉讼职权。今若此是,商会俨然公庭。"⑤

---

① 《保定商务总会设立商事裁判所案》,《华商联合会报》第 17 期。
② 河北省档案馆藏:《获鹿县民国档案汇集》,656—1—469。
③ 河北省档案馆藏:《获鹿县民国档案汇集》,656—1—280。
④ 《津档》(1912—1928)1,第 453 页。
⑤ 《保定商会设所裁判讼案》,《华商联合会报》第 8 期。

(二)直隶商会理案的特点

直隶商会受理的案件,如果两方愿意息讼,可以撤诉①。办理案件以申请先后为序,一般是自受理案件五日内通知两造定期到场评议,"详询原委",并记录在案,接着召传有关见证人查询。遇到疑难案件,评议股还委托调查股予以详细调查,以便充分掌握证据。然后,商会还邀请涉讼双方的所属行业的董事及中证人到场,详细询问案由。

1924年天津商会商事公断处章程规定,商事公断裁决采取合议制,评议员由3人或5人组成,1人为长,裁决时应取多数意见。评议长有决定之权。如有一方缺席,则公断处不能判决②,判断结束后,要书写理结判书,盖印署名。一般以言词申请的案件要五日内完结,展期不能超过3次。理结案件后,双方要执行判决,如果有一方不执行,可申请强制执行。当然,对判决不服也可诉之官府或法院。此外,公断处章程还规定了审理过程中的回避、引避、拒却制度以及败诉收费制度等。

对于评议员的职责,尤其违规处罚也有明确的规定。"若违背职守义务行止不检或丧失职员信用",处长得命其退职;"处长有前项情形时须退职,应由商会会董会议决,报部行之。"损害当事人的应"负赔偿责任"③。

由于商会对有关工商各方面的情况比较熟悉,理案多能切中问题症结,一扫官府或借机敲诈勒索,或任意拖延时日或妄加裁决

---

①　《津档》(1912—1928)1,第329页。

②　《津档》(1912—1928)1,第330页。

③　《津档》(1912—1928)1,第332—333页。

的种种陋习。

直隶商会处理的商事纠纷大多是钱债纠纷。如天津商会在1903—1911 年间理结的 2800 多起纠纷中,70% 为钱债纠纷。一些商务分会的情况也大体如此,甚至所占的比例更高,如直隶高阳商务分会 1907—1910 年理结的几乎全是钱债纠纷。

直隶商会理案的最大特点是调解取"和平主义",他们破除了匍匐公堂,刑讯逼供的衙门积习,以理服人,秉公断案。理案人员主要采取倾听原、被告双方申辩,以及深入调查研究,弄清事实真相,剖明道理的办法予以调解,使争讼双方在心服口服的情况下,达到息讼的目的。

直隶各地商会调处直隶境内以及国内商家间的纠纷往往能迅速了结,效果极佳。但是对中外商人商务纠纷的调处,往往力不从心。商部奏定章程中虽有明确规定"华、洋商遇有交涉龃龉,商会应令两造各举公证人一人秉公处理,即酌行剖断。如未允洽,再由两造公正人合举众望夙著者一人,从中裁判。其有两造情事商会未及周悉,业经具报该地方官或该管领事者,即听两造自便。设该地方官、领事等判断未尽公允,仍准被屈人告知商会代为伸理。案情较重者,由总理禀呈本部会同外务部办理。"①由于涉及洋商的讼案关系到国与国之间的交涉,非国内商事纠纷可比,更主要的是,沦为半殖民地的中国司法主权遭到严重践踏,即便是政府也不能保证有效地保护华商的利益,因而华商与洋商之间的纠纷大多难以顺利理结。

尽管如此,直隶商会商事仲裁机构的设立,在近代中国商法不太健全的情况下,起到了调息纷争、保护工商的作用,弥补了商法

① 《津档》(1903—1911)上,第 25 页。

之不足,有利于直隶区域市场经济的发展和社会的安定。

三

直隶商会在推动近代商事法律制度建构和完善的同时,还着力培育商界中人的法律意识,引导他们利用法律,维护自身合法权益,更加自觉地把自身命运同国家命运联系起来,力争关税自主,捍卫国家主权。

(一)以法律为武器,维护商民的合法权益

以法律为武器,维护商民的合法权益,在清末已初露端倪,民国以来,这一趋势更加明显,在捐税抗争中表现尤为突出。

民国元年(1912)10 月 24 日,临时大总统公布《印花税法令》以及《印花税法》,该法经众参两院通过,于民国二年正式实施,即"民二印花税法"。但是"施行未久,帝议发生,解散两院,袁氏自立造法机关,将两院公决有效之印花税法,擅行变更,强制施行。"①

袁世凯死后,两院恢复,民国重现,广大商民又燃起了对国会的希望之火,天真地认为:"是原公决之印花税法,虽被淫威强制停止其效力,当两院恢复民国再造之际,当然是项公决公布之印花税法,亦随之恢复,袁氏私人变更之印花税法,应即时而消灭。"②然而,"袁世凯虽死,而袁世凯所遗留之制度,不随以俱死。"③段祺

① 《津档》(1912—1928)4,第 3897 页。
② 《津档》(1912—1928)4,第 3897 页。
③ 孙中山:《孙中山全集》第 7 卷,中华书局 1985 年版,第 69 页。

瑞政府"仍以袁氏变更之印花税法为归宿"①，遭到全国商民的强烈抗议。1917 年 3 月 12 日，浙江杭州总商会致函天津商会，"函询账单贴用印花税办法请各省一律邀免贴用印花税票"；3 月 28 日，广东、广州总商会函称，"推广印花税，变本加厉，苛细烦扰，请各省联合吁求修正。"②

处于抗税最前沿的天津商会在各省商会的声援下，4 月 13 日上书大总统、国务院、财政部及参众两院，呈请"恢复原始公决公布之印花税法，并将请准窒碍免贴之条一律回复，以维立法尊严，而维国家大信。"③4 月 23 日，天津商会致函各省商会，希望联合上书请愿，以壮声威：原税法"系由立法机关产出，以合法之公布"，而现行税法系由袁世凯擅行变更，强制实行，"实属非法行为"④。"为崇仰国家大信，维护法律精神起见，拟请政府恢复民国二年两院公决之印花税法，是属全国商民之便利，共应维持立法之尊严。"⑤

军阀政府对于商会的上书请愿置若罔闻，不但拒绝恢复原案，而且财政部于民国九年发布命令，将凭折及账簿每年贴用的印花税由原规定的 2 分改为每年贴用印花 1 角⑥。广大商民认为，该项命令未经立法机关批准，显系违法，誓不承认。

再如，1913 年天津商会申述津浦路货税局非法设立缘起一文中写道："参议院既无提议，又无交议，概不知情，该局私自设立，

①　《津档》(1912—1928)4，第 3897 页。
②　《津档》(1912—1928)4，第 3887 页。
③　《津档》(1912—1928)4，第 3897 页。
④　《津档》(1912—1928)4，第 3898 页。
⑤　《津档》(1912—1928)4，第 3897 页。
⑥　《津档》(1912—1928)4，第 3904 页。

实背共和原理。"并满怀信心地指出,"此税法既不良,我商民理宜力争。况议院与政府均未通过……联合各省商会,与之力争,不难推翻也。"[①]但事实并非所愿。

总之,随着民族资产阶级力量的壮大和经历了辛亥革命的洗礼,直隶商会及广大商民更加重视法律的作用,一再尝试拿起法律武器来维护自身的合法权益,"权利"、"义务"、"平等"、"共和"、"国会"、"议院"、"立法"等诸多新词已为他们所熟悉。直隶商会的依法抗税表明了广大商民建立完善的法制社会的善良愿望,说明他们的法律意识明显提高。

(二)力争关税自主,捍卫国家主权

近代以来,随着一系列不平等条约的签订,中国的关税自主权被强行剥夺。废除不平等条约,取消外国在华的特权,实行关税自主,以抵制有竞争性的外国商品的廉价倾销,保障民族资本的独立发展,这是中国民族资产阶级几十年来渴望实现的愿望。

1921年11月12日到1922年2月6日,太平洋会议在华盛顿召开。直隶各地商会纷纷发表通电、声明,支持中国政府通过谈判收回中国关税主权,为中国代表团声援助威。如1922年1月4日,天津商会会董张品题等,痛陈协定关税之弊,吁请自定关税以维国权:"查各国关税皆系自定,惟我国确系协定。凡土货运输外洋,该税关自有权衡,任意征收,随时增改,有值百抽二三十者,亦有抽五六十者,种种不一。而洋货入我海关,只是值百抽五,况多系按照旧例收税,虽近来货价增加几倍,亦不能按时价现估。"这无异于"提倡洋货,抵制土货"。数十年来,洋货畅销,利权外溢,

---

① 《津档》(1912—1928)4,第3951—3952页。

已达极点,以致我国工艺不振兴,商业不发展,如果长此以往,则将来我国前途断无富强之一日①。因此他们恳请天津商会转请外交部电达中国代表,"力争自定,借保国权,万勿让步。"②

1922年1月7日,天津布匹棉纱同业公会也致函天津商会,痛心地指出:"窃自太平洋会议开幕以来,我国提案多不为列强所援助,殊背发起太会之主旨。国人痛心疾首,奔走呼号,冀得挽救于万一,保持我国之主权,即以维持世界之和平。"他们呼吁:"凡我商民,亟宜兴起,力争关税自由。"如果"中国不能裁厘加税,则经济不能独立,外债不能清偿,久必自亡。"他们建议天津商会即行召集各行董事会议,商讨对策,"可决后即请通电全国商会一致主张,一面电知三使(即参加太平会议的中国代表),力争必达到关税加至十二五。"③

1922年1月13日,天津商会以快邮代电致大总统沥陈关税自主丧失之害,"以关税协定而论,至不平等迄今数十年,国库收入减少,限制我国天然发育,工商业不得进步,侵我主权,几濒于危。"如何实现关税自主,天津商会认为,既然"我国在此次国际会议不能解除痛苦,各国未肯以良心谋取和平,我国民族当求自决。"对于进口关税自行加增12.6%,以纾国难④。

强权再次战胜了公理。中国这次关税自主的争取,仅在华盛顿会议之初的四项原则中获得"尊重中国之主权与独立暨领土与行政之完整"的空头许诺。但是,中国人民争取关税自主权的斗争并没有就此结束。1925年北京关税特别会议召开前夕,中华全

---

① 《津档》(1912—1928)3,第3491—3492页。
② 《津档》(1912—1928)3,第3492页。
③ 《津档》(1912—1928)3,第3492页。
④ 《津档》(1912—1928)3,第3493页。

国商会联合会决定在北京先期召开全国商会联合会临时大会,专为讨论关税会议一切事件,直隶商会推举天津商会会长卞荫昌、会董杨明僧、曹象恒以及文安商会会长王瑞莆为本省出席代表①。

1925 年 10 月 23 日,全国商会关税问题临时大会通电各商会知照本地商店一律悬挂国旗,以示庆祝关税自主,对北京关税会议施加压力。天津商会在布告中对各商民提出了进一步要求,"于悬挂国旗之外,另纸写明标语'力争关税自主,反对关税协定'字样,粘贴门首。"强调"事关爱国,万勿忽视。"②

直隶商联会于 11 月 15 日向全国商联会、各省商联会、总商会通电痛陈不平等条约桎梏中国实业,应收回关税主权:"我国关税,受各友邦条约之束缚,已历八十余年,迹其受毒之深,被祸之烈,实为全球所罕有。"希望此次关税会议能解除中国"所受国际间历来种种不平等之严酷待遇。"对于中国政府在北京关税会议上的提案表示严重不满,"表面虽有自主之名,而内容仍据华会条约,不啻授人以柄,深恐将来结果终不能脱二五附加之范围。"通电指出:"夫制定关税,本为国家行政权之一。我国既号称独立国家,且久为国际间所承认,则关税制定之权,岂能再容剥夺!……事关国家主权,实业荣枯,务恳一致力争,俾收实效,至为盼祷。"③

由于入会各国谁都不肯放弃在华的关税特权,因而会议没有解决任何实质性问题。关税会议也无果而终。但是收回关税主权、反对协定关税的斗争已形成了一股势不可当的潮流。

---

①　《津档》(1912—1928)3,第 3495—3496 页。

②　《津档》(1912—1928)3,第 3498 页。

③　《津档》(1912—1928)3,第 3501 页。

直隶商会的近代社会意识

具有时代特色的近代社会意识的形成和演化,不仅是一个国家近代化的重要内容,而且是近代化在更高层次上的升华和定位。"如果人们缺乏一种能赋予这些制度以真实生命力的广泛的近代心理基础,如果执行和运用这些近代制度的人,自身还没有从心理、思想、态度和行为方式上都经历一个向近代化的转变,那么社会实质上的近代化就是不可能的。"①作为近代资产阶级最有力量的商人社团,直隶商会在培育和强化近代社会意识方面发挥了积极作用,并使其内化为自己的政治人格。

一

自 1840 年鸦片战争以来,特别是 1895 年中日战争以后,外国商品和资本源源涌入中国,直接威胁到中国民族资产阶级的生存和发展。他们看到互市以来,列强各国"耗我菁华,朘我脂膏,横撄之,摧残之,鹰瞵鹗睨不遗余力,起视我通商各埠之华商,僵如木偶,不知不觉,尽被洋货潮涡卷入于饿鬼道中,而柴

---

① 王笛:《跨出封闭的世界——长江上游区域社会研究》,中华书局 1993 年版,第 718 页。

立待毙"[1];巨额外债和赔款,使国家财政陷于破产境地。这种巨大的生存危机感,进一步激发了资产阶级的忧患意识,使他们认识到国家主权若不能保全,那么自身的生存和发展亦难以保障。他们明确指出:"倘是国家灭亡,商业中人不惟不能营业,就是一个吃饭的地方简直也没有了,所以必要将国家的根基弄得稳固,才有经济界活动的地步。"[2]

几十年的中西交往,使资产阶级深刻地领悟到凡富强之国,皆由于实业之发达,而中国"工商不振,生计维艰",利源外泄,不仅使国家贫弱受欺,甚至有亡国的危险,由此他们提出:欲救中国,就要以世界"破国亡家之历史为鉴","以实业问题为先道,庶使国家得收易贫弱转富强之效",因此必须放弃以农立国的农本思想,走工商立国之路[3],"商兴则民富,民富则国强,富强之基础,我商人宜肩其责。"[4]这样,他们就把自己的命运与国家的命运更加紧密地联结在一起,进而把抵抗外国侵略、保卫国家主权视作自己义不容辞的责任。

随着民族资本工业的不断壮大,民族资产阶级已经意识到振兴民族工业、提倡国货不仅关系到挽回国家利权,更关系到自己的切身利益。因此,商会作为新兴资产阶级的代言人,积极投身于挽回利权的实际行动中,以崭新的内容使忧患意识具有了鲜明的时代特色。

---

① 虞和平:《商会与中国早期现代化》,上海人民出版社1993年版,第338页。

② 《商会与中国早期现代化》,第338—339页。

③ 《商会与中国早期现代化》,第339页。

④ 朱英:《开拓近代中国商人文化研究的初步构想》,《华中师范大学学报》1990年第6期。

抵制洋货运动，是资产阶级发起的反帝爱国政治斗争，又是其发展民族工商业以推动中国早期现代化进程的一项有力措施。1905 年爆发的抵制美货运动，是由于美国政府拒不废除已到期的迫害华工禁约，并一再胁迫清政府续签新的苛约，引起中国人民的强烈愤怒所致。1905 年 5 月，上海商会率先发出倡议："合全国誓不运销美货，以为抵制"，"以伸国权而保商利"①，并电告各地商会联合行动。天津商会积极响应，与上海商会函电往还，共商大计。天津众绅商表示："今承王明翁诸君提倡开会，赞成抵制办法，吾绅商尤当始终勿懈，分途布告，即日举行，无论大小行商，各使一律不购美货，并随时电询沪商各项办法飞示，以便切实举办。"②在商会的带领下，天津各阶层迅速行动起来，参与抵制美货运动。天津四大买办之一，道胜银行买办王宗堂，在绅商集议禁售美货大会上积极演说，对于禁售美货，提出四项十六条建议，号召商界中人勿分畛域，同心协力，"人人知有责任，慎毋以我之一身无所关涉，漠然视之"③，明确表示"禁约苛例一日不删改，美货一日不售卖"④，并指出"中国商界文明发达之起点"和"天津商界文明发达之起点"在此一举⑤！

　　1919 年五四运动期间，天津学生联合会倡议的抵制日货运动，同样得到商会的积极响应。首先，它大力支持学生的爱国行动，号召各商抵制日货。如要求各商支持、配合南开学校学生调查

　　①　章开沅、罗福惠主编：《比较中的审视：中国早期现代化研究》，浙江人民出版社 1993 年版，第 121 页。
　　②　《津档》(1903—1911) 下，第 1878 页。
　　③　《津档》(1903—1911) 下，第 1882 页。
　　④　《津档》(1903—1911) 下，第 1881 页。
　　⑤　《津档》(1903—1911) 下，第 1879 页。

全津商品;与上海相配合,宣布六月十日天津罢市。第二,要求政府惩办元凶,保护学生。1919 年 6 月 10 日,天津商会要求北京政府明令惩罚曹(汝霖)陆(宗舆)章(宗祥)及保护学生以挽救危局。对驻津日领事要求天津警察厅查办天津商会抵制日货的行动,进行了严厉驳斥,不许外人妄肆干涉。① 第三,推举日货调查员,调查日货。津商会聘请赵春亭等六人为审核各行商抵制日货审查员,与学生共同行动,调查日货。第四,伸张正义,声援鲁闽。山东省学生为收回青岛,也展开了轰轰烈烈的反日运动,山东省军民长官以"该省人心浮动,深恐匪徒趁机煽惑发生意外,影响外交"②为由,在实行戒严并发生了马良蹂躏学校及虐待学生事件。1919 年底,日本人又在福州无故杀学警,害及商民。这些都引起鲁闽学生及各界的极大愤慨,学生爱国热情更加高涨。天津商会积极声援鲁闽学生的爱国运动,于 1919 年 12 月 30 日召集紧急会议,要求政府"依照国际通例,与日政府、日公使严重交涉,务得完满结果,以舒民气,而保主权。"③在《天津国民大会宣言书》中,天津商会及其他各界认定处理鲁闽事件的三项宗旨为:其一,力争闽案不可令其糊涂了结也;其二,则严防直接交涉,勿令顾此而失彼也;其三,则抵制日货确宜坚持到底也。

　　直隶商会倡导的抵制洋货运动,在一定程度上打击了外国的经济侵略,极大地增强了人们的国货意识,对于振奋民族精神、激发广大商民的爱国热情发挥了重要作用。同时也应该看到,抵制洋货运动实际上是一种被动的应变举措,是一种权益之计,不可能

① 《津档》(1912—1928)4,第 4759 页。
② 《津档》(1912—1928)4,第 4784 页。
③ 《津档》(1912—1928)4,第 4788 页。

持久。在抵制洋货的同时,直隶商会更清醒地认识到只有使本民族的实业得到振兴发展,生产出更多物美价廉的洋货替代品——国货,才能从根本上抵制外国的经济侵略,堵塞漏卮,挽回利权。

因此,直隶各地商会无不把振兴商务、发展实业作为自己的宗旨,并为此做了大量的工作。如天津商会从 1904 年改组成立之初,即在《设立天津商务总会应行办法刍议》中明确指出:"凡商人有能开办矿务,建造机厂,制作货物流通中外各国,藉得收回利权者,由本会详请商部或奏请朝廷给予匾额,以示鼓励"①。接着,商会于 1905 年创办《商报》、1906 年创设中等商业学堂,其宗旨就是开商智、振商务、兴实业。1909 年、1910 年天津商会两次禀请商部、农工商部,要求设立直隶天津商业研究所,设立宗旨是"研究物品,讲求制造,除商弊,利商益,振兴商业。"②这表明,商会从诞生之日起,就已经把振兴商务、兴办实业、提倡国货作为己任。

二

自由竞争是近代商业发展的原动力。为打破传统行会畏惧和限制竞争的习俗,直隶商会大兴劝奖竞争之风,鼓励并领导商界中人勇于突破狭隘的地域观念,跨出封闭的世界,以开放的心态迎接挑战,积极参与平等互利的国内、国际竞争与交往。

组织并鼓励商界踊跃参与商品赛会是直隶商会培育竞争意识的有力举措之一。1907 年天津商务总会首次举办天后宫劝工会,

---

① 《津档》(1903—1911)上,第 41 页。
② 《津档》(1903—1911)上,第 316 页。

以求"于比赛之中,寓疏通之法"①。一月之内,远近客商报送货物共298200余件,"与未开会之先销货顿增多数,各商受益非鲜。"②1910年天津商会又集资10万元成立官商合办的直隶赞助品有限公司,组织参加了国内举办的南洋劝业会。

天津商会不仅在国内组织参加劝工会、赛会,而且还走出国门,参加世界博览会。1906年清政府制订了《出洋赛会章程》,鼓励华商参加国际商品博览会,以便"用心比赛,取彼之长,补我之短,以图改良之计。"③直隶商会积极响应,组织参加了巴达维亚中华货品陈列会。1911年,在意大利都朗国际博览会上,中国出品获奖达256种,其中卓绝奖4名,超等奖58名,优等奖79名,金牌奖65名,银牌奖60名,铜牌奖17名,纪念奖6名④。

天津总商会主办、参加的国内外商品赛会,其产品仍以农副产品及工艺美术品居多,虽然也多少展出了一些处在起步阶段的机制工业品,体现了中国初期近代化运动所达到的水准,但如与外国的机械、电器、化学应用、武器等展品稍加比较就会看到,清末的工业新文明仍处在一种非常稚弱和落后中的状态。比如,南洋劝业会评奖结果反映出了近代新式工业的贫乏和传统农业国的陈旧格局,66种一等出品中,以农产品中的丝、茶、工艺品的染织品为最多;矿产、陶瓷、教育品、美术品次之;机械、武备、棉纱、面粉、畜牧、水产品仅各占一二。

除了组织和参加各种商品赛会,天津商会还积极主动地参与国际商务互访活动。1910年日、美两国商会代表先后访问中国,

---

① 《津档》(1903—1911)上,第809页。
② 《北洋公牍类纂》卷20,商务。
③ 《商部新订出洋赛会章程》,《东方杂志》第3卷第3期。
④ 《意大利会场之中国出品》,《东方杂志》第8卷第10号。

并把中国商会作为主要的访问对象。天津商会热情接待,还带领美国实业团参观了商品陈列所、实习工厂、开平煤矿等各种实业及高等工业学堂、路矿学堂等,同美国代表团畅谈了"进出口情形及如何使两国商务日后益形发达",并讨论了中美合办银行和轮船公司等合作事宜。

在美国的邀请下,全国商会联合会决议组团访美。旅美实业团此行抱着"树海外贸易先声,为国内赛会前导,联友邦之情谊,促商业之进行"的多重目的,其成员"由农商部于全国实业界中择其实地经营、成绩卓著者,指认二十到三十人,并饬北京、天津、上海、汉口、广州五处商会于各该地推举熟悉实业情形、素有声望者一人充之。"天津商会公举"对于实业富有经验、名望素著"①的驻欧美各国商业调查员卞肇新赴美。以华侨巨商张弼士为团长的中国实业团于 1915 年 5 月 3 日抵达旧金山,对美进行了历时四个多月的商务访问。这次访问使中国资产阶级进一步了解了美国资本主义经济的发展状况,扩大了眼界。

直隶商业在跨出封闭、走向世界的过程中,商会无疑起到了桥梁作用。由中外文明对比引起的危机意识在清末达到一定程度,以一系列的商品赛会为契机,加之后来的中美互访活动使相当一批士大夫和商人的社会意识及心态发生了一定程度的改变。在日趋激烈的"商战"中,有识之士惊呼:"当此生计竞争时代,吾华实业,不幸而堕后尘,不乘此时疾起直追,则国民生机日蹙,而后来之惨状将不忍言也。"②人们在总结经验教训的同时,纷纷指出:美国兴实业,不过百年,日本兴实业,不满 50 年,就有卓越的成就,我们

---

①　《津档》(1912—1928)2,第 2279—2281 页。
②　《津档》(1903—1911)上,第 875 页。

中国具有发展实业的许多有利条件,只要更新观念,从小处着手,下决心学习美国、日本,发挥中国原料丰富、工价低廉的优势,中国实业必然得到发展。

振兴实业的主张同商品竞争的意识互为表里,倡导竞争正是商品赛会的宗旨。面对外国机器大工业,要想夺回失去的市场并开辟新的市场,就必须改良工艺,生产出物美价廉的商品,与外国机制品相竞争。"竞争者,实为立国之基础,而挽回国势之要务也","有比较然后有竞争,有竞争然后存进步。"①天津商会主办、参加的各种商品赛会所体现的竞争意识同封建文化形态有着很大的不相容性,使传统文化中"知足"、"无争"的保守价值观受到严重冲击。

同时,也应该清醒地看到,经济上的封闭与政治上的高度集权专制相结合,使一般社会心态和风气仍处于保守状态,儒家传统价值观仍居主导地位。渗透于社会各个层面的封闭、停滞性因素,严重阻塞了中国谋求开放的步伐,使商品赛会这类新异事物难以收到预期的成效。

三

近代经济本质上是一种法制经济,它的有序发展有赖于资本主义经济法规的建立健全及其切实执行。因此,完善可行的经济立法,不仅直接关系到商界中人的切身利益,而且有助于改善城市商业经济秩序。

进入 20 世纪以后,中国资本主义经济的进一步发展以及数十

----

① 乔志强:《清末民族资产阶级初探》,《山西大学学报》1995 年第 4 期。

年来的商战经历,使商界深刻认识到经济立法在经济发展和社会生活中的重要作用。《中国商会联合会会报》曾在社论中指出:在人们的社会生活中,最重要的是生命、财产和自由,尤其是自由,因为只有"有了自由,生命、财产才能安宁巩固"。但要获得真正的自由,唯一的途径是建立健全的法律制度,因为"这个人生最要紧的自由必要有法律保护"。外国人经营商业,无论在国内还是国外,"皆有法律保护,所以在国内不受到别种社会的侵害,在国外也不受他国人的欺负,一举一动是极度自由的。我国商人,事事都与他们相反,也没有保护的法律,商业衰败一日不如一日",所以"商业没有法律保护是万不能发达的","商法是我们商人做生意的指南针"①。

新政期间,清政府曾制定颁布了一系列经济法规,但由于没有商界的参与而不合国情,"至多拂逆商情之处,是非徒不足以资保护,而且转多窒碍。"②因此当务之急是"由各埠商会分任调查,以本国之惯习,参各国之法典,成一中国商法,庶足以资保护"③。为维护自身的合法权益,直隶商会同各地商会一样,积极参与了清末民初的经济立法活动。

商会参与经济法规制订活动始于1907年,在上海筹备立宪公会的推动下,1907年11月19日,第一次全国商会立法讨论会在上海举行,天津商务总会派员出席了讨论会。这次会议虽仅历时两天,但其意义十分重大,与会代表一致认识到商人参与商法制订的重要意义:一在于制订商法是国家宪政建设的一个重要组成部

---

① 《商会与中国早期现代化》,第208—209页。
② 《津档》(1903—1911)上,第284页。
③ 《津档》(1903—1911)上,第284页。

分;二在于改变华商无商法的状况,提高对外的"商战"能力,改善对内的商务关系;三在于维护商人参与商法制订的权利,提高商人参与"商政"的地位;四在于增进和完善商法建设,提高商人的立法观念。

随后各地商会便积极协助预备立宪公会商法编辑所进行商法编纂事务,到1908年12月和1909年12月,《公司法》及《商法总则》草案先后定稿。在1909年12月19日召开的第二次商法讨论会上,与会代表对此做了进一步的推敲修改后一致通过,并为清政府农工商部所采纳。后因辛亥革命爆发未及颁布,但为中华民国成立后的经济法制建设做了准备。

1912年中华民国成立后,随着资产阶级共和制度的一度确立,"振兴实业"高潮的兴起和商会组织的进一步发展,商会参与经济法规制订的活动益发活跃。1912年12月,中华全国商会联合会宣告成立,更为商会参与经济立法提供了组织保障。该会在1914—1925年间所举行的9次全国商会代表大会上,几乎每次都有经济法制建设的议题,前三次更是以经济法规修订问题为主题。适宜的政治气候为商会参与"商政"、提高商法意识创造了有利条件。

为了妥善处理商务纠纷,用法律维护商民的合法权益,1915年6月9日天津商会全体股员力请速立商会判断事务处,以尽"保商保民"之责任。在实际运作中,津埠商界发现民国二年(1913)1月28日政府颁行的《商事公断处章程》与天津地方商事习惯及商会名誉有不符之处,津商会十四会董于1918年4月陈请修订《商事公断处章程》,并提出了修改意见。在章程中明确规定"公断处于商人间商事之争议,立于仲裁地位,以息讼和解为主旨"[1]。

---

[1] 《津档》(1912—1928)1,第327页。

同时为了确保商权,商界中人也不遗余力,努力捍卫商会的独立地位。1914年由于《商会法》改变商会行文程式,使之隶属于行政部门,降低了商会的地位,因而激起了全国商会的不满,他们通过函电往来,联合力争,最终迫使农工商部收回成命,从而维护了商会的独立地位。

直隶商会在清末民初积极参与立法活动,标志着商界中人开始突破传统官本意识,并尝试以法律为武器,维护自身的合法权益,改善市场经济秩序,从而推动了近代商法意识的进一步觉醒。

四

在传统农业社会中,占统治地位的是自给自足的小农经济。商人地位低下,排在四民之末。他们常常苟且偷生,到处遭白眼,对他们而言政治就意味着交捐、纳税,或被抓到官府打板子。商人的"政治地位"决定了他们通过放弃自己的政治人格和参与权利来换取自己的政治生存,而不是利用这种人格和权利去争取政治生存。他们往往游离于政治系统之外,"对王国的覆灭和分裂漠不关心,只要村社仍然完整无损,他们并不在乎受哪一个国家或哪一个君主统治,因为他们的内部经济仍旧没有改变。"①久而久之,商人就形成了"在商言商"的传统观念,以不参与政治作为自己"纯洁性"的标志。

历史发展到晚清,国家和社会较诸以前都发生了明显的变化。政治参与的空间逐渐形成,加之西学东渐,民族危亡的加剧,使民众尤其商人的参政意识渐渐萌发。

---

① 《马克思恩格斯全集》第28卷,人民出版社1973年版,第271—272页。

　　从国家方面来说,清末新政改革首先从经济方面改变了历代王朝长期沿袭不变的重农抑商政策,开始大力振兴工商和奖励实业,并颁行一系列新经济法规,从法律层面对私营工商业予以奖励和保护,从而使商人的地位得到国家的认可。其次,清政府推行的地方自治,下放了更多的社会生活领域管理权,使民间有了一个国家直接控制之外的社会活动空间。最后,清政府还允许并倡导设立商会等新式社团。这表明国家开始依赖社会,因而对其给予了某些扶植,这是近代商人参政意识能够孕育萌生的一个重要因素。

　　从商会方面来说,相对于以乡土观念和家族意识为基础的传统行会和同乡会,商会作为新式社团突破了狭隘的地域观念,把其所在地的工商资产者全部组织起来,使他们逐渐意识到了本阶级利益的一致性。

　　面对帝国主义列强对中国进行疯狂的蚕食鲸吞和瓜分豆剖,绅商们开始将眼光从一己之身家财产移注于祖国和民族的存亡绝续。1905年的抵制美货运动是直隶绅商在商会领导下的第一次大规模的反帝爱国斗争,极大地激发了绅商的国家意识,而国家意识很重要的一个方面就是公民对于国家的权利和义务感。商会号召商界中人勿分畛域,同心协力,"人人知有责任,甚毋以我之一身无所关涉,漠然视之",明确表示"禁约苛例一日不删改,美货一日不售卖。"①

　　更为重要的是,抵制美货运动拓宽了绅商的政治视野,促使商人确立公共思想。天津商会绅商指出:"吾国商界不能不立于不败之地,以无公共之思想,故其势常孤,势孤则胆怯矣,虽占常胜之

---

①　《津档》(1903—1911)下,第1881页。

地,欲其不败也可得乎? 故有公共之思想者能尽公共之义务"①。
因此,商民对旅美华人"既有同种之呼应,且有同胞之义,唯有吁
请宽恩设法挽救,以慰众望",并申明抵制美货是"中国商界文明
发达之起点"和"天津商界文明发达之起点"②。

从促进工商业发展和维护商人利益出发,商会认为必须改良
政治,对于清廷谕旨"仿行宪政",直隶各地绅商"无不欢欣鼓舞,
开会庆祝"。天津绅商和学绅"一律悬旗结彩祝贺,欢歌遍于通
市"③,"各绅商学员往祝者,约在数百员,惟商界最多,足征一时之
盛"。天津商会认为实行立宪"实为中国自强之基础"④,积极参
与地方自治。商会在地方咨议局、自治会发挥着重要影响,它为工
商业发展奔走吁请。

清廷宣布实行"宪政"后,又担心失去权力,因而尽量拖延,从
而引发了立宪派的国会请愿。直隶商会认为国会召开与发展商
务,振兴实业有密切关系,"议决直接上书要求速开国会,并函约
各省上书继续吁请。"⑤在立宪运动期间,天津商会还倡导发起了
有声有色的筹还国债运动。他们带着亡国灭种的忧虑,指出外债
"延延日久,利息渐增","中国纵无外患,即此一端,已足亡国有
余"⑥,遂发起筹还国债会,号召商界"人人有担负之责,人人有劝
导之责",冀保国权而解后患。这一倡议得到直隶乃至全国各地
商会的响应,"各省闻风兴起,函电交驰","民起奋发,为向来所未

---

① 《津档》(1903—1911)下,第 1882 页。
② 《津档》(1903—1911)下,第 1879 页。
③ 《津档》(1903—1911)下,第 2287 页。
④ 《津档》(1903—1911)下,第 2287 页。
⑤ 《时报》1910 年 2 月 26 日。
⑥ 《津档》(1903—1911)下,第 1900—1902 页。

有"。可见,直隶绅商的参政意识逐渐增强,开始把自身的政治运动与国家的生死存亡、国家的政治发展和变革密切结合起来。

民国成立后,绅商的参政意识进一步发展。争取参政院议员选举权和被选举权的斗争,就表明商会参政热情和能力有了相当的提高,并且有了合群思想,"须知今振兴商务,非合群策群力不可,合群策群力,非从争回选举权着手不可。"①

在反对法国侵占老西开斗争中,直隶商会态度坚决。天津绅商认为"惟天津系我国之天津,凡生于斯居于斯者更均有维持之义务。"②他们利用经济手段,如抵制法币、法货等与法帝展开斗争,并不顾政府反对发起公民大会。天津商会的这一斗争得到直隶各地商会声援和支持,最后取得胜利。

五四运动中,直隶各地商会把高涨的参政意识化作前所未有的爱国举动。天津商会直接参与领导天津各界的反帝斗争,并采取罢市这种激烈的形式,展示了商会绅商"爱国救亡"观念,这在当时是不多见的。

但是,广大工商业者受趋利求安、息事宁人思想和"在商言商"传统观念的影响,对政治的消极态度也产生了不良影响。如商会认定袁世凯是他们可以依赖的理想人选,支持袁在北京就职,帮助政府镇压二次革命,甚至容忍袁世凯政治倒退,承认帝制和袁绞杀民主制度等。这充分暴露了商会在参政问题上的矛盾心理,未能真正发挥其应有的维护与加速政治现代化进程的作用。

---

① 《津档》(1912—1928)4,第4411页。
② 天津《大公报》1915年9月16日。

直隶商会与近代交通发展

交通运输业与经济发展休戚相关。直隶商会诞生后,积极参与,献计献策,推动了以天津为中心四通八达的近代交通网络的形成,为直隶区域大市场的统一和拓展奠定了基础,进一步密切了天津与广大腹地的联系。

一、商会与华北铁路网络

进入 20 世纪,北宁铁路、津浦路、京包路、京汉路及石太路建成通车,形成了以天津为中心的近代华北铁路运输网络,改善了天津与其他城市的垂直关系,华北城市一体化程度加强,进而带动了华北市场的一体化进程,对于天津商业腹地的扩大、统一华北乃至全国市场,具有划时代的意义。

直隶商会认识到华北铁路网络的贯通与直隶商品经济的发展休戚相关。因此,在华北铁路网兴建的过程中,商会从铁路资金的筹措到经营方式、站址的选择、桥梁的设计,积极出面,派员勘察,大力协助政府进行路政建设。1908 年津浦铁路开始筹建,清政府与英德两国草签借款合同。但此时正值收回路权运动高涨,在四省(直隶、山东、江苏、安徽)绅商的努力下,"津浦"铁路业经奉旨派大学士张之洞、外务部尚书袁世凯,将津镇(即津浦铁路,笔者

注)草约与英德两国银行商改,挽回利权,借款自修,并奏准十年后官商分任还款,即改为官商合办①。督办铁路大臣吕海寰奏请四省绅商设立津浦铁路商股有限公司,并"合将四省公拟预筹官商合办招股章程,……循照各公司的成案,刊颁木质关防一颗,以资信用。"②这些都得到了天津商会的支持。在津浦铁路南北动工之后,天津总站仍然悬而未决,1909 年 6 月,督办津浦铁路大臣吕海寰致函天津商会协同查勘路线,以选择最佳站址,并提出四项选址原则。对此,天津商会积极响应,商会总理王贤宾、协理宁世福亲自出马。经过详细勘察之后,他们认为总站应设在赵家场。后来又经过数月的测绘、勘察,对于线路进行了比较取舍,最后总站确定在堤头,这一选择"与天津商会议事会呈请各节复不相背"③。无疑站址是在赵家场选址的基础上,经过进一步勘察而确定的。

沧石铁路是京汉、津浦两大干路之联络线,早在民国元年(1912)商民曹祯祥等就积极呈请立案商办,并先期进行线路勘测及集股工作,到 1914 年已筹集到现款洋 210 万元。他们希望通过商办"冀辅公家余力之所未逮","保国家之利权,振企业之精神。"④经过努力争取,1916 年 12 月 14 日终于得到交通部"暂准立案"批示,随即成立商办直隶沧石铁路公司。对于商办沧石铁路,天津商会一直大力支持,商界领袖宁世福、叶登榜等列名赞成,他们经理的银行银号成为铁路公司的收股处,天津商会协理卞荫昌就是该公司的创办人之一。直隶各地商会应铁路公司筹办处之请,积极代募股款。据 1917 年 4 月 23 日《益世报》记载:

---

① 《津档》(1903—1911)下,第 2113 页。
② 《津档》(1903—1911)下,第 2115 页。
③ 《津档》(1903—1911)下,第 2226 页。
④ 《津档》(1912—1928)3,第 3276 页。

"商务总会前准沧石铁路公司筹办处函开：

素仰贵会为商业领袖，维持提倡无不周至，是以不揣冒昧送上招股章程百本，敬烦分寄各省商务总会，并本省各县分会及华侨各埠总分商会，代为提倡等情，昨已函知各县商务分会查照，尽力劝募，俾期早日招齐，以便开办云。"①

但沧石铁路尚未开办，却遭遇交河县郭庸和"股本不实，恐有外债"的指控。天津商会奉命展开调查，调查结果表明指控"毫无根据"，维护了铁路公司的声誉。同时，天津商会总理叶登榜、协理卞荫昌联名致函天津县行政公署，希望对"妄形捏控"之人给予处理②。

二、商会与内河航运的开发利用

直隶具有发展内河航运的优越地理条件，以天津为中心，南有南运河，北有北运河，西去有西河（子牙河）与大清河，东去有东河（蓟运河）等。这些河流遍布直隶大部分地区，从四面八方汇流于天津，同时也是沟通晋冀鲁豫四省的重要通道。但内河运输受自然环境影响较大，如枯水期长，航行季节短，河道深浅、宽窄、弯曲较多等等，都不利于天津与腹地的联系。因此治理内河，以利于天津和腹地的商品流通，促进市场的统一，便成为直隶商会的一个重要任务。

1. 修治河道，广兴水利

南运河是河北、河南、山东三省商人来往转运货物必经之路，

---

① 天津《益世报》1917 年 4 月 23 日。
② 《津档》(1912—1928)3，第 3280 页。

实为津埠一大关键。进入 20 世纪初叶，南运各河河水淤浅异常，一切行船，均不能到埠，各项货物自形滞塞，"推原其故，固由雨水衍期，或以上游来源壅塞，亦未可知。"因此，天津商会积极奔走，禀请直督"遴委熟悉河工人员，查勘上游，设法疏通，以资挹注而便转运"，这一建议得到直督批准："所请设法疏通之处，侯委邵道国铨迅速前往查勘情形，妥筹禀办"①。

1930 年代以来，南运河自沧县、青县、静海至天津北大关一段逐步淤狭，久失浚治，"运河淤塞水浅，该处管闸员役竟反其道而行，河水愈浅则该闸永提而不闭，以致船行该处无不搁浅，往往麇集货船数百只之多"②。河北省建设厅致函天津商会筹款，得到天津商会的积极配合。他们请专人拟定《五河治理方案》，指出，"内河之畅塞关系于南北交通、商货输转、农田灌溉、水利民生者至重且要。"河北区域内河包括五大干流，沿河各地引水沟渠纵横交错、互相联贯，"农田资其利润，河流赖以节宣。"干流通畅无淤，蓄泄得宜，则各乡村镇引水沟渠才能尽其水利之用。为了协调好各方面的关系，成立南运河下游疏浚委员会，委员 5—11 人，由河北省建设厅、天津市政府、南运河河务局、华北水利委员会、天津商会、河北商会联合会推举产生。天津商会派会董出席了南运河下游疏浚委员会议，动员各行商承担疏浚费用。最后决定，费用由政府和各商各自承担一半，沿河各县出人力挑挖运河淤泥。在政府的主持下，商会及各县三方共同制定出台了《南运河整治计划》③。

为了修治河道，广兴水利，天津商会还应冯国璋邀请出席研讨

---

① 《津档》（1903—1911）下，第 2197 页。
② 《津档》（1903—1911）下，第 2274 页。
③ 《津档》（1903—1911）下，第 2274—2284 页。

根治直隶水患办法①。1914 年 10 月,直隶全省河务筹议处成立,附设于巡按使公署内,"以研究直隶全省河务利病,筹议改良进行各法,以为治河先导。"直隶巡按使委任商会协理卞荫昌为该处议董,"按期集议,共襄河务",天津商会能更多地参与内河管理,为建立完善的交通网络献计献策②。1918 年京畿河道善后研究会在京成立,凡京直同乡绅、商、学界,经二人介绍均可成为会员,该会"以研究京畿河道利害,补助行政机关为宗旨。"③1924 年天津商会呈请省长每年春旱之时,疏浚各河④。这些问题在商会和政府的协同努力下多能较快得以解决。

1921 年,宁河商会条陈以工赈法疏通水源,避免宁邑积水成泽之患,提议"由芦台东挑河一道,直达海沿、修闸二处,以避海水倒殃。如遇雨水之年,启闸泄水,不受水患。若系旱年,由此引水灌溉,芦台东南六十余村,盐碱不毛之地,皆变为膏腴之田。"该村民人等,雨水之年所吃皆系洼中存水。如遇旱年,则不问可知。从此有河引水,不但溉田,而饮水尤得甜浆之备。由于宁河横贯铁路,芦台车站,由河往来船只,可达车站。以船只运货至站,再装火车,而由火车运输货物,装载船只,开通水旱码头,交通便利,发展商业,莫此为善。"而尤以现时救济灾民,以工代赈之办法,可由被灾之区域,拨民挑挖,与给工资,不特被灾之人民,得受救济之实惠。而将来此河能完全告成,不啻为永久福国利民之计,庶善备焉。"⑤以工代赈是救济灾民的一种重要形式,不仅有利于救灾,而

---

① 《津档》(1912—1928)3,第 3206 页。
② 《津档》(1912—1928)3,第 3207 页。
③ 《津档》(1912—1928)3,第 3210 页。
④ 天津《益世报》1924 年 11 月 3 日。
⑤ 天津《益世报》1921 年 1 月 16 日。

且本身就是生产活动,在修治河道、筑路等基本建设活动中经常被采用。

直隶商会参与治理内河工程,也得到了政府的肯定和表彰。如在三岔河口裁湾工程中,天津商会积极筹款,受到直隶省长曹锐的通报表彰:"三岔河口裁湾取直工程所有拆房开河以及填垫废河等项公款,已由该会商同议会筹款以备开办,具见热心公益提倡有方。"①

2. 倡导创办轮船运输公司

光绪二十四年（1898）,清政府向外国侵略者全面开放了内河内港的航行权,宣布"所有内河,无论华洋商,均准驶小轮船。"② 外轮势力开始侵入中国内河航运,为"保内河航路权","与外人争衡",直隶各地绅商积极倡导建立轮运公司,扩商路、保利权。

光绪二十九年（1903）年初,河南商人贾润才等人集股白银30万两,禀请直隶总督袁世凯批准,在天津成立了"南运河轮船公司",先在南运河航线天津至德州间从事轮船拖带运输,又置备挖泥机器,疏浚航道,把航线延长到山东临清、入卫河直至河南道口。后来,轮船公司又新购了两艘小轮,增加天津至德州的运输力量③。大清河航线也出现了小轮运输,即保定商人刘济堂创设的"津保轮船公司"。该公司成立于1907年,在天津到保定间往返运行。公司以"提倡航业、便利商务"为宗旨,资本金为20万两,并计划再招商股80万两,用来整修航道,购置10艘新轮,扩大载

---

① 《津档》(1912—1928)3,第3213页。
② 《清季外交史料》卷130,第15页。
③ 《河北航运史》,第125页。

客运货和拖带民船运输①。津保轮船公司在大清河航线上行轮多年，颇受各界欢迎，保定商会称："小轮最便交通，颇益商业。"②然而，轮船所经州、县衙门，却常以"各河流平时多患淤浅，水闸桥梁不下数十处，行使小轮诸多不便，而河水涨发时轮机鼓荡，又恐于堤防有碍"为由，上告到直隶总督，极力反对行轮③。公司经理刘济堂被迫反复上书直隶总督和天津商会，据理陈述行轮的好处，说明"筹备防险"措施，尽管屡经周折而幸免未遭取缔，但对行轮的限制愈来愈多，经营每况愈下。在官办直隶全省内河行轮局的排挤下，商办的轮运公司全部相继破产关闭。

　　为了发展内河轮运，各地商会也进行了不懈努力。1916 年 10 月 21 日，天津商会针对航道不断恶化和航业发展缓慢的情况，提出由商人集资，共同修河建闸；行轮局续招商股、扩充航业的要求④。但行轮局只同意由商人集资整顿河道，对与商人合营办行轮局却予以拒绝。像这种只让商人出钱修河，不让他们行轮受益的做法，显然是行不通的。1919 年 10 月，商人边守靖提出，行轮局资金少，"既不足发展，更无希望"，请求直隶省行政公署允许"集合绅商，广募资本，补公家之不足"⑤，结果，又一次遭到行轮局的拒绝。1926 年 6 月，献县商人刘锡录向省行政公署提出注册申请，拟建造机木船 2 艘，在"子牙河上游火轮船不能行驶之地点"即行轮局不行驶轮船的航段，从事旅客运输。7 月，行轮局以商民

① 《东方杂志》第 4 年第 10 期，光绪三十三年（1907）十月二十五日，第 223—224 页。

② 《河北航运史》，第 126 页。

③ 《河北航运史》，第 126 页。

④ 《河北航运史》，第 133 页。

⑤ 《河北航运史》，第 133 页。

开办行轮局容易引起纠纷为由,再次申明:"全省内河行轮权收归官有,不准商民再办。"把全省各大河流都作为行轮局独有航线,拒绝了献县商人的请求①。民族资本企业在近代中国的发展举步维艰。

三、商会与近代公路网络

清朝末年曾对官马大道进行整修,这就是直隶境内近代公路的雏形。中华民国时期,临时大总统孙中山自民国元年起,就积极倡导修建公路,以便利交通发展实业。在著名的经济著作《实业计划》中,孙中山把交通建设作为发展实业的"关键及根本"②,并设想在全国修建100万英里的公路。他的主张得到了不少爱国人士的积极响应。直隶境内,各地商会和商人对筑路修桥、创办汽车运输有着较高的热情。他们或商办、或协助政府官办、以工代赈,整修了一批早期公路,对直隶公路网的形成起到一定的促进作用。

商办公路是由商人投资,报请北洋政府批准自修、自养和自营的公路,一般是利用清末道路稍加拓宽、平整,以利汽车行驶,在当时是一种投资少易获利的新兴实业。在直隶境内早期的商办公路主要有张库公路、京承公路和德南公路。

张库公路(张家口——库伦)是大成张库汽车公司投资整修的,并于民国七年(1918)4月5日开始营运。张库公路营运后,对商界影响很大,各地运输商竞相申请开办营运路线,经交通部批准后,在指定路线上各自修桥筑路,开车营业。民国八年(1919)商

① 《河北航运史》,第132页。
② 《中国交通报》1986年11月8日。

人陈仲钧创办了燕京汽车行,沿京热"御道"加以整修后,在北京——承德间经营客货运输业务。民国十四年(1925)运输商人向焕文在京兆尹公署注册后,开办了京热长途汽车公司,出资 15 万元购置大型汽车 20 辆,并出工将京承公路再次整修①。

民国八年(1919)商人段阶平等呈报交通部兴办德南长途汽车公司,次年 4 月经核准并发给长字第三号营业执照。该公司资金总额定为 5 万元,拿出 16500 元用于站房建设与修路。先在整修清末州县大道基础上于 1921 年 7 月开车营业,经营德县、郑家口、大营、枣强、冀县到南宫的客货运输。到了 1923 年,公司又租地另筑新路,自德县起,经故城、郑家口、饶阳店、大营、恩察、保安到南宫。新路建成后,由德南长途汽车公司自行管养②。

天津——保定(南线)是在州县大道基础上,由军方派款抓夫整修成军用公路,后又经过官办、商办和工赈筑路等方式多次进行修建,形成了公路。它自天津南行经静海、唐官屯,折向西,再经大城、任丘、高阳到保定。民国九年(1920)直皖战争结束后,张毓濡等呈请直鲁豫巡阅使署批准,设立协通津保长途汽车公司,章程规定:设总公司于天津,分公司于保定。分别设站于静海、大城、任丘、高阳等处,余者仅设停车场,汽车专运输天津——保定间往来客商货物,并特别规定:"本公司不收外国人股本"③,该公司投资对全线加以整修,做土方 81000 立方米,加固与维修桥梁 8 座,共用款 27500 元,于 1922 年 1 月竣工。公路开通后,商贾行旅甚多,车辆往来繁忙④。

---

①　《道路月刊》15 卷第 3 号,1925 年 12 月 15 日版。

②　《河北公路史》,第 106 页。

③　《津档》(1912—1928)3,第 3292 页。

④　《河北公路史》,第 108 页。

民国初年大名到邯郸没有公路,县与县之间也只有一些走村过镇的大车道,交通不便。据民国十八年(1929)出版的《大名县志》记载:"民国九年旱灾成荒,大邯之间民不聊生。适有美国侯牧师理定与县知事张鲁恂协商,以工代赈修筑自大至邯汽车路一条,推红十字会会长贝克君主任办理之。"1921 年通车。1923 年 4 月,商人吴承泰等呈准设立大邯长途汽车公司,又投资 2100 元补修了张庄桥洼地及漳河店到沙河段路基,从而取得大邯公路的使用权,经营客货运输业务①。

由于政局多变和频繁的自然灾害,严重影响了直隶地区早期的公路建设。到民国十六年(1927)年底,主要公路仅有 30 条,总里程长 2023 公里(按 1985 年底的行政区划统计),约占当时全国公路总里程的 6.6%②。

总之,以华北铁路网为动脉,以内河水运系统为关联,以远洋航运为延伸,以公路为补充,形成了以天津为中心的四通八达的近代交通体系,为直隶区域大市场的统一和拓展奠定了坚实的基础。交通运输的巨大变革,改变了天津与腹地商品流通以内河为主的运输方式,使华北传统的水路交通通过铁路、公路联成一气,进一步巩固和扩大了天津的商业腹地,密切了天津口岸与腹地的联系,把近代国内市场与国际市场更加紧密地连在一起。

---

① 《河北公路史》,第 111 页。
② 《河北公路史》,第 119—121 页。

参 考 文 献

一、档案、地方志和文史资料

1. 天津市档案馆、天津社科院历史研究所等编:《天津商会档案汇编》(1903—1911)上、下册,天津人民出版社 1987 年版。

2. 天津市档案馆、天津社科院历史研究所等编:《天津商会档案汇编》(1912—1928)第 1—4 辑,天津人民出版社 1992 年版。

3. 天津市档案馆、天津社科院历史研究所等编:《天津商会档案汇编》(1928—1937)上、下册,天津人民出版社 1996 年版。

4. 天津市档案馆藏:商会档案全宗。

5. 河北省档案馆藏:获鹿县民国档案汇集。

6. 邢台市档案馆藏:太行行署研究室编:《邢台土布业调查研究初稿》,1946 年 10 月 5 日。

7. 辛集市档案馆藏:《辛集市皮毛业集销调查》(1946),《辛集市建国前工商业档案文件汇编》第 1 集;《辛集市皮毛业调查资料》(1948),《辛集市建国前工商业档案文件汇编》第 2 集(上)。

8. 民国《密云县志》卷 5。

9. 宋大章等修纂:《涿县志》,第 3 编,经济,第 1 卷,实业,民国二十五年铅印本。

10. 金良骥等修纂:《昌黎县志》卷 4,实业志,民国二十二年再续修铅印本。

11. 民国《东明县志》卷8,商会。

12. 刘志鸿修,李泰棻纂:《阳原县志》卷5,法团,民国二十四年铅印本。

13. 崔正春修:《威县志》卷8,民国十八年铅印本。

14. 张福谦等修纂:《清河县志》卷5,民国二十三年铅印本。

15. 高步青等修纂:《交河县志》,民国六年刻本。

16. 张万善修,许闻诗纂:《张北县志》卷6,政治志,自治,民国二十四年铅印本。

17. 何其章等修纂:《定县志》,民国二十三年刻本。

18. 陈宝生等修纂:《满城县志略》卷8,风土,礼俗,民国二十年铅印本。

19. 王自尊修,李林奎、武儒衡等纂:《元氏县志》,行政,自治,民国二十二年铅印本。

20. 韩作舟修纂:《广平县志》卷8,民国二十八年铅印本。

21. 张昭芹等修纂:《大名县志》,民国二十三年铅印本。

22. 毕星垣等修纂:《邯郸县志》,民国二十二年刻本。

23. (清)陈金骏修纂:乾隆《乐亭县志》卷5。

24. (清)吴高增修纂:乾隆《行唐县新志》卷13。

25. (清)杨乔修纂:乾隆《平乡县志》卷5,清乾隆十六年刻本。

26. 乾隆《宝坻县志》卷7,民国六年查美咸石印本。

27. 康熙《枣强县志》卷1,明万历修,清康熙增刻本。

28. (清)吴士鸿修:嘉庆《滦州志》卷1。

29. (清)郑大进修纂:乾隆《正定府志》卷12。

30. 黄容惠等修纂:《南宫县志》卷3,民国二十五年刻本。

31. 王德乾等修撰:《南皮县志》卷3,风土志,民生状况,民国二十二年铅印本。

32. (清) 吴汝纶纂:《深州风土记》卷 21, 物产, 光绪二十六年刻本。

33. 宋兆升等修纂:《枣强县志料》卷 1, 民国二十年铅印本。

34. 刘东藩、傅国贤修, 王召棠纂:《晋县志料》, 民国二十四年石印本。

35. 张凤瑞等修纂:《沧县志》卷 11, 事实志, 生计, 民国二十二年铅印本。

36. 滕绍周等修纂:《迁安县志》, 民国二十年铅印本。

37. 乾隆《束鹿县志》, 辛集市档案局编印:《束鹿五志合刊》2000 年。

38. 光绪《束鹿县志》, 辛集市档案局编印:《束鹿五志合刊》2000 年。

39. (清) 彭定泽等修纂:道光《安州志》, 民生。

40.《邯郸陶瓷志》, 1990 年编。

41.《峰峰志》, 新华出版社 1996 年版。

42. 李大本修, 李晓冷等纂:《高阳县志》卷 2, 民国二十二年铅印本。

43. 王葆安修, 马文焕等纂:《香河县志》卷 1, 民国二十五年铅印本。

44. 白凤闻等修纂:《静海县志》, 民国二十三年铅印本。

45. 张应麟等修纂:《成安县志》, 卷 6, 实业, 民国二十年铅印本。

46. 民国《房山县志》卷 2, 物产。

47. 戴鞍钢、黄苇主编:《中国地方志经济资料汇编》, 汉语大词典出版社 1999 年 12 月版。

48. 傅振伦纂:《新河县志》, 食货门, 下编, 社会经济, 民国十八年铅印本。

49. 董天华等修纂:《卢龙县志》卷9,物产,民国二十年铅印本。

50. 苏毓琦等修纂:《宁晋县志》,民国十八年石印本。

51. 牛宝善等修纂:《柏乡县志》卷3,物产,特产,民国二十一年铅印本。

52. 王德乾等修纂:《望都县志》卷1,地理志,物产,民国二十三年铅印本。

53. 王用舟等修:《井陉县志料》第10编,"风土",民国二十三年铅印本。

54. 黄希文等修纂:《磁县县志》,民国三十年铅印本。

55. 陈继曾等修纂:《宣化县新志》卷4,物产志,民国十一年铅印本。

56. 彭作桢等修纂:《完县新志》卷15,食货5,民国二十三年铅印本。

57. 曹桢等修纂:《三河县新志》卷15,实业篇,民国二十四年铅印本。

58. 路联逵等修纂:《万全县志》卷2,物产,民国二十三年铅印本。

59. 王炳熙等修纂:《续修藁城县志》卷1,民国二十三年铅印本。

60.《丰润县志》,光绪十七年修,民国十年铅字重印本。

61. 李昌时等纂:《玉田县志》,光绪十年刊本。

62. 宋蕴璞辑:《天津志略》,1931年铅印本。

63. 王守恂撰:《天津政俗沿革记》卷7,货殖,1938年刻本。

64. 张焘撰:《津门杂记》,光绪十年刻本。

65.《临榆县志》,重修,民国十八年铅印本。

66. 刘秉忠编著:《昔日唐山》,《唐山文史资料》第15辑。

67.《河北文史集粹·经济卷》,河北人民出版社1991年版。

68.《河北文史集粹·工商卷》,河北人民出版社1991年版。

69.《河北省文史资料》第 19 辑,1987 年出版。

70.《天津文史资料选辑》第 9 辑。

71.《河北近代经济史料·商业老字号》(下),河北人民出版社 2004 年版。

72. 高河:《高阳织布业概述》,《保定文史资料选辑》第 2 辑。

73. 郝庆元:《直隶工艺总局资料选编》,《天津历史资料》第 16 期。

74.《天津历史资料》第 13 期。

75.《天津历史资料》第 5 期。

76. 天津市地方史志编修委员会总编辑室编:《天津近代人物录》。

二、清代——民国时期著作、报刊、调查资料

77. 北宁铁路局编:《北宁铁路沿线经济调查报告》,文海出版社有限公司印行。

78. 侯振彤译:《二十世纪初的天津概况》,天津地方志编修委员会总编室编,1986 年印本。工商部工商访问局编:《商会法、工商同业工会法诠释·序》。

79.《工商同业公会法》,载《国民政府公报》1929 年 8 月 17 日。

80.《经济部公报》第 1 卷第 1 期,1938 年 1 月。

81.《中华全国商会联合会会报》第 3 年第 2 期,"法令",第 1— 4 页。

82.《商业月报》1929 年(7)。

83. 天津《大公报》。

84.《保定商务总会设立商事裁判所案》,《华商联合会报》第 17 期。

85. 天津《益世报》。

86.《保定商会设所裁判讼案》,《华商联合会报》第 8 期。

87.《上海总商会议案录》,"第二次常会议案"。

88.《政治经济学报》第 3 卷第 1 期,1935 年。

89. 杨铨:《五十年来中国之工业》,《东方杂志》第 8 年第 7 期。

90.《中国年鉴》(第一回),商务印书馆 1924 年版。

91.《商会联合会始末记》,《时事汇报》1914 年第 6 号。

92. 韩德章:《河北深泽县农场经营调查》,载《社会科学杂志》第 5 卷第 2 期。

93. 李景汉编著:《定县社会概况调查》,上海人民出版社 2005 年 5 月重印版。

94. 康诚勋:《河北正定县农村市场的概况》,载《新中华》第 2 卷第 24 期。

95. 厉风:《五十年来商业资本在河北乡村棉织手工业中之发展进程》,《中国农村》第 1 卷第 3 期。

96.《河北月刊》第 4 卷第 8 期。

97. 河北省政府秘书处编:民国十七年度《河北省省政统计概要》。

98. 陆庚:《绥察对蒙贸易》,《中国实业》第 1 卷第 6 期。

99.《邢台县之经济状况》,《中外经济周刊》1926 年第 91 号。

100. 1928 年《河北省省政统计概要》。

101.《经济半月刊》第 2 卷第 8 期。

102. 毕相辉:《高阳及宝坻两个棉织区在河北乡村棉织工业上之地位》,方显廷编:《中国经济研究》下册,商务印书馆(长沙)1938 年版。

103. 方显廷:《中国之棉纺织业》,商务印书馆 1934 年版。

104. 中国经济研究会:《中国经济》第 5 卷第 7 期。

105.《农村副业》第 1 卷第 3 号。

106.《民国十七年河北省省政统计概要》,《南开统计周报》1933年5月29日。

107. 方显廷、毕相辉:《由宝坻手织工业观察工业制度之演变》,《政治经济学报》第4卷第2期。

108.《工业丛刊》1936年1月。

109.《商部新订出洋赛会章程》,《东方杂志》第3卷第3期。

110.《意大利会场之中国出品》,《东方杂志》第8卷第10号。

111.《东方杂志》第7年第7期。

112.《东方杂志》第8年第4期。

113.《申报》1910年11月2日。

114.《1929年河北省工商纪要》,《1931年河北省实业统计》。

115.《工商半月刊》第2卷第4期。

116.《通商汇纂》45号,明治44年(1911)8月5日。

117. 吴知:《乡村织布工业的一个研究》,商务印书馆1936年版。

118. 张世文:《定县农村工业调查》,四川民族出版社1991年版。

119. 李景汉:《中国农村土地和农业经营问题》,《东方杂志》第33卷第1号,1936年。

120.《农商公报》第35期。

121.《工商半月刊》第1卷第11期。

122. 孙晓村:《水利问题与中国农村经济》(1933年),见《孙晓村纪念文集》,中国文史出版社1993年版。

123.《于主席告水灾三县民众书》,《河北月刊》第2卷第1期胪余,1934年1月。

124.《河北民政汇刊》第3编,公牍,救济,1929年4月。

125. 曲直生:《河北棉花之出产及贩运》,上海商务印书馆1931年版。

126. 农工商部:《棉花图说》卷 3,《中国棉业现情考略》,宣统二年刊。

127. 刘家璠:《直隶棉业调查录》,1922 年。

128.《石家庄之经济状况》,《中外经济周刊》第 181 号,1926 年 9 月 25 日。

129. 陈伯庄:《平汉沿线农村经济调查》,上海交通大学研究所,1936 年。

130. [美]卜凯:《中国农家经济》,商务印书馆 1937 年版。

131. 麦叔度:《河北省小麦之贩运》,《社会科学杂志》第 1 卷第 1 期。

132. 李洛之、聂汤谷编著:《天津的经济地位》,南开大学出版社 1994 年影印本。

133.《英文周刊》第 1 种第 126 期,1923 年 7 月 21 日。

134.《中外经济周刊》第 211 号,1927 年 5 月 14 日。

135. 吴知:《从一般制度的演进观察高阳的织布工厂》,《政治经济学报》第 3 卷第 1 期。

三、专题资料汇集

136. 彭泽益编:《中国工商行会史料集》下册,中华书局 1995 年版。

137. 吴弘明等整理:《津海关报告档案汇编》(1889—1911)下册,1993 年印本。

138. 彭泽益编:《中国近代手工业史资料》第 2 卷,三联书店 1957 年版。

139. 姚贤镐编:《中国近代对外贸易史资料》,中华书局 1962 年版。

140. 彭泽益编:《中国近代手工业史资料》第 2 卷,中华书局 1962
     年版。

141. 《关册》(中文)下卷,1890 年。

142. 宋美云整理:《高阳土布档案选》,《近代史资料》总 74 号。

143. 彭泽益编:《中国近代手工业史资料》第 3 卷,中华书局 1962
     年版。

144. 章有义编:《中国近代农业史资料》第 2 辑,三联书店 1957
     年版。

145. 许道夫编:《中国近代农业生产及贸易统计资料》,上海人民
     出版社 1983 年版。

146. 姚洪卓等标点:《天津海关十年报告》(1922—1931),天津社
     科院历史所编:《天津历史资料》第 5 期。

四、主要参考著作

147. 马克思:《资本论》第 3 卷,人民出版社 1975 年版。

148. 马克思:《资本论》第 1 卷,人民出版社 1975 年版。

149. [美]吉尔伯特·罗兹曼:《中国的现代化》,上海人民出版社
     1989 年版。

150. 罗荣渠:《现代化:理论与历史的再探讨》(译文集),上海译
     文出版社 1993 年版。

151. 马敏、朱英:《传统与近代的二重变奏——晚清苏州商会个案
     研究》,巴蜀书社 1993 年版。

152. 宋美云:《近代天津商会》,天津社会科学出版社 2002 年版。

153. 朱英主编:《中国近代同业公会与当代行业协会》,中国人民
     大学出版社 2004 年版。

154. 朱英:《转型时期的社会与国家——以近代商会为主体的历

史透视》,华中师大出版社 1997 年版。

155. 罗澍伟主编:《近代天津城市史》,中国社会科学出版社 1993 年版。

156. 徐纯性主编:《河北城市发展史》,河北教育出版社 1991 年版。

157. 张国辉:《晚清钱庄和票号研究》,中华书局 1989 年版。

158. 苑书义等:《艰难的转轨历程——近代华北经济与社会发展研究》,人民出版社 1997 年版。

159. 史若民:《票商兴衰史》,中国经济出版社 1992 年版。

160. 魏宏运主编:《20 世纪三四十年代冀东农村社会调查与研究》,天津人民出版社 1996 年版。

161. 李正华:《乡村集市与近代社会》,当代中国出版社 1998 年版。

162. 郭庠林、张立英:《近代中国市场经济研究》,上海财经大学出版社 1999 年版。

163. 从翰香主编:《近代冀鲁豫乡村》,中国社会科学出版社 1995 年版。

164. 复旦大学历史地理研究中心主编:《港口——腹地和中国现代化进程》,齐鲁书社 2005 年版。

165. 刘再兴等编:《区域经济理论与方法》,中国物价出版社 1996 年版。

166. 严中平:《中国棉纺织史稿》,科学出版社 1963 年版。

167. 河北大学地方史研究室、高阳县政协编著:《高阳织布业简史》。

168. 〔英〕马歇尔:《经济学原理》,伦敦麦克米伦出版社 1986 年第 8 版。

169. ［美］珀金斯著，宋海文等译:《中国农业的发展（1368—1968）》,上海译文出版社1984年版。

170. ［英］麦高温著，朱涛、倪静译:《中国人生活的明与暗》,时事出版社1998年版。

171. 王印焕著:《1911—1937年冀鲁豫农民离村问题研究》,中国社会出版社2004年版。

172. 苑书义、董丛林著:《近代中国小农经济的变迁》,人民出版社2001年版。

173. 冉光海:《中国土匪（1911—1950）》,重庆出版社1995年版。

174. ［美］马若孟著，史建云译:《中国农民经济》,江苏人民出版社1999年版。

175. ［美］黄宗智:《华北的小农经济与社会变迁》,中华书局2000年版。

176. 刘佛丁、王玉茹:《中国近代的市场发育与经济增长》,北京高等教育出版社1996年版。

177. 汪敬虞:《中国近代经济史》（1895—1927）中册,人民出版社2000年版。

178. ［美］杜赞奇:《文化、权力与国家——1900—1942年的华北农村》,江苏人民出版社1995年版。

179. 吴承明:《中国资本主义与国内市场》,中国社会科学出版社1985年版。

180. ［美］费正清:《剑桥中国晚清史》,中国社会科学出版社1993年版。

181. 庄维民:《近代山东市场经济的变迁》,中华书局2000年版。

182. 夏明方:《民国时期自然灾害与乡村社会》,中华书局2000年版。

183. 姚洪卓:《近代天津对外贸易(1861—1948)》,天津社会科学院出版社 1993 年版。

184. 隗瀛涛:《中国近代不同类型城市综合研究》,四川大学出版社 1998 年版。

185. 郑杭生:《社会学概论新修》,中国人民大学出版社 1998 年第 3 版。

186. 徐永志:《开埠通商与津冀社会变迁》,中央民族出版社 2000 年版。

187. 许涤新、吴承明:《中国资本主义发展史》,人民出版社 1990 年版。

188. 谢宗范:《政治学》,四川人民出版社 1992 年版。

189. 虞和平:《商会与中国早期现代化》,上海人民出版社 1993 年版。

190. 邓正来、[英]J. C. 亚历山大:《国家与市民社会——一种社会理论的研究路径》,中央编译出版社 2002 年版。

191. 彭南生:《行会制度的近代命运》,人民出版社 2003 年版。

192. 庞玉洁:《开埠通商与近代天津商人》,天津古籍出版社 2004 年版。

193. 王先明:《近代绅士——一个封建阶层的历史命运》,天津人民出版社 1997 年版。

194. [美]彭慕兰著,史建云译:《大分流——欧洲、中国及现代世界经济的发展》,江苏人民出版社 2003 年版。

五、主要参考论文

195. 冯筱才:《中国商会史研究之回顾与反思》,《历史研究》2001 年第 5 期。

196. 马敏:《商会史研究与新史学的范式转换》,《华中师范大学学报》2003 年 9 月。

197. "商会与近现代中国"国际学术研讨会论文集(未刊稿),2004 年 9 月中国平遥。

198. 朱英:《经济组织与市场发展国际学术研讨会综述》,《历史研究》2000 年第 6 期。

199. 史建云:《简述商会与农村经济之关系——读〈天津商会档案汇编〉札记》,《中国经济史研究》2001 年第 4 期。

200. Linda Grove: Small Town Chambers of Commerce as Trade Associations: The Gaoyang Chamber of Commerce and the Rural Textile Industry. 1998 年天津"商会与近代中国"国际学术讨论会。

201. 郑成林:《商会与近现代中国国际学术研讨会述评》,《历史研究》2004 年第 6 期。

202. 胡光明:《论早期天津商会的性质与作用》,《近代史研究》1986 年第 4 期。

203. 洪振强:《清末民初(1902—1927)商会网络结构探析》,《华中师范大学学报》(人文社会科学版)2002 年 7 月。

204. 张思:《十九世纪末天津的洋纱洋布贸易》,《天津史志》1987 年第 4 期。

205. 丁日初、沈祖炜:《对外贸易同中国经济近代化的关系(1843—1936)》,《近代史研究》1987 年第 6 期。

206. 王翔:《中国外贸格局的转换与手工行业的变形(1840—1894)》,人大报刊复印资料,《经济史》2005 年第 2 期。

207. 彭南生:《论近代中国农家经营模式的变动》,《中国近代史》2006 年第 6 期。

208. (台北)叶淑贞:《天津港的贸易对其腹地经济之影响》未刊稿。

209. 陈美健:《清末民中河北的皮毛集散市场》,《中国社会经济史研究》1996 年第 3 期。

210. 冯小红:《高阳模式:中国近代乡村工业化的模式之一》,《中国经济史研究》2005 年第 4 期。

211. 乔志强:《清末民族资产阶级初探》,《山西大学学报》1995 年第 4 期。

212. 彭南生:《中国早期工业化进程中的二元模式》,《史学月刊》2001 年第 1 期。

213. 李金铮:《试析二三十年代定县农民耕地之不足》,《近代中国乡村社会经济探微》,人民出版社 2004 年版。

214. 张东刚:《商会与近代中国的制度安排与变迁》,《南开经济研究》2000 年第 1 期。

215. 张利民:《试论近代华北棉花流通系统》,《中国社会经济史研究》1990 年第 1 期。

216. 樊如森:《天津港口贸易与腹地外向型经济发展(1860—1937)》(未刊稿),2004 年 11 月。

后　记

事非经过不知难。本书从萌生到最后付梓,其间经历了整整10年。最初的灵感源于 1998 年在天津召开的首届"商会与近代中国"国际学术研讨会,使学者们开始关注商会与乡村社会研究,自己也选择了这条艰难的求索之路。

吾人有幸。在研究的起初阶段,就得到了我的硕士生导师苑书义先生的悉心指导和大力支持。在先生的关心和帮助下,我完成了《直隶商会与直隶社会变迁(1903—1928)》一书,为下一步研究奠定了基础。在这项研究的攻坚阶段,又有幸得到我的博士生导师王翔教授的指教。王老师学识渊博,视野开阔,他的拨冗点化和鞭策勉励,引导我走过了那段最艰难的日子。

吾更有幸。不论是求学还是工作期间,都得到了许多良师益友的关心、支持和帮助,为此——

衷心感谢华中师范大学的朱英教授、天津社科院的张利民研究员、南开大学的王先明教授、河北师范大学的戴建兵教授、王宏斌教授、董丛林教授、邢铁教授等,他们的指导与帮助,使本书避免了更多的疏漏与错讹。衷心感谢天津社科院的宋美云研究员、胡光明研究员、任云兰研究员、南开大学的李金铮教授等,在研究中给予的指导与帮助。衷心感谢河北省社科联主席曹保刚先生,长期以来对直隶商会研究的关注、指导和支持,增添了我不懈努力的信心。

　　衷心感谢师弟崔鹏飞博士为本项研究提供的诚挚无私的帮助。衷心感谢师兄李惠民教授、河北师范大学的白国红教授、南开大学的熊亚平博士给予的帮助与支持。

　　衷心感谢我的工作单位石家庄铁道学院科技处长期以来对我们的扶持与帮助,并为本书出版提供了资助;也感谢人文分院的领导和同事的支持与帮助,感谢宣传部领导与同仁的包容与支持,为我营造了一个宽松的环境。

作　者

2009 年 5 月

责任编辑:潘少平
装帧设计:徐　晖
版式设计:程凤琴
责任校对:周　昕

图书在版编目(CIP)数据

直隶商会与乡村社会经济(1903—1937)/张学军　孙炳芳　著.
-北京:人民出版社,2010.2
(20世纪中国乡村社会变迁丛书)
ISBN 978－7－01－007818－2

Ⅰ.直…　Ⅱ.①张…②孙…　Ⅲ.①商会-商业史-研究-河北省-
　1903～1937②农村经济-经济史-研究-华北地区-1903～1937
Ⅳ.F729.6　F329.2

中国版本图书馆 CIP 数据核字(2009)第 039012 号

直隶商会与乡村社会经济(1903—1937)
ZHILI SHANGHUI YU XIANGCUN SHEHUI JINGJI

张学军　孙炳芳　著

人民出版社 出版发行
(100706　北京朝阳门内大街 166 号)

北京瑞古冠中印刷厂印刷　新华书店经销

2010 年 2 月第 1 版　2010 年 2 月北京第 1 次印刷
开本:880 毫米×1230 毫米 1/32　印张:12.125
字数:280 千字

ISBN 978－7－01－007818－2　定价:28.00 元

邮购地址 100706　北京朝阳门内大街 166 号
人民东方图书销售中心　电话 (010)65250042　65289539